NOUVELLES RECHERCHES

HISTORIQUES

SUR LA VIE ET LES OUVRAGES

DU CHANCELIER

DE L'HOSPITAL

Tiré à trois cents exemplaires.

Paris. — Typographie de Firmin Didot frères, fils et Cⁱᵉ, rue Jacob, 56.

(Tiré du Cabt de l'auteur)

NOUVELLES RECHERCHES

HISTORIQUES

SUR LA VIE ET LES OUVRAGES

DU CHANCELIER

DE L'HOSPITAL

PAR A. H. TAILLANDIER

CONSEILLER A LA COUR DE CASSATION

PARIS

LIBRAIRIE DE FIRMIN DIDOT FRÈRES ET FILS

RUE JACOB, 56.

1861.

AVANT-PROPOS.

Il y a quelques années, MM. Didot me demandèrent, pour leur *Nouvelle Biographie générale*, l'article Michel DE L'HOSPITAL.

Je me chargeai avec plaisir de ce travail qui me donnait l'occasion d'étudier la vie d'un des plus grands magistrats dont notre histoire puisse s'honorer.

Je recherchai tout ce qui avait été écrit sur l'illustre chancelier. Ses contemporains, à commencer par de Thou et Brantôme, me présentèrent quelques-uns des traits de cette grande figure. Les auteurs des deux siècles suivants m'offrirent moins de secours. Sans doute Lévêque de Pouilly, Guibert, Condorcet, etc., avaient fait de louables efforts pour retracer la vie de L'Hospital; mais ils affublèrent leur héros du costume de leur époque. Pour eux, le magistrat, le jurisconsulte, l'homme d'État du seizième siècle était devenu un philosophe du dix-huitième. Le langage qu'ils lui prêtèrent, les pensées qu'ils lui donnèrent étaient modernes, et il me sembla que ce n'était pas là le sage conseiller de Catherine de Médicis et de Charles IX, le contemporain des Guise, de Coligny, de Théodore de Bèze, etc.

Je pensai qu'il fallait chercher ailleurs le véritable L'Hospital.

Je dirigeai mes investigations vers la Bibliothèque impériale et j'y trouvai, principalement dans la collection Dupuy, des documents précieux qui semblaient avoir échappé à mes prédécesseurs et qui m'ont mis à même, du moins je le pense, de connaître à fond le chancelier dont j'avais à m'occuper.

Un grand nombre de ses lettres autographes et inédites s'y trouvent et montrent cette âme courageuse et honnête en proie à la douleur que lui font éprouver, dans sa vieillesse, les malheurs de la France et la politique sanguinaire et fallacieuse de la reine mère et du jeune roi dont il était le conseiller. Je consultai aussi les registres du Parlement dont je possède une copie qui a appartenu à Phelipeaux de la Vrillière, ensuite à Villevault et en dernier lieu à Dulaure. Enfin, j'eus recours encore à d'autres documents originaux où je trouvai des renseignements également nouveaux pour le travail auquel je me livrais.

Mais il était évident que ce travail allait prendre des proportions qui ne pouvaient convenir à un article de *Biographie*.

Je fis donc une notice abrégée pour le *Dictionnaire historique* de MM. Didot, me réservant de mettre mes trop courts loisirs à profit pour utiliser les matériaux que j'avais rassemblés et pour consacrer à la mémoire de L'Hospital, autant qu'il dépendrait de moi, un ouvrage digne de ce grand homme.

C'est cet ouvrage que je publie aujourd'hui. Je le soumets avec crainte au public éclairé, et en particulier à la magistrature, qui s'honorera toujours d'avoir eu L'Hospital pour chef.

Puissé-je avoir atteint le but que je me suis proposé!

Je dois m'expliquer sur l'orthographe des documents originaux dont j'ai fait usage.

L'orthographe n'était point fixée au seizième siècle; de là, on rencontre souvent des variantes dans la manière d'écrire les mêmes mots, dans la même page et quelquefois à peu de lignes de distance. J'ai fait de mon mieux pour me tirer de cette difficulté. En général, je me suis appliqué à présenter une sorte de *fac-simile* des documents que je transcrivais, et je ne me suis écarté de cette règle qu'autant qu'il me paraissait qu'il existait une faute évidente. Telle est la méthode qui me paraît la plus sûre pour rendre exactement la pensée des auteurs de cette époque[1].

Quant au fond des choses, j'ai cherché à être impartial ; je n'ai pris parti ni pour l'une ni pour l'autre des factions qui déchiraient alors la France ; j'ai plaint les victimes sans dissimuler leurs fautes.

Je ne terminerai pas sans offrir mes remercîments à ceux de mes amis qui ont bien voulu m'aider de leurs conseils et m'encourager dans la route épineuse où je m'étais engagé.

Il en est trois surtout qui ont droit à ma reconnaissance.

Nommer MM. Victor Le Clerc et Natalis de Wailly, membres de l'Institut, et M. Avenel, conservateur de la bibliothèque Sainte-Geneviève, c'est donner une preuve suffisante que je ne pouvais rechercher de meilleurs avis et m'adresser à de plus éminentes autorités.

---

[1] On trouve une preuve évidente de cette variabilité de l'orthographe dans la manière dont L'Hospital écrivait son nom. Tantôt il signait M. de L'Hospital, d'autres fois M. de L'Ospital sans H; enfin de Lospital, sans apostrophe et sans H; en latin Hospitalis. Je me suis conformé exactement à la manière dont il avait signé les lettres que je rapporte.

NOUVELLES RECHERCHES

HISTORIQUES

SUR LA VIE ET LES OUVRAGES

DU CHANCELIER

DE L'HOSPITAL

I

Naissance de L'Hospital. —Sa famille. — Ses études. — Son séjour à Milan. — Sa fuite de cette ville. — Il étudie à l'université de Padoue. — Il se rend à Rome. — Il est nommé auditeur de rote. — Il revient à Paris et entre au barreau (1505-1537).

Michel de L'Hospital naquit à Aigueperse, en Auvergne, vers 1505; il ne connaissait pas exactement la date de sa naissance. « J'ay toujours esté en doute de mon âge, » dit-il dans son testament. Mais comme il ajoute que, suivant son père, il était né soit avant le soulèvement des Génois contre la

France, événement qui eut lieu en 1506, soit lorsque le roi Louis XII fut venu à bout de cette sédition, ce qui arriva le 29 avril 1507, il en résulte qu'il serait né de 1505 à 1507.

Jean de L'Hospital, père du chancelier, était médecin de Renée de Bourbon, duchesse de Lorraine.

Des historiens, dans le but de nuire à l'origine du chancelier, ont prétendu que son père, Jean de L'Hospital, était fils d'un juif d'Avignon. C'est ce qu'ont cherché à accréditer notamment Beaucaire, Maimbourg et Varillas. Mais cette allégation ne repose sur aucun fondement, et ce n'est pas, d'ailleurs, aujourd'hui que l'on pourrait faire le reproche à un grand homme de l'obscurité de sa naissance.

Quoi qu'il en soit, Jean de L'Hospital devint le premier médecin de Charles de Bourbon, connétable de France, qui avait épousé Susanne de Bourbon, fille du seigneur de Beaujeu et d'Anne de Bourbon, régente sous Charles VIII, connue, dans l'histoire, sous le nom de « la dame de Beaujeu. »

Par ce mariage avec Susanne de Bourbon, le connétable réunissait tous les droits de la branche de Montpensier. Il fit son médecin, devenu son conseiller et son ami, bailli de Montpensier et auditeur de ses comptes à Moulins. Comme marque de son estime et de sa munificence, il lui donna les terre et seigneurie de la Tour de la Bussière, en Auvergne, ainsi que le domaine noble de la Roche et les villages de Beuzet et de Croizet, par lettres patentes, datées de Saragosse, le 1ᵉʳ mars 1523 [1],

[1] François Duchesne, *Histoire des Chanceliers*, p. 634. — Chabrol, *Coutume d'Auvergne*, t. IV, p. 4.

Jean de L'Hospital eut trois fils et une fille ; celle-ci devint religieuse. Michel, l'aîné des fils, après avoir été élevé jusqu'à l'âge de douze ans dans la maison paternelle, fut envoyé à Toulouse pour y faire ses études. L'université, qui existait dans cette ville, était la plus ancienne de France après celle de Paris, puisqu'elle faisait remonter sa fondation à l'année 1228; elle jouissait d'une grande célébrité et avait obtenu du pape Grégoire IX, en 1238, les mêmes priviléges que son aînée[1]. Jacques de Révigny y enseignait le droit civil, vers 1250; d'où Pasquier conclut que cette université, la seconde qui avait été créée en France, *est la première de toutes au fait de la loi*[2].

Ce fut donc dans la ville où, vers la même époque, Cujas reçut le jour, que le jeune L'Hospital étudia jusqu'au moment où une circonstance fatale vint l'en arracher et le forcer à aller compléter son instruction dans une université étrangère.

En 1521, le connétable de Bourbon perdit sa femme qui ne lui laissait pas d'enfant. La reine mère, Louise de Savoie, duchesse d'Angoulême, en sa qualité d'héritière de Susanne, par sa mère, Marguerite de Bourbon, lui disputa la succession de cette princesse. Le connétable, après la perte de ce procès, en 1523, quitta la France et se réfugia auprès de Charles-Quint, qui lui confia le commandement de ses armées. Jean de L'Hospital suivit son maître et fut condamné, par le Parlement, à être décapité avec d'autres complices du connétable.

---

[1] *Histoire littéraire de la France*, t. XVI, p. 56.

[2] *Recherches*, liv. IX, ch. XXXVIII.

Michel, plus tard, n'a pas approuvé la conduite de son père en cette occasion. Dans un de ses poëmes, il s'est exprimé en ces termes : « Mon père, pour ne rien dire de ses autres vertus, était constant dans ses affections, ferme dans ses volontés, prêt à exposer sa vie pour rester fidèle au parti qu'il avait une fois embrassé. Tels furent ses sentiments dès son enfance; il les a conservés pendant sa jeunesse et jusqu'à ses derniers jours. Pauvre, il méprisa les richesses et préféra toujours l'honnête à l'utile. Tout d'un coup, une chute terrible, la ruine d'une puissante maison, vint l'accabler (car souvent la ruine d'un seul en fait crouler bien d'autres); sans raisonner, en proie à une erreur fatale, il suivit une cause que détestaient les dieux, comme le prouva le sinistre résultat : il s'est trompé, je l'avoue, mais pas plus de trois ans. Toutefois, il n'a pas pris les armes contre sa patrie. Il a seulement fait profiter un ennemi des bienfaits de son savoir, lui qui, pendant trente ans, l'avait soigné comme ami. Aussitôt après que la mort le lui eut enlevé, il s'empressa d'abandonner le parti contraire et de revenir dans son pays natal [1]. » Il ne voulut accepter ni les promesses, ni les avantages, ni le brillant avenir dont le flattait l'empereur : ne déguisant plus sa personne, il suivit Montaigu, alors ambassadeur à Rome. et satisfit son cœur en revenant au sein de sa patrie.

Michel était âgé d'environ dix-huit ans, lorsque son père accompagna le connétable de Bourbon dans sa fuite du royaume; il fut arrêté à Toulouse et mis en

----

[1] *Ad Petrum Castellanum*, *regium doctorem*, p. 58 de l'édition d'Amsterdam, 1732, in-8°.

prison, « jusqu'à ce qu'on m'eust relasché, dit-il
encore dans son testament, et faict sortir par mandement exprès du roy, pour ce qu'on ne m'avoit
en rien trouvé coulpable. »

Michel, ainsi rendu à la liberté, alla retrouver son
père à Milan. Mais, François Ier ayant mis le siége devant cette ville, Jean de L'Hospital en fit sortir son
fils, qui raconte cette fuite en ces termes : « Lequel
(son père) voyant que le siége sembloit prendre trop
long traict, ne voulant que je perdisse mon temps,
donna charge à quelques voituriers de m'emmener,
avec lesquelz estant sorty de Milan en habit de muletier, je passay, non sans grant danger de ma vie, la
rivière d'Abdua (l'Adda), j'arrivay en la ville de
Martinengue [1], qui est de la seigneurie des Vénitiens,
et de là à Padoue, où de toute antiquité les estudes
de droict fleurissoient ; auquel lieu ayant demeuré
six ans, mon père m'appela à Bouloigne (Bologne)
et à Rome où l'empereur Charles-Quint estoit allé
pour se faire couronner roy des Romains, à la suite
duquel mon père estoit après la mort du duc de
Bourbon. »

Ce fut à l'université de Padoue que L'Hospital se
lia avec Émile Perrot, Barthélemy Faye, Arnould
Duferrier, Jacques Du Faur, jeunes Français qui y étu-
diaient avec lui, et qui plus tard devinrent comme lui
conseillers au Parlement de Paris. Cette petite colo-
nie française avait pour chef un étudiant toulousain
appelé Pierre Bunel, excellent latiniste, dont les lettres furent, après sa mort, recueillies par Jacques

---

[1] *Martinengum.* Martinengo, ville de l'ancien royaume lombardo-
vénitien.

Du Faur et publiées en 1551 par Charles Estienne[1]. Elles sont pour la plupart adressées de Venise à Émile Perrot et font mention de Faye, de Duferrier et de L'Hospital.

On n'avait jusqu'ici que peu de détails sur le temps que L'Hospital a passé à l'université de Padoue. Ceux que nous venons de donner sont empruntés à des *Études* fort intéressantes sur ce grand homme dues à M. Dupré-Lasale, substitut du procureur général à la cour impériale de Paris, et insérées par extraits dans le journal *le Droit*[2]. Le même magistrat nous apprend que L'Hospital avait été élu deux fois par ses condisciples *consiliarius* de sa *nation*, et qu'en 1531 il fut nommé à une chaire *extraordinaire* de droit civil. On lit, en effet, dans une liste des professeurs de droit civil publiée par l'historien de l'université de Padoue, Facciolati, cette mention restée inaperçue :

1531, VII *kal. sept. Michael Hospitalis, Burgundus.*

« Quant à la qualité de *Burgundus,* elle s'explique facilement, dit M. Dupré-Lasale, par cette circonstance que L'Hospital, fils d'un banni, passé au service impérial, ne pouvant s'annoncer comme Français, avait dû s'inscrire sous le titre de Bourguignon, que prenaient les sujets de l'empereur appartenants aux provinces démembrées de l'ancien royaume de Bourgogne[3]. »

[1] Petri Bunelli familiares aliquot epistolæ, in adolescentulorum Ciceronis studiosorum gratiam. — *Lutetiæ,* curâ ac diligentiâ *Caroli Stephani.* M. D. LI. XIII. Cal. octobr. in 8, 18 d.

[2] Numéros des 18, 19, 20 mars; 11, 12, 17, 18 juin 1858.

[3] *Facciolati, Fasti gymnasii patavini.* Padoue, 1757, in-4°, 3e part.

Inspiré par le beau ciel de l'Italie et par les chefs-d'œuvre dont il était entouré, L'Hospital cultiva la poésie et s'adonna quelque temps à sculpter et à peindre [1]. Mais il ne tarda pas à renoncer à la pratique de ces arts, et ne se livra plus qu'à la poésie latine et aux études sérieuses auxquelles il dévoua sa vie.

Il conserva toujours un souvenir agréable de ces six années passées à Padoue. « O temps fortuné, » écrivait-il vingt ans après, « où je vivais jeune, libre d'affaires, sous un ciel pur, entouré d'objets d'études, et conversant avec les grands hommes de l'antiquité, qui, pour m'instruire, paraissaient sortir de leurs tombeaux ! »

Pendant son séjour à Rome, Michel de L'Hospital obtint une place d'auditeur de rote [2]. Mais cette fonction ne l'empêchait pas de désirer de rentrer dans sa patrie. Le cardinal de Gramont, ambassadeur de France à la cour pontificale, lui fit des offres de service et l'engagea à retourner à Paris. Il suivit ce conseil ; la mort de son protecteur le força d'entrer au barreau, où il resta pendant trois ans.

Au moment où L'Hospital le fréquentait, les avocats qui occupaient le premier rang étaient Charles Dumoulin, comme consultant, car il ne parlait pas

---

[1] *Éloge hist. de L'Hospital*, par Guibert, Paris, 1778, p. 23.

[2] M. Dupré-Lasale exprime la pensée qu'il ne fut pas *auditeur de rote*. Nous croyons difficile qu'il se soit attribué cette dignité dans son testament si elle ne lui avait pas appartenu réellement. Nous pensons plutôt que, ne l'ayant exercée que peu de temps, son nom n'aura pas été inscrit sur les listes officielles de ces fonctionnaires, qui ont été dressées par la suite.

facilement et ne tarda pas à quitter la plaidoirie [1];
Pierre Seguier, qui savait mettre à profit la science
de Dumoulin, *avec quatre ou cinq écus qu'il avan-
çoit de sa bourse*, et plaidait sur l'avis donné par
son confrère [2]; Gilles Le Maistre, Christophe et Augustin de Thou, Marillac, Montholon, etc. ; ces
grands noms qui sont à la fois l'honneur du barreau et de la magistrature.

L'Hospital se lia avec eux, mais ses goûts le portaient de préférence vers la magistrature, et nous
allons voir comment il y parvint.

Il nous faut d'abord rappeler qu'avant François Ier
les fonctions judiciaires n'étaient pas vénales ;
elles étaient données à des jurisconsultes distingués,
dont trois, lorsqu'il vaquait une place, étaient pro-
posés par les parlements au roi, qui nommait celui
qu'il jugeait le plus digne.

Les besoins croissants du trésor engagèrent le
chancelier Duprat à conseiller à François Ier de changer cet état de choses et de faire vendre les offices
de magistrature. Louis XII avait commencé par la
vente des charges de finances. « Mais, dit Loyseau,
comme, en France, une ouverture pour tirer de
l'argent, étant une fois commencée, s'accroît toujours de temps en temps parmi l'extrême dévotion
et obéissance de ce peuple, et sous le spécieux et

---

[1] « Le plus docte de son temps en droit civil et coustumier, et toutefois malhabile en la fonction d'advocat, principalement au barreau;
ce qui faisoit qu'il n'étoit guère employé ni tant estimé, à beaucoup
près, pendant sa vie, qu'il a esté depuis son décez par ses escrits. »
Loisel, *Dialogue des advocats*, p. 82 de l'édit. de M. Dupin, 1844,
in-18.

[2] *Id.*

ordinaire prétexte de la nécessité publique, le roi François, successeur de Louis XII, pratiqua tout ouvertement, et sans restriction, la vénalité publique des offices, qu'il établit comme un nouveau revenu ordinaire au lieu de son domaine, qui estoit déjà aliéné, et, soit sous lui ou ses successeurs, la vénalité s'est glissée, même à l'égard des offices de judicature, qui ont été mis en taxe [1]. »

L'Hospital n'avait point de fortune ; il ne pouvait donc espérer d'entrer comme conseiller au Parlement de Paris, qu'autant qu'il épouserait une femme qui lui apporterait en dot la somme nécessaire pour acquérir une de ces charges.

C'est ce qui eut lieu en effet.

---

[1] *Des Offices*, liv. III, ch. 1, n° 91 et 93.—Voyez particulièrement, sur les moyens employés pour l'établissement de la vénalité des charges de magistrature, la *Déclaration* du 31 janvier 1521, *portant institution de vingt nouveaux offices de conseillers au Parlement de Paris.* (*Anc. lois françaises*, t. XII, p. 196.)

II

L'Hospital épouse Marie Morin, fille du lieutenant criminel. — Il devient conseiller au Parlement. — Son peu de goût pour le jugement des procès. — Il est envoyé en mission auprès du concile à Bologne. — Il revient à Paris, — reprend ses fonctions de conseiller, — est nommé par la duchesse de Berri président de son conseil. — Il favorise les études de droit à Bourges. — Il résigne ses fonctions de conseiller au Parlement. — Des difficultés lui sont suscitées pour la cession de sa charge. — Est nommé maître des requêtes, puis premier président de la chambre des comptes. — Sa sévérité pour les comptables. — Le roi promet une charge de maître des requêtes au mari de la fille de L'Hospital. — Elle épouse Robert Hurault, seigneur de Belesbat. — Poésies latines de L'Hospital. — Il suit à Nice la duchesse de Berri, devenue duchese de Savoies (1537-1559).

L'Hospital épousa, en 1537, Marie Morin, fille du lieutenant criminel Morin [1]. Ce mariage ne s'était pas fait sans difficulté, Morin craignant de déplaire au roi en donnant sa fille au fils d'un ami de Charles de Bourbon, ainsi que nous l'apprend sa lettre suivante adressée au chancelier Du Bourg :

« Monseigneur, je ne saurois condignement vous « rendre grâces telles dont je suis tenu et obligé, « que vostre bon plaisir a esté me faire faire un si

[1] Jean Morin, lieutenant criminel de la prévôté de Paris, fut un des plus ardents persécuteurs des protestants. Le président de la Place, dans ses *Commentaires de l'Estat, de la Religion et République soubs les rois François second et Charles neufvième*, dit, en parlant de sa mort : « Qu'après avoir fait mourir tant de fidèles, fut finalement frappé de loups aux jambes, dont ayant perdu l'usage, mourut aliéné de son sens, après par plusieurs jours avoir renié et blasphémé Dieu. »

« grand bien dont j'ai eu le bref par Bochetel [1], et,
. « Monseigneur, je vous remercie très humblement;
« Monseigneur, j'ai prié maistre Vital de supplier
« très humblement vous et Madame que s'il vous
« vient agréer pour quelque qui vous plaira, et la
« fille et les biens sont à vous, Monseigneur.

« Et où ne vous plairoit me faire commande-
« ment, il vous plaira entendre qu'entre aultres,
« Monseigneur l'archevêque d'Aix (Filleul) me auroit
« parlé dudit même maistre Michel de Lospital, que
« ne avois congneu sinon par réputation, comme de
« avoir oy parler de son bon savoir qui estoit tel
« pour me plus persuader, sans avoir esgard aux
« facultés; mais, Monseigneur, sitôt que j'ai sçeu
« qu'il est fils de Lospital, médecin de Bourbon, la
« grande crainte que je doibs avoir et ay de faillir,
« vu que je aymerois mieulx la mort de moi et de
« ma fille que de encourir icy la moindre suspition,
« et me faire perdre tout bon vouloir qu'il plaist au
« Roi et à vous me porter, cela me fait arrester, car
« je désire personnage qui vous soit agréable, très
« fidèle et très bon serviteur à jamais.

. « Monseigneur, je me recommande très humble-
« ment à vos bonnes grâces et vous supplie très
« humblement ne me mettre en oubly. Monseigneur,
« je prie à Dieu vous maintenir en santé et donner
« très bonne et longue vie.

« Votre très humble et très obéissant serviteur :

« Jehan Morin [2]. »

---

[1] Guillaume Bochetel, secrét. d'État sous François Iᵉʳ, mort en 1558.
[2] Bibl. Imp., départ. des man., fonds Dupuy.

Quoi qu'il en soit, Marie Morin apportait en dot à L'Hospital la somme nécessaire pour acheter une charge de conseiller clerc au Parlement de Paris. Il succéda dans ce corps à Lazare de Baïf, père du poëte de ce nom. Ses lettres de provision furent données à Fontainebleau le 14 juin 1537, et il prêta serment le 3 août suivant, après une assez longue résistance du Parlement contre sa réception, et avec la mention que c'était « sans tirer à conséquence et à cause de la grande expectation qu'on avoit de ses talents. » Il s'agissait en effet d'une charge de conseiller clerc, qui ne pouvait régulièrement être conférée à un homme marié. De son côté, son père lui donna, à l'occasion de son mariage, la terre de la Roche, auprès d'Aigueperse, qu'il rétrocéda à son frère puîné au mois d'octobre 1546 [1]. Ce frère s'appelait Pierre de L'Hospital, seigneur de la Roche, en Auvergne. Il eut l'office de maître d'hôtel du roi Charles IX, ainsi qu'on le voit par une lettre à lui adressée en 1565, lettre qui se trouve dans les *Mémoires de Condé* [2].

Si l'on en croit L'Hospital dans plusieurs de ses épîtres en vers latins, ses fonctions judiciaires n'avaient pas un grand charme pour lui. Il arrivait avant le jour au palais, avec un serviteur qui l'éclairait à l'aide d'un flambeau, et il n'en sortait que lorsque la baguette de l'huissier annonçait la dixième

---

[1] Le P. Anselme, t. VI, p. 488. — « La terre de la Roche a été possédée pendant un très-long temps par des seigneurs de la famille et du nom du chancelier de L'Hospital. Elle a été vendue à M. Archon, conseiller au présidial de Riom, dont le fils, conseiller au même siége, la possède. » Chabrol, *Coutume d'Auvergne*, t. IV, p. 781.

[2] Tome V, p. 338.

heure. Du reste, il ne s'irritait pas contre les plaideurs et ne regardait pas avec impatience la marche
trop lente du sablier. Mais ces procès sans fin se
succédant l'un à l'autre, ce rocher de Sisyphe qu'il
fallait rouler, depuis le lever du soleil jusqu'à son
coucher, au haut d'une montagne d'où il retombait
sans cesse, le fatiguaient on ne peut plus. Il avoue
dans une épître à son ami, le chancelier Olivier,
qu'il préférait la culture des lettres et de l'antique
philosophie [1]. Heureux, pendant les vacances, des
loisirs qu'il goûtait à la maison de campagne qu'il
habitait alors à Vitry, et qui appartenait à son beau-
père, il s'est plu, dans ses vers, à en retracer le doux
souvenir. « Par suite d'un vieil usage, dit-il dans
une épître au cardinal de Tournon [2], les tribunaux se
ferment en septembre. Durant ce mois, on ne rend
plus de jugements : un long silence règne dans le
prétoire dont les portes sont closes. C'est comme
un repos accordé à l'esprit... Bien plus, l'usage a
permis qu'en faveur de la vie de famille on prolon-
geât les vacances au moins jusqu'à la dixième lune.
« Tous, fatigués de leurs travaux, dégoûtés de
la ville, se précipitent aux barrières, emportés par
un amour immodéré des champs. Les uns s'em-
barquent, d'autres aiment mieux faire courir des
chevaux; on peut les voir brûler les chemins dans
des chars ou des fourgons recouverts de peaux de
bœuf... Celui-ci, à peine à la campagne, se livre à
de nouvelles études, car chacun a sa manière d'être
heureux; celui-là veille à ses provisions, met son

---

[1] *M. Hospitalii carmina.* Amsterdam; 1732, in-8°, p. 4.
[2] *Ibid.*, p. 10 et suiv.

vin à la cave, consolide ses greniers qui s'affaissent sous le poids d'une riche récolte ; un autre plante une longue rangée d'arbres, entoure sa maison de bosquets verdoyants et se promène à l'ombre du feuillage ; quelques-uns chassent avec leurs chiens les habitants des forêts, et attrapent les oiseaux avec la glu, ou encore s'amusent à tendre des filets.

« Mais moi, pour qui pas un bœuf ne laboure les arpents d'une terre fertile ; moi, pour qui des troupeaux ne paissent sur aucune montagne ; moi, enfin, qui ne puis appeler mienne aucune maison de campagne, je passais mes vacances à la riante habitation de mon beau-père où je me transportais en compagnie de mon épouse et de ma fille (la seule, hélas! de trois, qui survive); ma famille représente mes véritables biens, mes plus solides richesses. »

« Là mes amusements, dit-il, encore dans une autre épître, ont quelque chose de sérieux, soit que je tienne à la main les ouvrages de Xénophon, soit que le divin Platon remplisse mon oreille des paroles de Socrate. Souvent je me plais à relire les grands poëtes, Virgile, Homère. J'aime à faire succéder la lecture d'une comédie à celle d'un poëme tragique, mêlant la tristesse à la gaieté, l'enjouement à la douleur. Je me plais surtout à quelque harangue d'un citoyen vertueux aimant la liberté de sa patrie, et dont la voix excita jadis les applaudissements du sénat. Quelquefois aussi, lisant les grandes actions des rois français retracées sans artifice et sans art, je n'y trouve pas moins de charme qu'à ces magnifiques récits des Grecs où l'histoire conserve à peine l'apparence de la vérité.

Mais il n'est pas pour moi d'ouvrage comparable aux livres saints ; il n'en est pas où l'âme se repose avec plus de douceur et trouve un refuge plus assuré contre tous les maux, etc. »

L'Hospital, dans une autre épître, engageait son ami Salmon Macrin, alors retiré chez le cardinal du Bellai à Saint-Maur, à venir le voir à Vitry. « Si vous êtes tenté de visiter ma demeure, lui dit-il, écoutez : Franchissez d'abord la Marne au pont de Charenton; puis, quand vous aurez fait environ cinq cents pas entre les deux rivières, et que vous serez au port qui tire son nom de la déroute des Anglais (le Port-à-l'Anglais), vous passerez la Seine sur un frêle bateau, car nous n'avons pas encore de pont en ce lieu. Enfin, la première terre habitée que vous rencontrerez après votre débarquement, terre illustre d'ailleurs par son onde *vitrée*, ce qui a fait donner à l'endroit le nom de Vitry, c'est là, mon ami, c'est là mon heureuse demeure, là que le plaisir me venge des clameurs du barreau, du cruel tumulte de Paris [1]. »

L'Hospital ne tarda pas à être attaché à la Grand'-Chambre où il fut nommé rapporteur d'affaires importantes. En 1542, 1546 et 1547, il fit partie des grands jours de Riom et de Tours, ces assises d'alors où l'on jugeait notamment les gentilshommes et les grands qui s'étaient livrés à des excès envers leurs vassaux.

Pendant qu'il se rendait aux grands jours de Riom, il s'arrêta à Bourges et assista à une leçon faite par un professeur nommé Baron, pour juger par lui-

[1] Édit. d'Amsterdam, p. 165.

même si ce professeur méritait tout le bien qu'il en avait entendu dire. Baron saisit cette occasion pour exprimer avec une verve familière et piquante, dit l'historien du Berri, ses vieilles rancunes contre les glossateurs[1]. Les *Contes d'Eutrapel* s'expriment ainsi sur cette leçon : « Le bonhomme étoit dans sa chaire, accoutré d'une robe de taffetas, avec sa barbe longue, grise et épaisse ; voyant qu'en son école y avoit des auditeurs non accoutumés, commença à plaindre les défenses que l'empereur Justinien avoit faites de non écrire et faire commentaires sur le droit civil, disant à ce propos, comme il étoit facétieux et riche en tous ses discours, que si un chien a pissé en quelque lieu que ce soit, il n'y aura mâtin, lévrier, ne briquet d'une lieue à la ronde, qui là ne vienne lever la jambe et pisser comme ses compagnons[2], etc. »

Ce langage familier ne déplut pas à L'Hospital, car, quelques années plus tard, lorsque Marguerite de Valois eut obtenu le duché de Berri, elle s'empressa, à la recommandation de son chancelier, d'accorder à Baron un logement dans son palais de Bourges. Du reste, il n'en jouit pas bien longtemps, car il mourut au mois d'août 1550.

Les principes sévères de L'Hospital le portaient à faire rétablir l'antique discipline dans l'illustre compagnie à laquelle il appartenait ; aussi prit-il une grande part au procès intenté, en 1542, au président René Gentil, qui était accusé de forfaitures et de malversations, crimes si rares dans la magistra-

---

[1] L. Raynal, *Hist. du Berri*, t. III, p. 399.
[2] *Contes d'Eutrapel*, éd. de Guichard, 1842, p. 160.

ture française de tous les temps. L'Hospital fut le plus ardent de ses dénonciateurs et contribua à le faire condamner. Gentil fut pendu à Montfaucon. « Nous émondons les branches, disait le vertueux magistrat peu avant ce procès, mais le mal est aux racines, et le respect ou le mépris des lois tient aux mœurs des juges [1]. »

Il y avait dix ans que L'Hospital était conseiller au Parlement, lorsque le chancelier Olivier, qui y avait été son collègue et qui appréciait son savoir et son intégrité, le fit envoyer en mission, au mois d'août 1547, par le roi Henri II, auprès du concile universel qui avait été transféré de Trente à Bologne, et qui avait pour objet de mettre un frein aux nouvelles opinions professées par Luther et Calvin.

En se rendant à cette destination, L'Hospital manqua périr dans une tempête qui éclata sur le Pô pendant qu'il y naviguait, et lorsqu'il arriva à Plaisance, une grande émotion régnait dans cette ville par suite de l'assassinat du duc Paul-Louis Farnèse, résultat d'une conspiration occasionnée par sa corruption et sa violence.

L'Hospital a raconté ces tragiques événements dans une épître qu'il adressa à son ami et collègue le conseiller Adrien Dudrac.

Arrivé à Bologne et admis comme ambassadeur auprès du concile, L'Hospital ne tarda pas à être fatigué des intrigues et des disputes auxquelles il était obligé d'assister ; il regretta les luttes plus paisi-

[1] Blanchard, *Catalogue de tous les conseillers au Parlement*, p. 58. — Guibert, *Éloge hist.*, p. 31.

bles de la grand'chambre et demanda son rappel, qu'il obtint après un séjour de seize mois à Bologne.

Ayant repris ses fonctions au Parlement, il fut chargé, en 1550, de juger le concours des docteurs à l'Université d'Orléans.

Marguerite de Valois, fille de François Ier, reçut en apanage du roi Henri II, son frère, le 29 avril 1550, l'usufruit du duché de Berri[1]. Cette princesse s'empressa de nommer L'Hospital président de son conseil. Elle était née en 1523, et avait un esprit cultivé, elle protégeait les savants et les gens de lettres, entre autres Ronsard, Dorat, etc.; aussi l'avait-on surnommée « la Pallas de la France[2]. » Marguerite ne pouvait faire un meilleur choix pour la direction de ses affaires. Les princes du sang avaient alors le privilége de pouvoir placer des magistrats dans leurs conseils. Dès lors, malgré sa nouvelle position, L'Hospital n'en continua pas moins de remplir les devoirs de sa charge au Parlement. Les registres de cette cour, que nous avons curieusement consultés pour y trouver les traces que L'Hospital y laissa, nous apprennent que dans un procès qui s'agitait, en 1550, entre le prince de La Roche-sur-Yon et le connétable Anne de Montmorency, Michel de L'Hospital crut devoir se récuser par le motif que son père ayant été le conseiller et l'ami de Bourbon, on pouvait craindre que le fils, devenu magistrat, ne fît preuve de partialité. Il en fut référé au

----

[1] *Compilation chronologique des Ordonnances*, par Blanchard.

[2] Ronsard a dit d'elle : qu'elle portoit une ame hostellière des Muses, et que le ciel la fit si parfaite et si belle que, pour n'en faire plus, on rompit le modèle. (*Tombeau de Marguerite de France, duchesse de Savoie.*)

roi, qui, par des lettres données à Marchenoir le 26 novembre 1550, l'exempta de connaître de ce procès.

L'année suivante, nous le voyons faisant partie d'une députation envoyée par le parlement au roi, qui se trouvait alors à Fontainebleau, pour lui demander quels seraient ceux des princes du sang et autres grands seigneurs qui pourraient porter l'épée quand ils viendraient dans cette haute cour de justice. Le roi répondit : « Que quand, en son absence, les pairs de France, princes du sang, les connétables et maréchaux iront et entreront en sa cour de Parlement et en la chambre de l'audience, soit à huis ouvert ou clos, qu'ils y puissent porter leurs épées, ce que ledit seigneur n'entend être permis à nul autre, de quelque qualité, estat et condition qu'il soit. Fait à Fontainebleau, le dernier jour d'août 1551, signé : HENRY, et contresigné : Du Thier [1]. »

L'Hospital se servit de l'influence qu'il exerçait sur l'esprit de la duchesse de Berri pour fortifier les études du droit à Bourges.

L'un des plus éminents professeurs de cette université, Duaren, l'avait quittée, en 1547, par suite de ses querelles avec son collègue Baron. Après la mort de celui-ci, L'Hospital s'empressa de se joindre aux magistrats municipaux pour rappeler Duaren, qui vint reprendre sa chaire en 1550. Le chancelier de la duchesse de Berri, en effet, portait une vive sollicitude à tout ce qui pouvait tendre aux progrès de la jurisprudence. Il assistait volontiers soit aux cours des professeurs, soit aux con-

[1] François Duchesne, *Hist. des Chanceliers*, p. 636.

férences dans lesquelles les jeunes gens s'exerçaient à la discussion [1]. Il y avait remarqué un jeune étudiant, à peine âgé de vingt-quatre ans, venu de Toulouse et nommé Hugues Donēau [2], dont il apprécia tout le mérite. Il le fit recevoir professeur et lui conserva ses bonnes grâces, malgré les torts qu'il eut quelquefois à son égard.

« L'Hospital, » dit Duaren, « ne s'arrêta pas qu'il n'eût obtenu cette dignité (celle de professeur) pour Doneau. »

« Du temps de Doneau, » ajoute le nouvel auteur de sa vie, « la duchesse Marguerite, et surtout son chancelier, s'occupèrent avec le plus grand zèle des intérêts de l'université ; ils s'appliquèrent personnellement à choisir avec équité et discernement les professeurs qui devaient remplir les chaires vacantes, ou, si l'on veut, à désigner des candidats au choix éclairé de la faculté ; ils levaient les obstacles que les professeurs pouvaient susciter sans motifs à un nouveau collègue, afin de l'empêcher d'entrer en fonctions [3]. »

Mais, indépendamment de Duaren et de Doneau, l'université de Bourges allait devoir un jurisconsulte plus éminent encore à L'Hospital.

Cujas, qui s'était déjà fait connaître par ses lectures particulières à Toulouse et par son enseignement public à Cahors, fut appelé, grâce aux efforts

[1] Lettre de Duaren à L'Hospital, datée de Bourges, le 1er décembre 1550 ; en tête de son *Commentaire sur Scévola*.

[2] Né à Chalon-sur-Saône, le 23 décembre, 1527, mort à Aldtorf, le 4 mai 1591.

[3] Eyssell, *Doneau, sa vie et ses ouvrages*, traduit par M. Simonnet. Dijon, 1860, in-8°, p. 39.

du chancelier de la duchesse de Berri, à professer
à Bourges. Le 21 juillet 1555, en effet, L'Hospital
écrivit au maire et aux échevins de cette ville que Madame la duchesse avait trouvé « homme docte et suffisant pour tenir le lieu que souloit tenir M. Balduyn. »
Cet homme docte et suffisant était Cujas, à qui on
offrait trois cents livres, avec promesse de mieux, et
on espérait qu'il s'en contenterait, « l'affaire estant
conduite par honnestes personnes et ses amys. »
Doneau se montra fort mécontent de cette préférence accordée ainsi à un étranger qui n'était guère
plus âgé que lui, pour la place de second professeur, tandis que lui-même n'occupait que la troisième, ce qui le privait d'une augmentation de cent
vingt livres de gages annuels sur lesquels il avait
cru pouvoir compter. Il écrivit à L'Hospital pour lui
demander compte de ce qui s'était passé. L'Hospital
lui répondit, le 3 août, non sans témoigner quelque
mécontentement, mais avec beaucoup de dignité, et sur
un ton presque paternel, afin de lui signaler ce qui
l'avait blessé dans sa lettre. Doneau, alors, écrivit de
nouveau au chancelier de la duchesse, pour faire
connaître plus clairement l'objet de ses désirs. Mais,
n'ayant pas réussi, il se ligua avec Duaren contre
son rival, pour lui susciter des difficultés. Ils firent
appel aux étudiants, et Cujas, dégoûté, quitta
Bourges en 1557 [1]. La duchesse, sur l'avis de l'Hospital, s'efforça de réparer cette perte, en y appelant
François Hotman, qui s'était déjà fait connaître par

[1] Berriat Saint-Prix, *Hist. de Cujas*, p. 382 et suiv. — L Raynal,
Hist. du Berri, t. III, p. 417. — Eyssell, *Doneau, sa vie et ses ouvrages*, p. 71 et suiv.

son professorat à Strasbourg, à Valence et à Lausanne [1].

Plusieurs auteurs ont raconté, d'après Varillas [2] et Saint-Réal [3], que c'est pendant que L'Hospital accompagnait la duchesse de Berri à Bourges, qu'il fit connaissance d'Amyot, qui s'y trouvait en qualité d'instituteur des enfants de Guillaume Bochetel, secrétaire d'État, et qu'il le recommanda, à l'occasion de vers grecs faits par ce professeur, au roi Henri II, qui s'y trouvait également. Il y a là une erreur évidente, qui a été relevée par Bayle [4], et dans laquelle n'est pas tombé le savant historien du Berri, M. Louis Raynal. Bayle établit très-bien qu'Amyot avait été plusieurs années professeur à Bourges, avant la mort de François Ier, et que sa traduction des *Amours de Théagène et de Chariclée*, qui avait paru en 1547, et qui avait été présentée à ce monarque, valut à son auteur l'abbaye de Bellosane, vacante par la mort de François Vatable. Ce fut donc plus tard qu'il fit la connaissance de L'Hospital, et qu'il se lia avec lui. Ce fut le cardinal de Tournon qu'Amyot connut à Rome, lorsqu'il s'y rendit après avoir accompagné Morvilliers dans son ambassade à Venise, qui, de retour à Paris, le désigna à Henri II pour être le professeur de ses deux fils, place qu'il obtint vers 1558 [5].

L'Hospital avait résigné ses fonctions de conseiller

---

[1] Eyssel, *loc. cit.*, p. 92. — Bayle art. HOTMAN.
[2] *Histoire des hérésies*, liv. X, p. 310.
[3] *De l'usage de l'Histoire*, p. 67.
[4] Art. AMYOT.
[5] *Ibidem.*

au Parlement en 1553, après les avoir exercées pendant environ seize années. Il y eut pour successeur Philippe Hurault (depuis le chancelier Chiverny) [1]. Les registres nous montrent que l'on suscita des difficultés, à cette occasion, au digne magistrat qui a laissé une réputation si pure et si intacte. Le 16 janvier 1553, l'avocat du roi Séguier vint dire au Parlement qu'il avait appris que les huit mille livres tournois, prix de cette charge, et censées payées au roi par Hurault, *avaient tourné au profit de M. Michel de L'Hospital,* ce qui était contraire aux ordonnances. Il ajoutait, il est vrai, que cet abus ne se manifestait pas pour la première fois en cette occasion, que « pareilles practiques ont été faites puis naguère en plusieurs offices de judicature, au grand dommage du roy, de la république et de l'estat de sa justice et fort de ses finances. » Il requit que des remontrances fussent adressées à Henri II sur ce sujet. Le 19 janvier, les gens du roi revinrent à la charge ; les remontrances furent faites ; mais, le 5 février, il fut envoyé des lettres patentes pour recevoir Hurault, ce qui eut lieu effectivement le 9 mars.

La calomnie ayant été ainsi démasquée, L'Hospital

---

[1] Et non Hurault de Belesbat, gendre de l'Hospital, comme on l'a cru quelquefois à cause de l'identité de nom. Voici, en effet, ce qu'on lit dans les Mémoires du chancelier Chiverny : « En cette intention se rencontra, par bonne fortune, que messire Michel de L'Hospital, qui depuis fut chancelier de France, se voulut démettre de son estat de conseiller d'église au Parlement, pour prendre la charge de chancelier de madame de France, sœur du Roy Henry second, laquelle depuis a esté duchesse de Savoye; si bien que je fus pourveu, par sa résignation, du dit estat de conseiller au dit Parlement, l'an 1553. » *Collect. Petitot,* t. XXXVI de la 1re série, p. 30.

fut nommé par Henri II, à la demande du cardinal
de Lorraine, maître des requêtes en remplacement
de Longueil. Dans une épître latine au cardinal il dit,
en effet : « L'an dernier, vous souvenez-vous que la
mort de Longueil laissa vacante la charge de maître
des requêtes? Henri était à Blois : vous y courûtes
sans rien dire à personne, et vous obtîntes facilement
pour moi une survivance que je n'avais point demandée. Je ne savais rien et j'étais absent; j'ai tout
appris par des étrangers. C'est ainsi que vous faites
valoir votre bienveillance, votre zèle et vos services
envers vos amis; je puis me citer comme un exemple [1]. »

L'Hospital fut promu à la fonction de surintendant des finances, par lettres du 6 février 1554, avec
le titre de premier Président de la Chambre des
Comptes. Il s'appliqua à rétablir l'ordre dans les finances et poursuivit avec courage les dilapidateurs
de la fortune publique, ce qui ne contribua pas peu
à augmenter le nombre des ennemis qu'il s'était faits
notamment par sa participation à l'édit d'avril 1554 [2],
qui divisait le Parlement en deux semestres, dont
l'un devait exercer durant les six premiers mois de
l'année, et l'autre durant les six derniers. Cet édit
présentait sans doute l'inconvénient de l'augmentation du nombre des charges, faible produit pour le
trésor, mais il offrait l'avantage de supprimer les épices que les magistrats recevaient des plaideurs, et
L'Hospital voyait, dans cette mesure, une grande
amélioration et une profonde sagesse. « Si le roi, di-

[1] Éd. d'Amst., p. 207.
[2] *Anc. lois franç.*, t. XIII, p. 373.

sait-il, pouvait rendre en personne la justice, ce qui est le premier attribut et le premier devoir du trône, oserait-il faire payer ses jugements? Pourquoi donc donnerait-il ce droit odieux aux magistrats qui le représentent? »

Il adressa au chancelier Olivier une épître dans laquelle il s'exprimait ainsi :

« On a renouvelé une ancienne loi qui supprime les épices, et dont on veut que je sois l'auteur; ce qui m'expose aux traits les plus cruels de la méchanceté. Je ne puis m'attribuer l'honneur d'avoir le premier proposé d'établir un règlement aussi sage. Je n'ai fait qu'approuver l'exécution d'un projet par lequel on voulait rendre à la justice le lustre et l'éclat qui doivent toujours l'accompagner. La perte d'un gain aussi odieux a irrité tous les esprits, et me rend l'objet de la calomnie la plus noire. Les honnêtes gens même se laissent entraîner, et leur voix, pour m'accabler, se joint aux cris de quelques hommes déshonorés, que désespère l'impossibilité où ils sont actuellement de continuer le trafic infâme qu'ils faisaient de la justice. Mes mœurs et toute ma conduite n'ont pu parler assez haut en ma faveur, pour repousser leurs lâches traits. Qu'une vile complaisance pour les grands, ou que des haines particulières aient pu déterminer mes démarches, je vous en prends à témoins, vous tous avec qui j'ai exercé les emplois que vous remplissez aujourd'hui. Jamais ces honteux motifs ont-ils rien pu sur moi? Et cependant on cherche à jeter le désespoir dans mon cœur, à me donner de l'horreur pour la vie[1]. » Le

[1] Éd. 1732, p. 136.

chancelier Olivier, alors retiré à sa terre de Leuville, répondit à l'Hospital une lettre en prose latine, pleine de sages conseils et de sincères consolations.

En sa qualité de premier président à la chambre des comptes, L'Hospital assista à l'assemblée des notables qui se tint, le 5 janvier 1557, dans la salle Saint-Louis au Parlement, où siége aujourd'hui la chambre des requêtes de la cour de cassation.

Il montra une grande sévérité dans l'exercice de cette fonction. « Je me rends désagréable, disait-il encore au chancelier Olivier, dans la même épître, par mon exactitude à veiller sur les deniers du roi ; les vols ne se font plus impunément ; j'établis de l'ordre dans la recette et la dépense ; je refuse de payer les dons trop légèrement accordés, ou j'en renvoie le payement à la fin de l'année, ce qui fait qu'ils s'irritent contre moi.... Dois-je préférer l'amitié déshonorante de certains courtisans à ce que me prescrivent mes obligations envers mon roi, mon amour pour ma patrie? Eh bien donc! qu'ils engloutissent tout, et le soldat, sans pain, dévastera nos provinces pour subsister, et l'on foulera le peuple par de nouveaux impôts [1]. »

L'Hospital fut chargé de présider une commission destinée à faire le procès à des individus qui avaient commis des concussions lors de la guerre d'Italie. Dans une épître au chancelier Olivier, où il lui exprime ses regrets de n'avoir pu l'accompagner à Reims, pour assister au sacre de François II (18 septembre 1559), il invoque les devoirs que lui impo-

[1] Édit. d'Amsterdam, p. 137.

sait sa présidence comme la cause principale de son empêchement[1].

Il dit un jour au roi, en refusant de payer une gratification qui lui semblait accordée sans droit : « Sire, cet argent que Votre Majesté veut donner est la subsistance du peuple. C'est la récolte et la nourriture de vingt villages, sacrifiées à l'avidité d'un seul homme[2]. »

Une autre fois, il fit cette observation à la reine Catherine de Médicis : « Madame, le royaume s'en va en fêtes et en divertissemens, et si, que deviendront vos enfans quand il n'y aura plus de royaume[3]? »

Lorsque la duchesse de Berri eut épousé, en 1559, après le funeste traité de Cateau-Cambrésis, le duc de Savoie, Emmanuel Philibert, L'Hospital la suivit dans ses nouveaux États. Il a raconté, dans une épître à Jacques Du Faur, les circonstances de son voyage[4].

De son mariage avec la fille du lieutenant criminel Morin, L'Hospital avait eu trois enfants; mais deux étaient morts en bas âge; une fille seule avait survécu. Le digne magistrat n'avait pas de dot à lui donner. Il ne craignit pas de s'adresser, par une épître en vers latins, au cardinal de Lorraine : « Si la vertu et la beauté suffisaient seules pour gagner le cœur des jeunes gens, lui disait-il, je ne vous fatiguerais pas de mes demandes et de mes supplications; mais les jeunes filles sans dot n'ont jamais su

---

[1] Édit. d'Amsterdam, p. 259.
[2] Guibert, *Éloge hist.*, p. 45.
[3] *Id., ib.*, p. 46.
[4] Édit. d'Amst., p. 273.

plaire, et la jeunesse mal apprise fuit la pauvreté comme un monstre épouvantable. En attendant, les jours passent et les années effacent les charmes exté-rieurs. Ce n'est pas vous seulement que cette triste perspective me fait importuner ; je m'adresse aussi au roi et à la sœur du roi. Que faire ? Faut-il changer les habitudes de ma famille en déclarant que ma fille vieillira chez moi dans le célibat, que nul ne lui fera passer le seuil de sa maison ? Il n'y a que les pères barbares et dénaturés qui séques-trent ainsi leurs filles et laissent flétrir cette première jeunesse. Un mot de vous ferait cesser mes craintes, et me délivrerait de mes soucis [1].... »

Nous ignorons si ce mot arriva, mais ce fut sur-tout par l'intervention de la duchesse de Berri, que le roi promit une charge de maître des requêtes au futur gendre de L'Hospital [2]. Sa fille put ainsi épou-ser Robert Hurault de Belesbat ou Bellebat. Le père aurait voulu avoir pour gendre Gui Du Faur de Pi-brac. Nous ne savons quel motif s'opposa à la réali-sation de ce projet ; mais « ne l'ayant point eu, il ne délaissa pourtant de l'aimer et désirer son avance-ment [3]. »

Ce mariage, qui devait être si fécond, répandit la joie dans l'âme de L'Hospital. Son gendre avait les mêmes goûts et les mêmes opinions que lui. Sa fille ne tarda pas à lui donner un petit-fils. Dans une épître à son ami Jean Morel, il a peint les anxiétés

[1] Édit. d'Amsterdam, p. 98.
[2] Il en adresse ses remercîments à la princesse dans une épître. Voy. édit. d'Amsterdam, p. 237 et suiv.
[3] Loisel, *Dialogue des Avocats*, pag. 89. Édit. de M. Dupin.

de la famille relativement à la nourrice, et présenté
un tableau touchant de son séjour à la campagne.
« J'avais dit que je ne demeurerais pas plus de cinq
jours à la campagne; en voici déjà huit ou neuf, et
je ne suis pas encore parti. Si les besoins de l'État,
les devoirs de ma charge ou les fonctions que je
remplis auprès du roi Henri ne me rappellent pas,
je pourrai peut-être passer ici tout le mois d'août.
Outre que je suis retenu par ma constante passion
pour les champs, j'ai voulu amener avec moi tout
ce qui pouvait me reposer des bruits de la ville et
des soucis du Palais, c'est-à-dire mon épouse, ma
fille, mon gendre et mon petit-fils. Je ne sais rien
de plus gracieux que ce nouveau-né, si toutefois
l'affection qui aveugle tous les pères ne vient pas
aveugler un aïeul. Que sera-ce dans trois mois
quand il commencera à sourire? Comme j'aime à
voir ces premières larmes, à entendre ces premiers
vagissements ! Sa mère l'a chaudement enveloppé et
l'a emporté dans sa litière loin de la ville, où aucune femme n'avait assez de lait pour le nourrir; elle
espérait trouver une meilleure nourrice à la campagne. On nous en amène une, la meilleure des trois
villages d'alentour. Je croyais qu'elle allait combler
tous nos vœux, quand tout à coup l'enfant est atteint d'une fièvre brûlante et ne tire plus une goutte
de lait des mamelles taries. Immédiatement la mère
et les deux grand'mères envoient s'enquérir dans les
villes et bourgades voisines; aucune nourrice du
pays ne put étancher la soif de notre nourrisson. Il
en arriva une, deux et trois, malgré les ordonnances
des médecins, qui croyaient malsain le mélange de

tant de laits différents ; mais périsse plutôt la médecine quand l'estomac est vide et que l'organisation
entière est tourmentée par la soif [1] ».

L'Hospital part de là pour regretter que les mères
ne nourrissent pas elles-mêmes leurs enfants ou ne
les fassent pas au moins nourrir auprès d'elles.

Henri II, étant mort le 10 juillet 1559, eut pour
successeur son fils aîné, François II, qui fut sacré à
Reims le 18 septembre suivant. L'Hospital composa
à cette occasion un poëme latin sur l'art de gouverner [2]. Joachim du Bellai le traduisit en vers français,
et il a été plusieurs fois traduit depuis, notamment
par Claude Joly et par Perrault. « Cet ouvrage, dit
M. Villemain, n'est pas remarquable par le talent, la
diction en est souvent diffuse et négligée ; mais on y
sent cette chaleur, cet enthousiasme d'un cœur droit
qui s'anime par la pensée du devoir et du bien public. »

Ce n'était pas le seul événement que L'Hospital
eût, vers la même époque, célébré par ses poésies :
il avait décrit en beaux vers les splendeurs du château de Chambord, élevé par le Primatice, d'après
les ordres de François Ier [3]. Il avait encore chanté la
levée du siége de Metz (1553) [4], la prise de Calais
et celle de Thionville (1558) [5], le mariage du Dau-

---

[1] Édit. d'Amst., p. 141.

[2] *De sacrâ Francisci II, Galliarum regis, initiatione, regnique ipsius
administrandi providentiâ. M. Hosp. sermo.* Paris, Fédéric Morel,
1560, in-4°, réimprimé dans l'édit. d'Amsterdam, p. 262 et suiv.

[3] *Ad Paulum* (de Foix), *Camborea villa regia,* p. 183 de l'édit.
d'Amsterdam.

[4] *De Meti urbe captâ et ab hostium ingenti obsidione liberatâ. Ampliss.
viri. M. H. Carmen.* Féd. Morel, 1560, in-4°, réimprimé dans l'édit.
d'Amsterdam, p. 113.

[5] *Ibid.,* réimprimé dans l'édit. d'Amsterdam, p. 195, 199.

phin, depuis François II, avec Marie Stuart[1], fille de Jacques V, roi d'Écosse, et de Marie de Lorraine, et ainsi nièce du cardinal de Lorraine et du duc de Guise[2].

[1] *In Francisci illustrissimi Delphini et Mariæ sereniss. Scotorum reginæ nuptias.* Paris, Féd. Morel, 1560, in-4°, réimprimé dans l'édit. d'Amsterdam, p. 231 et suiv.

[2] Jacques V avait épousé en secondes noces Marie de Lorraine, fille de Claude, duc de Lorraine, et veuve de Louis d'Orléans, duc de Longueville. Cette princesse était sœur de François, duc de Guise et du cardinal de Lorraine.

III

L'Hospital est nommé chancelier de France en remplacement d'Olivier. — Sa lettre au cardinal de Lorraine. — Édit de Romorantin; le chancelier le fait enregistrer par le Parlement. — Édit des secondes noces. — Obligation de la résidence imposée aux officiers de justice (1560).

L'Hospital était à Nice, auprès de la duchesse de Savoie, lorsque mourut, le 3o mars 156o, à Amboise, le chancelier Olivier, « personnage illustre, dit de Thou, par son intégrité, par la politesse et l'agrément de son esprit, par sa sagesse, son expérience dans les affaires, » mais qui avait montré une grande faiblesse et nui à sa réputation d'intégrité depuis son rappel à la cour, lors de l'avénement de François II (juillet 1559).

Catherine de Médicis, qui gouvernait plus l'État que ne pouvait le faire son jeune fils, pensa qu'il était de sa politique de remplacer Olivier par L'Hospital. Le cardinal de Lorraine, auquel il avait, en plusieurs occasions, adressé des épîtres en vers latins, partagea la même opinion. Un courrier fut donc expédié au chancelier de la duchesse de Savoie, pour lui annoncer qu'il était nommé chancelier de France [1]. Il s'empressa de revenir à Paris. En route

---

[1] Son gendre lui succéda comme chancelier de la duchesse de Savoie.

il écrivit la lettre suivante, que nous croyons inédite, pour témoigner au cardinal de Lorraine toute sa reconnaissance :

« Monseigneur,

« Je juge la perte que le Roy a faict en la mort
« de feu Monseigneur le chancelier, estre inesti-
« mable, et crains qu'à l'advenir paroisse plus grande
« par la comparaison de son successeur, mais
« comme j'ai tousjours eu en admiration ce bon et
« sainct homme en son vivant, aussi mettrai peine
« de approcher et imiter ses faicts après sa mort,
« le plus qu'il me sera possible, ce que j'espère
« faire plus aisément vous proposant en toutes mes
« actions comme mon chef, patron et conducteur.
« Je partis de Nice le 11 de ce mois et continue mon
« chemin aux plus grandes et meilleures journées
« qu'il m'est possible pour vous aller trouver et re-
« mercier très-humblement.

« Monseigneur, après m'estre recommandé très-
« humblement à vostre bonne grâce, je prie Nostre-
« Seigneur de vous donner très-bonne et très-lon-
« gue vie.

« De Saint-Valiers, ce xxiii avril 1560 [1].

[1] On voyageait bien lentement alors, car Saint-Vallier, d'où L'Hospital écrivait cette lettre, est un chef-lieu de canton de l'arrondissement de Valence (Drôme), sur le Rhône. Ainsi, étant parti de Nice le 11 avril, il avait mis douze jours pour parcourir une distance que l'on mettrait aujourd'hui douze heures à faire, et ce *en continuant son chemin aux plus grandes et meilleures journées qu'il lui étoit possible.*

« Vostre très-humble, très-obéissant et très-obligé
serviteur.

« M. DE LOSPITAL [1]. »

Du reste L'Hospital ne savait que trop qu'il allait
retrouver sa patrie déchirée par des partis ennemis,
sous prétexte de religion et qu'il aurait une tâche
bien difficile à remplir.

L'ambition des Guises, enflammée par leur parenté
avec la jeune reine, avait excité la jalousie des princes du sang, notamment du prince de Condé et des
autres princes et grands du royaume. Catherine de
Médicis flottait alors entre ces deux camps. Ce ne fut
que plus tard qu'elle se prononça ouvertement contre les princes et par suite contre les protestants à
la tête desquels ils étaient placés. La conspiration
d'Amboise venait d'être découverte (mars 1560, n. s.)
et semblait avoir porté un coup funeste aux projets
de prince de Condé et de ses adhérents.

Pour être entièrement libre en son action, L'Hospital exigea la démission du cardinal Bertrandi, archevêque de Sens, qui, pendant la disgrâce d'O-
livier, avait été nommé garde des sceaux avec la
survivance, car l'édit du mois d'août 1551, qui l'a-
vait élevé à cette dignité, portait qu' « après la mort
du chancelier, il seroit chancelier, voulant qu'audit
cas la charge de garde des sceaux soit éteinte et
supprimée pour être réunie à celle de chancelier. »
Les lettres de provision de L'Hospital sont du

---

[1] Bib. Imp. départ. des mss. fonds Dupuy. L'adresse porte : « A
« Monseigneur, Monseigneur le révérendissime et illustrissime car-
« dinal de Lorraine. »

, 3o juin 156o. Elles portent : « ..... Considérant les
« grands, louables et très-recommandables services
« que nostre amé et féal messire de L'Hospital, che-
« valier, conseiller en nostre conseil privé, et pre-
« mier président de nos comptes avoit faits à nos-
« dits prédécesseurs, à nous et à l'estat et république
« de nostre royaume, depuis vingt-quatre ans en çà,
« tant ès estats qu'il a exercez que autres importan-
« tes charges où il a esté employé au dedans et hors
« nostre royaulme ; ès quelles s'estoit maintenu avec
« telle intégrité, vertu, loyauté et réputation, qu'il
« avoit par ses mérites donné juste occasion à nos
« dicts prédécesseurs et à nous de l'avoir en très-
« singuliere recommandation, nous aurions, incon-
« tinent après le décez dudict Olivier, et dès le
« premier jour d'avril passé, advisé dudict estat et
« office et dignitez de chancelier ledit L'Hospital,
« lors absent de nostre royaulme, et estant à Nice
« par nostre commandement, et combien que par
« le moyen dudit édit de création d'office de garde
« des sceaux et clause dessusdite portant disposition
« d'ung homme vivant, ledict office de chancel-
« lier ne puisse estre dict appartenir et estre consi-
« déré en la personne de celuy qui se trouve pour-
« veu de l'office de garde des sceaux, ains soit
« ledict office de chancellier vrayment vacant par
« le décez dudict Olivier et retourne à nostre pleine
« et libre disposition ; néantmoins pour oster toutes
« difficultez, ledit cardinal de Sens se seroit volon-
« tairement desmis en nos mains purement et sim-
« plement du droit qu'il pouvoit prétendre audict
« estat, titre et dignité de chancellier et à ceste fin

« nous auroit envoyé ses lettres de ladite démis-
« sion, etc... [1]. »

N'y a-t-il pas lieu de s'étonner, après tous les
antécédents que nous venons de rappeler, que
M. Michelet ait dit, dans son *Histoire de France*,
en parlant de L'Hospital, à l'occasion de sa promo-
tion à la charge de chancelier, que : « c'était un
homme absolument inconnu de la magistrature et
qui avait cheminé sous la terre. Personne, ajoute-
t-il, ne devinait qu'il fût très-honnête et très-bon,
excellent citoyen, etc. [2]. »

Il est difficile de pousser plus loin le paradoxe
historique.

La charge de chancelier de France avait alors une
importance qu'elle a perdue depuis. Il était à proprement parler, le premier ministre, et il occupait
la première place au conseil privé, présidé par le
roi ; il participait à toutes les grandes affaires et
avait aussi la direction de celles qui se traitaient
avec les cours étrangères : aussi, lors de l'inventaire
qui fut fait, par ordre du roi, des papiers du chancelier de L'Hospital, après sa mort, trouva-t-on les
minutes, chartes et pièces originales de tous les
traités conclus depuis deux siècles ; toutes celles des
négociations avec l'Angleterre étaient écrites de sa
propre main [3]. On verra, en effet, par la suite,
qu'il prit une grande part au traité conclu avec
cette puissance en 1564.

[1] *Recueil général des anc. lois franç.* par Isambert et autres, t. XIV,
p. 33. — F. Duchesne, *Hist. des chanceliers*.
[2] T. IX ; p. 228.
[3] Guibert, *Éloge historique*, p. 63.

Le 2 juillet 1560, les lettres de provision qui nommaient L'Hospital chancelier furent enregistrées au Parlement, et le 5 du même mois il vint en personne haranguer cette cour.

Il s'agissait de faire enregistrer l'édit donné à Romorantin, au mois de mai précédent, ainsi qu'un autre édit du même jour, qui prescrivait la suppression d'offices de judicature nouvellement créés.

Le Parlement avait, en effet, refusé d'enregistrer l'édit de Romorantin, qui enlevait aux juges laïques la connaissance du crime d'hérésie, et avait décidé qu'il présenterait au roi des remontrances.

L'Hospital fut accompagné en cette occasion, par Charles de Marillac, archevêque de Vienne, par Jean d'Avanson [1], tous les deux membres du conseil privé, et par plusieurs maîtres des requêtes.

Ce célèbre édit de Romorantin était, dans la pensée du chancelier, le seul moyen propre à épargner à la France un plus grand fléau, l'introduction du tribunal de l'inquisition.

Sans doute, cette sinistre juridiction était déjà apparue dans nos annales. Elle avait pris naissance dans les provinces méridionales, lors de l'hérésie des Albigeois. En 1205, le titre d'inquisiteur était donné, par Innocent III, à Raoul, Pierre de Castelnau et Arnauld, abbé de Cîteaux, ses légats en Languedoc. En 1229, un concile de Toulouse, présidé par l'archevêque Foulques, leur avait imprimé un caractère plus judiciaire, et Grégoire IX, quatre ans après, avait dévolu aux frères prêcheurs, l'exercice de l'in-

---

[1] Il était dauphinois et s'appelait Jean de Saint-Marcel sieur d'Avanson. (V. les *Additions* de Le Laboureur sur Castelnau, t. I, p. 507.)

quisition, à l'effet de poursuivre et de punir les hérétiques, instituant ainsi, en France, des tribunaux qui
ne dépendaient que de lui seul. Les deux dominicains Pierre Collani et Guillaume Arnaldi, furent
institués inquisiteurs à Toulouse par le légat Wautier
de Mauris, évêque de Tournai. Montpellier, Cahors,
Carcassonne, Alby, ne tardèrent pas à en avoir de
semblables. Mais aux provinces que nous venons de
citer se bornait leur autorité. Sous François Ier, lors
des progrès des hérésies de Luther et de Calvin, on
chercha à faire pénétrer une institution semblable à
Paris et dans les provinces du nord et du centre. Le
cardinal de Tournon[1] était archevêque et gouverneur
de Lyon; comme son diocèse se trouvait le plus exposé à l'invasion des nouvelles doctrines, à cause
du voisinage de Genève, il fit venir de Rome un inquisiteur qui, par son ordre, résidait ordinairement à
Lyon : c'était un frère prêcheur appelé Mathieu Ori.
Le roi François Ier rendit, sous la date du 3o mai
1536, des lettres patentes qui lui permirent d'exercer en France la charge d'inquisiteur[2]. Un édit
d'Henri II, du 22 juin 155o, le confirma dans cette
charge[3]. C'est cet inquisiteur qui, en 1542, avait
prononcé une première sentence contre Étienne Dolet; c'est lui que Rabelais appelait : *nostre maistre
Doribus*. Mais ce n'était là encore qu'un essai d'inquisition, et, grâce à L'Hospital, les efforts des cardi

[1] Né en 1489, à Tournon, en Vivarais, d'une ancienne maison connue dès le douzième siècle; d'abord archevêque d'Embrun, puis successivement archevêque de Bourges, d'Auch et de Lyon. Mort en 1562.

[2] *Anc. lois franç.*, t. XII, p. 5o3.

[3] *Id.*, t. XIII, p. 173.

naux de Lorraine et Perrenot de Granvelle[1] pour étendre cette déplorable institution échouèrent complétement. Le cardinal de Granvelle, ministre de Philippe II, roi d'Espagne, s'était rencontré à Arras avec le cardinal de Lorraine, dans les dernières années du règne de Henri II. Il avait été convenu entre eux, avec l'approbation du pape, que sans employer le mot odieux d'inquisition, il serait facile d'arriver au même résultat. Le cardinal de Lorraine devait être le chef du nouveau tribunal. Il espérait par là détruire l'hérésie, s'enrichir des dépouilles des novateurs et accroître indéfiniment son pouvoir et celui de sa famille.

L'avénement du nouveau roi qui sortait à peine de l'enfance (il n'avait pas seize ans, étant né le 19 ou 20 janvier 1544, n. s.), leur parut une occasion favorable pour réaliser ce projet.

On avait fait rendre, au mois de mars 1559[2], un édit par lequel le roi disait qu'il ne voulait pas ensanglanter les commencements de son règne, et qu'à l'exemple du Père céleste, il pardonnait à « ses pauvres sujets » poursuivis pour crimes d'hérésie[3], à la condition qu'ils consentiraient à rentrer dans le sein de l'Église catholique. Mais ce n'était là, pour le

---

[1] Antoine Perrenot de Granvelle, cardinal, ministre de Charles-Quint et de Philippe II, né à Ornans, près de Besançon en 1517, mort à Madrid, en 1586. Les *Papiers du cardinal de Granvelle*, conservés à la Bib. de Besançon, ont été publiés dans la collection des *Documents inédits relatifs à l'histoire de France*.

[2] L'année commençait alors à Pâques, c'est ce qui fait que, monté sur le trône le 10 juillet 1559, François II rendait un édit daté du mois de mars de la même année.

[3] *Anc. lois franç.*, t. XIV, p. 22.

cardinal de Lorraine, qu'un moyen de montrer qu'à côté de cette mesure d'indulgence, il fallait placer de nouvelles garanties contre les développements de l'hérésie ; il lui paraissait opportun d'instituer un nouveau tribunal destiné à juger les procès que l'on ferait aux religionnaires. Il avouait bien que le mot d'*inquisition*, que les huguenots ne manqueraient pas, de donner à cette juridiction, pourrait formaliser certains esprits; mais le temps et le feu, poursuivait-il, feront tout rentrer dans le devoir [1].

Le cardinal fit approuver son projet par le conseil; il fut convenu, en principe, que les hérétiques seraient, à l'avenir, jugés par un tribunal ecclésiastique.

Tel était l'état des choses, lorsque L'Hospital fut appelé au pouvoir, le 1er avril 1560.

Il arriva à Paris au commencement de mai, et lorsqu'il connut le projet du cardinal, qui avait cru pouvoir compter sur son concours, il prépara l'édit de Romorantin, qui, sans doute, attribuait aux prélats la connaissance du crime d'hérésie et la répression des assemblées illicites, mais avec des correctifs qui en atténuaient la portée, notamment l'obligation imposée aux évêques de résider dans leurs diocèses [2].

Les protestants les plus éclairés ne s'y méprirent pas. L'un des plus éminents de leurs historiens, Régnier de la Planche, dit du « merveilleux stratagème » que le chancelier employait « pour contenir les Lorrains en leurs bornes : « Voilà comme, avec grande dissimulation, beaucoup de choses passoyent par ses mains que l'on jugeoit très-périlleuses. Ce néantmoins

[1] Lévesque de Pouilly, *Vie de M. de L'Hospital*, p. 103.
[2] *Anc. lois franç.*, t. XIV, p. 31.

il en donnoit entre deux vertes une meure, donnant espérance à ceux qui aimoyent le public, que tout tourneroit finalement à bien, pourveu qu'on le laissast faire. Peu de gens entendoyent son intention; mais le temps fit cognoistre qu'il avoit embrassé le service de son roy et le salut du peuple tout autrement qu'on avoit cuidé. Et à vray dire, on ne sauroit assez suffisamment descrire la prudence dont il usoit. Car, pour certain, encore que s'il eust prins un plus court chemin pour s'opposer virilement au mal, il seroit plus à louer, et Dieu, peut-estre, eust beny sa constance; si est-ce qu'autant qu'on en peut juger, luy seul, par ses modérez déportements, a esté l'instrument duquel Dieu s'est servi pour retenir plusieurs flots impétueux où fussent submergez tous les François. Et néantmoins les apparences extérieures paroissoyent au contraire. Bref, quand on luy remonstroit quelque playe prochaine, il avoit tousjours ce mot à la bouche : patience, patience, tout ira bien [1].»

Nous allons donner un extrait de la harangue de L'Hospital au Parlement lorsqu'il s'y rendit pour la première fois depuis son élévation à la dignité de chancelier.

Il commença par dire : « Que luy, ayant bonne envie de venir visiter cette compagnie, en laquelle il a usé bonne partie de ses ans, l'occasion s'est offerte que le roy lui a commandé d'y venir pour dire de sa part ce quilz oyront, et sont trois choses, l'une et principale, concerne le dict seigneur et l'estat universel de ses

---

[1] *Histoire de l'Estat de France tant de la République que de la religion,* t. I, p. 256 de l'édit. de Techener, Paris, 1836.

subiects ; la seconde, touche cette ville, qui est la capitale du royaume, et la troisième appartient à ce corps.

« Quand le dit seigneur est venu à la couronne, il a trouvé et recueilly la succession du feu roy son père embrouillée et empeschée de debtes et aultres grands affaires, et a ressemblé à l'héritier qui appréhende une succession ayant apparence de grandes richesses, et neantmoins après, s'estant enquis, trouve de grosses debtes ; sa famille mal obéissante et mal morigénée, et aultres choses qui l'empeschent pour longtemps. Cela est advenu au dict seigneur, lequel estant venu à cette succession, a trouvé tant de debtes constituées par les feuz roys François et Henri, ses ayeul et père, pour les nécessitez de la guerre, que quand il employroit tout son revenu en dix ans, ne pourroit être quicte. Peult dire icy, combien qu'il n'est bon qu'il soit sceu partout, qu'il y a plus de quarante-trois millions deubz, dont courent intérestz. On pourroit dire que le feu roy lui a laissé la paix, du bien de la quelle il ne peult jouir ; et le mal que la guerre a amené lui demeure pour la grande multitude qu'il a des affaires domesticques. »

L'Hospital continue le tableau de ce triste état du royaume ; les contributions ne se payaient pas, « le peuple abandonnoît le pays de Normandie et aultres. » Puis il arrive à ce qui concerne la religion, et les mœurs. « Quant à la religion, dit-il, chacun en temps de paix, s'est faict une religion à sa poste ; les uns à bonne fin, les aultres par erreur, les aultres par malice. Au regard des mœurs, tous les estats sont corrompus.

« Croit que l'Église, qui devoit reluire, est cause

du désordre de la religion, pour leurs mauvais exemples. La noblesse et gens de guerre ne peuvent estre retenus, pour estre bien payez, d'opprimer le peuple ; et sy leur payement est reculé y prennent excuse de leurs violences.

« De la justice, cette compagnie qui est le principal siége, voit tous les jours les abus des subalternes et n'est exempte de faultes. Ilz sont hommes. La prie et admoneste regarder et pourveoir à celles d'ambition et d'avarice. La pluspart des juges sont à autres qu'au roy, qui a la moindre part ; et la fin est pour parvenir à plus grandz estats et honneurs, l'avarice y est meslée. Cent francz de gain au bout de l'an font perdre plus, de cent mille de réputation. Le peuple est fort mal instruict, non-seulement aux villes, où la malice estoit assez accoustumée ; mais aux champs, où la simplicité soulloit estre ; les vicaires ne leur parlent que de payer les dixmes et offrandes, et rien des bonnes mœurs ; au moyen de quoi ils font mestier de desrober sans conscience. Les uns subietz estants mal payés et mal contents, les aultres pour mauvaise religion et mœurs corrompues, ne craignans Dieu et n'obéissants aux magistratz. Aucun soldat ou aultres meslez parmi eux, qui *quærunt res novas* : le tout pour piller les riches, et partout mettre confusion. Ne se fault esbahir s'il est advenu ce que l'on a veu : d'y remédier il est mal aisé promptement. »

Le chancelier expose ensuite les moyens que le roi a employés pour payer ses dettes et pour apaiser les querelles de religion. Sous François 1er et Henri II, et même au commencement de son règne, on avait éu recours à la rigueur : il faut essayer d'un autre moyen. Puis, se servant des comparaisons qu'il affectionnait et qu'il empruntait à la médecine, il disait : « Le roy a faict comme les bons médecins, qui souvent cognoissent les maladies sans cognoistre les causes d'icelles, et ayant usé de quelques remèdes aigres qui n'ont profficté, prennent les doux; et ayant usé des choses chauldes qui ne proffitent, appliquent les froides. Le temps des dictz deux rois portoit que l'on feist des exécutions, en ont usé. Aussy a (faict) le roi qui est à présent; mais voyant que pour cela le mal ne garissoit, et cognoissant par l'effect que ce n'estoit le vray remède, en veult chercher d'autres. »

Les deux édits dont il vient demander l'enregistrement ont pour objet de remédier aux maux qui dévorent le royaume. Ramener la paix religieuse, améliorer l'administration de la justice, c'est ce qui est le plus propre à calmer les esprits. Or, c'est aux magistrats du Parlement qu'il appartient surtout de l'aider dans cette tâche. « Cette cour ci-devant comme la principale, a gardé sa dignité ; ainsy qu'elle est le plus près éclairée du soleil, qui est le roi. »

« Maintenant, ajoute-t-il, on dict qu'il y a des factions pour les princes et grands seigneurs, ceulx qui s'en aydent, s'en soucient après comme des putains, qui est une vilaine comparaison : y a plus de solliciteurs que de juges. »

Voilà assurément un langage qu'on est fort étonné de trouver, en une occasion si solennelle et devant une telle assemblée, dans la bouche du chef de la justice. Pour l'expliquer, il faut se rappeler

qu'alors les mots même les plus cyniques ou les plus
familiers étaient employés non-seulement dans le
langage usuel, mais dans les ouvrages les plus sérieux,
et, en public, par les personnages les plus graves,
même par les prédicateurs et par les professeurs.

Le chancelier engage ses anciens collègues du Parlement à maintenir entre eux la concorde, et les con-
vie à bannir l'avarice de leurs cœurs. Il se plaint des
épices et de l'augmentation des frais de justice.
« D'ung deffault, dit-il, on ne soulloit prendre que
demy-escu ; maintenant sont taxez deux ou trois escus ; aussy y a fréquence de procès partiz. Ce qu'il en
dict n'est pas pour enseigner à ceulx de céans la façon
de vivre. Si est-ce que l'on ne tient plus de compte
des anciens ou notables arrestz donnez au conseil,
et encore que *exemplis non sit judicandum*, et que
les affaires ne soient du tout semblables.... »

Le chancelier finissait en engageant les magistrats
à se récuser dans les procès, lorsqu'ils y avaient un
intérêt, et à concilier les parties toutes les fois qu'ils
le pourraient[1].

Le Parlement ne se rendit pas facilement aux raisons qu'on lui donnait, pour l'enregistrement des
deux édits qu'on venait de lui apporter ; il fit des
remontrances très-vives et n'enregistra l'édit de Romorantin, sur la répression des hérétiques, que le
16 juillet, et celui qui ordonnait la suppression des
offices de judicature nouvellement créés, que le
7 septembre suivant.

Immédiatement après les deux édits dont nous

---

[1] *Registres mss. du Parlement*, appartenant à l'auteur. — *OEuvres*,
t. I, p. 319.

venons de parler, le plus important de ceux que fit rendre le chancelier de L'Hospital est connu sous le nom d'*édit des secondes noces*. Il est du mois de juillet 156o[1] et avait pour objet de mettre un frein à la cupidité de ceux qui épousaient, pour leur fortune, des veuves ayant des enfants. L'édit défendait à ces veuves de donner à leurs nouveaux maris plus d'une part d'enfant le moins prenant.

Par un grave abus, qu'un homme aussi ami du bien public que L'Hospital ne pouvait tolérer, les gouverneurs des provinces, leurs lieutenants, baillis et sénéchaux, étaient dans l'habitude de ne pas remplir leurs fonctions en personne et même de ne pas résider dans les localités où ils devaient exercer leurs charges. Un édit du mois de juillet 156o vint les contraindre à remplir leurs devoirs sous peine de privation de leurs offices[2].

Les gens de finances, les gouverneurs des provinces et jusqu'à leurs serviteurs et domestiques, se faisaient donner « pour récompense de leurs peines, salaire, vacations et frais, qu'ils disoient avoir faits » des sommes qui excédaient quelquefois les deniers qu'ils étaient chargés de percevoir pour le roi. Un édit du même mois de juillet 156o vint aussi mettre un terme à ces dilapidations[3].

---

[1] *Anc. lois franç.*, t. XIV, p. 36.
[2] *Anc. lois franç.*, t. XIV, p. 37.
[3] *Ibid.*, p. 39.

IV

En présence des troubles imminents que l'on pressentait et de l'inefficacité de l'édit de Romorantin, l'amiral de Coligny et le chancelier s'entendirent pour faire convoquer une assemblée des notables à Fontainebleau. Cette assemblée eut lieu le 21 août 1560. Le jeune et faible François II y présidait, assisté de Catherine de Médicis, sa mère, et de Marie Stuart, son épouse. Les princes, frères du roi, les cardinaux de Bourbon et de Lorraine, les ducs de Guise et d'Aumale, le connétable, le chancelier de L'Hospital, l'amiral de Coligny, les maréchaux de Saint-André et de Brissac, les membres du conseil privé, les chevaliers de l'ordre ainsi que les maîtres des requêtes, et les secrétaires d'État et des finances, y assistaient également. Après une petite allocution du roi et quelques mots de la reine, l'amiral présenta au roi une requête qui lui était adressée au nom des protestants. « Le chancelier, dit un historien, fils d'un médecin et qui, en toute occasion, empruntait ses exemples à la médecine, représenta la France comme un malade qu'il serait aisé de guérir si l'on connaissait bien son mal, et il invita les assistants à en signaler soigneusement tous les symptômes [1]. » Marillac, archevêque de Vienne, et Montluc, évêque de Valence, firent entendre de nobles accents de tolérance et signalèrent avec force les abus qui s'étaient introduits dans l'Église.

« Et pour la première opinion du sieur de Valence, dit un document contemporain, il ne toucha que le fait de la religion, comme aussi firent MM. d'Avanson, d'Orléans, de Vienne et du Mortier, qui tous opinèrent, ce jour-là, l'un après l'autre, entre lesquels le dit sieur de Vienne emporta l'honneur d'avoir non-seulement opiné directement, dextrement, de très-bonne grâce, mais aussi au grand plaisir et contentement du roi et de la plupart de la compagnie [2]. »

Le duc de Guise et le cardinal de Lorraine combattirent avec chaleur les opinions de leurs adversaires, et s'opposèrent surtout à la convocation d'un concile national. Le cardinal représenta les calvinistes comme des séditieux qui, tout en réclamant la liberté de conscience, n'avaient d'autre but que de s'assurer de l'impunité de leurs crimes. Il ne fit du reste aucune objection sérieuse contre la convocation des états généraux, si le roi la jugeait utile, dans les circonstances où l'on se trouvait [3].

L'assemblée de Fontainebleau, qui occupa six

[1] Sismondi, *Histoire des Français*, t. XVIII, p. 162.

[2] *Recueil de pièces originales et authentiques contenant la tenue des états généraux*, Paris, 1789, t. I, p. 69.

[3] Castelnau, *Mém.*, p. 103.

séances, aboutit à la convocation des états généraux
à Meaux pour le 10 décembre suivant ; mais il fut
ensuite décidé qu'ils tiendraient à Orléans, le 13
du même mois, les calvinistes étant trop nombreux
à Meaux pour que le roi y fût en sûreté.

Auparavant, les assemblées provinciales devaient
être réunies pour dresser leurs cahiers et choisir les
membres qu'elles voudraient y députer. Le chancelier fit écrire, au nom du roi, aux gouverneurs
des provinces pour les exhorter à ne faire députer
aux états que « bons personnages il peut avoir
en votre ressort, et en nommer jusques à huit ou
dix des plus dignes, de grand savoir, vertu, expérience et probité de vie que vous pourrez savoir,
dont vous mettrez les noms et qualités par écrit, que
vous envoirez incontinent et le plus tôt que faire
se pourra, par devers notre très-cher et féal chancelier, pour d'iceux et autres qui nous seront nommés
des autres provinces de notre royaume, faire par
nous élection des plus sincères et suffisants, pour satisfaire au désir que nous avons en cet endroit [1]. »

Il fut aussi décidé qu'à défaut de concile général,
un concile national serait convoqué pour le 20 janvier, auquel assisteraient les archevêques, évêques
et autres prélats du royaume, qui devaient se rendre auparavant dans leurs diocèses et aux lieux
où ils doivent résider, « tant pour étudier, que se
préparer pour faire rapport des abus ; et les gouverneurs, baillis et sénéchaux, de même pour informer du tout, et tenir le peuple en union, sans
procéder par voie de punition contre aucun des

[1] *Collection des états généraux* de Mayer, Paris, 1789, t. XII, p. 360

susdits (suspects d'hérésie), sinon contre ceux qui s'élèveront en armes, et feront les séditieux, ayant toutes fois un arrêt mental au cerveau du roi, pour découvrir cependant l'imprudence des fols [1]. »

Ces résolutions prises dans l'assemblée de Fontainebleau avaient été adoptées par tous les magistrats présents conformément aux opinions de l'évêque de Valence et de l'archevêque de Vienne, qui partageaient celles de L'Hospital : elles obtinrent ainsi la majorité contre l'avis des Guises, appuyé seulement par quelques courtisans.

Quant à la requête des protestants, présentée par l'amiral, elle fut ajournée après l'assemblée du concile national [2].

Avant la réunion des états, L'Hospital se rendit au Parlement, le 7 septembre 1560, accompagné de Marillac et de Morvilliers, membres du conseil privé, et de trois maîtres des requêtes ; il y prononça une nouvelle harangue dans laquelle il peignit à grands traits la situation du royaume et y annonça divers édits propres à l'amélioration de l'administration de la justice et à la réforme de certains abus.

« Le roi, disait-il, voyant les esmotions procéder à cause de la religion, parce que ceulx qui les font se couvrent de ce manteau, chacun de sa part a la religion en la bouche, a pensé à ceulx qui veulent un establissement de religion, n'a poinct veu de meilleur moyen que le concile, par lequel sera cogneu ce à quoi fauldra s'arrêter. Fault du temps pour se préparer ; par quoi a fallu mettre le dit con-

[1] *Même collection*, t. X, p. 310.
[2] Castelnau, *Mém.*, p. 103.

cile après les estatz qui pourvoiront à toutes plainctes et doléances des subjetz, composez des trois estatz qui y comparoistront par leurs députez. Chascun y pourra parler et sera ouï librement devant le roi : le tiers-estat déduira ses gravesses et charges, l'oppression des gens d'armes ; la noblesse, la faulte de leur payement ; l'Église, ce qui l'a touché, et tous trois, la longueur et faulte de la justice et toutes autres choses dont ilz se sentiront grevez et leur sera pourveu ; le faict de la religion remis au concile qui suict de près ; c'est le vray moyen pour contenter les subjects... »

Il se plaint des désordres que commettent les soldats qui « n'ayans aultre moyen de vivre que la guerre, et n'estans plus employez contre les voisins, la font aux amis. La discipline militaire n'est observée en France comme elle estoit à Rome, et est encore en quelques pays, où la guerre finye, les gens de guerre reprenoient leurs métiers ; le François qui a une fois esté à la guerre n'a plus de mestier. Y a ès dictes compaignies séditieuses, force bannis et canailles, qui tous se couvrent du manteau de religion, si est-ce qu'ilz ne sont luthériens, mais plustôt sans Dieu : ne veulent vivre, en leurs maisons, ne hors, *sub legibus*, mais à la force. Quelle espérance peut-on avoir de telles gens, aultres que confusion et pilleries.....? »

Le chancelier, faisait valoir ensuite les avantages des édits qu'il présentait. Sur l'édit des transactions il disait : « La jeunesse, envoyée estudier ez universitez ez droicts, s'en retourne pleine de paragraphes et loix, sans sçavoir comme il en fault user ; peult

dire qu'il y a plus de procès au Chastelet de Paris,
que en toute l'Italie. L'office d'un bon juge est *se-
care multas lites*, et empescher qu'il n'y ait tant d'in-
cidents ez procès; plustôt que de les expédier diligemment fault garder qu'ils ne naissent.» Puis le
chancelier entretenait la cour, en terminant, de faits
qui concernaient deux magistrats de son ressort. Le
premier, appelé Combes, était président des (receveurs) généraux des aides de Montferrand. Il avait eu
un procès et avait été condamné par le Parlement. Il
s'était pourvu contre cet arrêt devant le conseil
privé du roi. Nonobstant ce pourvoi, le Parlement
avait ordonné l'exécution de son arrêt. Le chancelier crut devoir s'en plaindre.

« L'aultre faict concerne Desjardins, lieutenant de
robe courte de cette ville (Paris), que le roy a voulu,
combien qu'il fût convaincu luthérien, magistrat et
de quelque concussion, estre remis en exercice de
son office ; ce qui a été faict avec grande cause dont
il ne peult plus avant parler[1]. »

Le premier président Gilles Le Maistre, répondit au
chancelier, que le Parlement ne pouvait qu'approuver le parti que le roi avait pris, d'assembler les
états du royaume et de convoquer un concile national ; qu'il serait injuste de reprocher aux magistrats
de fomenter les troubles; qu'ils regarderaient toujours
comme leur premier devoir, l'obligation où ils
étaient de se conformer aux intentions du roi et de
faire exécuter sa volonté.

Relativement à Desjardins, le premier président
ajoutait que le Parlement ne pouvait qu'être fort

[1] *Régist. mss. du Parlem.* — *OEuvres*, t. I, p. 347.

surpris de la résolution prise à son égard, puisque
ce magistrat était incapable , d'après la teneur des
édits, de conserver sa charge, et qu'il était inutile
de publier des lois, si le gouvernement avait dessein
qu'elles ne fussent pas exécutées [1].

Le chancelier se contenta de remettre au premier
président les lettres patentes qui faisaient rentrer
Desjardins dans l'exercice de son office. C'était une
marque de tolérance religieuse qu'il voulait donner
avant la tenue du concile national.

A la suite de la conjuration d'Amboise (mars 1560,
n. s.), le prince de Condé s'était retiré dans les domaines de son frère, le roi de Navarre, où il avait fait
ouvertement profession de calvinisme. Tous les deux
furent conviés, par des lettres du roi, de se trouver à
Orléans, pour assister aux états ; ils craignirent de
tomber dans un piége. Mais, dit Castelnau, « le roy fut
conseillé de les asseurer par autres lettres, de venir
vers luy sans crainte, et qu'ils ne pourroient estre
plus seurement en leurs propres maisons ny en autre
lieu où ils peussent aller. La reyne mère du roy leur
donna la même asseurance [2]. » Ils se fièrent à ces promesses, malgré les avis secrets qu'ils avaient reçus, et
se rendirent à Orléans. Mais à peine arrivés dans
cette ville (31 octobre), Condé y fut arrêté comme
auteur principal de la conspiration d'Amboise et
d'autres conspirations. La dame de Roye, sa belle-
mère, le sieur La Haye, son chancelier, le vidame
de Chartres et quelques autres furent poursuivis
comme ses complices. On les livra à une commis-

[1] *Régist. mss. du Parlem.*
[2] *Mém.*, p. 107.

sion chargée de faire leur procès. Cette commission était composée de Christophe de Thou, président au Parlement, qui la présidait, de Barthélemi Faye et de Jacques Viole, conseillers au même Parlement. Gilles Bourdin, procureur du roi, et Jean du Tillet, greffier, remplissaient leurs fonctions auprès de la commission, qui rendit, le 26 novembre, un arrêt de mort.

Mais comme le prince avait refusé de répondre aux commissaires, sur les conseils de Pierre Robert et de François de Marillac, ses avocats, et qu'il avait demandé son renvoi devant le Parlement siégeant comme Cour des Pairs [1], il fut décidé que l'arrêt serait signé par un grand nombre de chevaliers de l'Ordre et par des membres du conseil privé appartenant au parti des Guises. Le chancelier refusa de signer un acte entaché d'une telle irrégularité, en disant : « Je sais mourir, mais non me déshonorer. » Le conseiller Guillard du Mortier et Louis de Beuil, comte de Sancerre, suivirent son exemple.

Pendant que ces événements se passaient, la santé du roi déclinait et faisait prévoir sa fin prochaine. Le duc de Guise pensa que l'occasion était favorable pour faire triompher ses projets et anéantir du même coup le roi de Navarre et le prince de Condé.

Si on s'en rapporte aux historiens protestants ou favorables à leur cause, il ne devait pas, au besoin, reculer devant un assassinat qui serait commis dans le cabinet du roi et par le roi lui-même, auquel, disent-ils, le cœur aurait failli au moment suprême [2].

[1] Castelnau, *Mém.*, p. 115.
[2] Régnier de la Planche.—De Thou, l. XXVI.—Th. de Bèze, p. 390.

Ce qui aurait fait dire au cardinal de Lorraine :
« Voilà le plus grand poltron qui fut jamais. » Mais
ce fait n'est pas probable, et il nous paraît démenti par
le caractère même de François II et par son état de
santé, qui ne lui auraient pas permis de porter un
pareil coup. Si, en effet, le projet que l'on prête au
duc de Guise a existé, il aurait dû, sans doute, être
exécuté soit par lui, soit par le maréchal de Saint-
André, ou plutôt par un assassin subalterne stipendié
par eux.

Quoi qu'il en soit, Guise ayant engagé Catherine
de Médicis à l'autoriser à exécuter ce sinistre projet,
la reine ne lui répondit pas sur-le-champ, et, toute
éplorée, elle consulta L'Hospital, et lui fit part des
propositions de Guise. Le vertueux magistrat, indi-
gné lui dit : « Comment, on fera périr le premier
prince du sang de nos rois, et quel est son crime ?
D'avoir un frère plus malheureux encore que coupable. Si l'on arrête le roi de Navarre, il doit mourir,
car il saurait se venger, même aux dépens de ses
maîtres, même aux dépens de l'État, et sa mort est
un crime affreux dont la seule idée fait frémir. Il
vous faut, Madame, suspendre le jugement rendu
contre le prince de Condé et reprendre tout le pouvoir qui vous appartient, sous un roi trop jeune
pour gouverner ses États [1]. »

Puis le chancelier dépeignit à la reine le caractère
faible du roi de Navarre; il lui dit qu'elle le maî-
triserait facilement, et que les Guises étaient bien

[1] Lévesque de Pouilly, p. 154. — Cet écrivain et Guibert prêtent
à L'Hospital un langage qui ne peut être le sien et qui se ressent trop
des idées philosophiques du dix-huitième siècle.

plus dangereux pour elle que celui dont ils demandaient la mort. Il ajouta que le véritable chef du parti protestant était le prince de Condé, qu'elle devait le ménager, mais toutefois sans se placer sous sa domination.

Catherine comprit ce langage, elle fit un traité avec le roi de Navarre que la duchesse de Montpensier, sa favorite et dévouée à la réforme, lui amena pendant la nuit dans son appartement.

Le chancelier, averti par le célèbre chirurgien Ambroise Paré que le roi n'avait plus que quelques jours à vivre, l'abcès qui lui était survenu dans l'oreille étant au moment de percer, gagna du temps. Catherine, placée, suivant la juste expression de M. Henri Martin, entre le chancelier et le cardinal de Lorraine, comme entre son bon et son mauvais ange [1], suivit les conseils de L'Hospital et déjoua les projets des Guises.

Le bien et le mal se balançaient dans cette cour livrée aux intrigues, et dans l'esprit de la reine-mère, indécise et frivole.

Le dernier acte que l'on arracha à François II, ce fantôme décoré du titre de roi, fut une déclaration contenant une confession de foi qui n'était autre qu'un décret donné par la faculté de théologie, en 1543, pour fixer la croyance des fidèles sur tous les points controversés. Ce formulaire de foi devait être souscrit sous peine du feu pour tous ceux auxquels il serait présenté [2].

---

[1] *Histoire de France.*, t. IX, p. 60.

[2] *Anc. lois franç.* t. XIV, p. 54.—Crévier, *Hist. de l'Université*, t. VI, p. 85.

Cette déclaration fut rendue à Orléans, au mois de novembre 1560, et la confession de foi devait être signée, à l'ouverture des états, par les principaux seigneurs du royaume, les officiers de la couronne, les chevaliers de l'ordre, les membres du conseil privé, les députés aux états, ainsi que par tous les juges, magistrats et officiers, et enfin par tous les particuliers, de paroisse en paroisse [1].

L'Hospital reçut l'ordre de la faire exécuter pour ce qui concernait la magistrature; il est inutile de dire qu'il s'y refusa.

On espérait par cette mesure violente détruire entièrement l'hérésie. « Mais, dit Castelnau, les hommes ayans ainsi proposé de leur part, Dieu disposa de la sienne tout autrement, par un nouveau roy et nouveau règne en France, qui apporta l'occasion d'autres nouveaux desseins [2]. »

[1] Castelnau, p. 121.
[2] *Id.* p. 122.

V

Avénement de Charles IX. — États d'Orléans. — Harangue du chancelier. —
Ordonnance d'Orléans. — Déclaration du roi en faveur du prince de Condé
et nouveau jugement (1560-1561).

François II étant mort le 5 décembre 1560, son frère puîné lui succéda sous le nom de Charles IX. Comme il était né le 27 juin 1550, il n'avait que dix ans et demi lorsqu'il monta sur le trône, et la France allait se trouver livrée à une orageuse minorité.

L'Hospital fut chargé de choisir l'emblème et la devise du nouveau roi. Il les composa de deux colonnes posées sur des bases différentes, lesquelles, en torses par le milieu, s'ouvraient par le chapiteau et supportaient une couronne à l'impériale de France. La devise était : *Pietate et justitiâ*[1], devise que ce monarque justifia si peu.

Les états généraux se réunirent le 13 décembre. Les députés des trois ordres représentèrent que leurs pouvoirs étaient expirés à la mort du roi, et qu'il fallait les renouveler; mais il fut arrêté qu'ils continueraient d'agir, en vertu de leurs commissions, d'après le principe qu'en France le mort saisit le vif et que le roi ne meurt pas.

[1] Duchesne, *Hist. des chanceliers*, p. 639.

Charles IX fut sensé présider la première séance [1],
ayant à sa gauche, la reine mère; Madame et la duchesse douairière de Ferrare ; à droite, Monsieur
(frère du roi), le roi de Navarre ; puis, plus bas, le
duc de Guise, grand-chambellan et autres grands
personnages, tous vêtus de deuil.

Le chancelier prononça une harangue pleine de
modération et destinée à rapprocher les esprits. Il y
fit sentir la nécessité d'un concile national. « Tu dis
que ta religion est meilleure, je défends la mienne.
Lequel est plus raisonnable que je suive ton opinion ou toy la mienne? Ou qui en jugera, si ce n'est
un sainct concile?

« Cependant ne muons (changeons) rien légèrement; ne mettons la guerre en notre royaume par
sédition, ne brouillons et confondons toutes choses ;
je vous promets et asseure que ce roy et reyne
n'oublieront rien pour advancer le concile ; et où ce
remède fauldroit, useront de toutes autres prévi-
sions, dont ses prédécesseurs roys ont usé, et Messieurs les prélats et autres gens d'église, s'il leur
plaist, feront mieulx qu'ils n'ont fait ci-devant. »

Puis, il ajoutait : « Regardez comment et avec

[1] Les registres du Parlement nous apprennent que cette compagnie, ayant envoyé plusieurs de ses membres en députation à Orléans
pour complimenter le roi sur son avénement, il les reçut ainsi :
« Le mercredi matin ils se présentèrent à luy, en présence de la royne,
et ne doivent céler à cette compagnie que c'est un prince fort bien
né, de grande espérance; lui firent des souhaits tels qu'ils purent;
tenoit un petit baston en sa main, de fort bonne grâce; luy, aussi
droict que son baston, leur dist qu'il avoit ordonné à monsieur le
chancelier d'entendre ce qu'ilz demanderoient pour y faire du mieulx
que l'on pourroit. » (29 décembre 1560.)

quelles armes vos prédécesseurs anciens pères ont vaincu les hérétiques de leur temps ; nous devons, par tous moyens, essayer de retirer ceux qui sont en erreur, et ne faire comme celuy qui, voyant l'homme ou beste chargée dedans la fosse, au lieu de la retirer, luy donne du pied ; nous les devons ayder sans attendre qu'on nous demande secours ; qui fait autrement est sans charité : c'est plus haïr les hommes que les vices. Prions Dieu incessamment pour eux, et faisons tout ce que possible nous sera tant qu'il y ait espérance de les réduyre et convertir : la douceur profitera plus que la rigueur. Otons ces mots diaboliques, noms de parts (de partis), factions et séditions, luthériens, huguenots, papistes ; ne changeons le nom de chrestiens [1] .....»

Mais un tel langage ne pouvait être compris en ces temps de discordes.

L'Hospital, lors de la clôture des états d'Orléans, qui eut lieu le 31 janvier 1560 (1561, n. s.), prononça une harangue dont le texte ne nous a pas été conservé, mais dont on trouve l'analyse en plusieurs recueils, et notamment dans celui de Mayer [2]. On y remarque le sens droit, l'esprit conciliant du chancelier. Les besoins du trésor exigeaient sans doute des sacrifices de la part des trois ordres ; les impôts devaient être augmentés pendant trois ans, après quoi on espérait pouvoir les remettre aux taux où ils étaient sous le roi Louis XII. Et comme les députés avaient dit qu'ils n'avaient pouvoirs suffi-

---

[1] *OEuvres*, t. I, p. 377.

[2] *Des États généraux*, t. X, p. 504 et suiv. --- *OEuvres de L'Hospital,* par Dufey de l'Yonne, t. II, p. 161.

sants de leurs commettants pour consentir ce surcroît d'impôts, le chancelier les invitait à retourner dans leurs provinces, pour qu'ils fussent de nouveau convoqués par gouvernements pour une nouvelle assemblée qui devait se tenir à Melun le 1ᵉʳ mai suivant.

Les états d'Orléans eurent pour résultats de conférer la tutelle du jeune roi Charles IX à Catherine de Médicis, sa mère, avec la principale direction des affaires, mais sans le titre de régente. Le roi de Navarre l'assistait en qualité de lieutenant général [1].

La célèbre ordonnance dite « d'Orléans », en cent cinquante articles, en sortit aussi : elle fut rédigée par le chancelier lui-même ; l'on y trouve des dispositions très-sages sur les matières ecclésiastiques, l'administration de la justice et la police du royaume ; on peut y remarquer notamment l'article premier rétablissant la Pragmatique, abolie par François Iᵉʳ, laquelle était favorable aux libertés de l'Église gallicane, et voulait que les élections canoniques, dans lesquelles devaient intervenir des députés du peuple, fussent rétablies [2]. L'article 39 portait l'*abolition de la vénalité des offices de judicature* et le rétablissement de la voie de l'*élection* pour les offices

---

[1] *Anc. lois franç.*, t. XIV, p. 58.

[2] Cet article est ainsi conçu : « Tous archevêques et évêques seront désormais, sitost que vacation adviendra, élus et nommez, à sçavoir : les archevêques par les évêques de la province et chapitre de l'église archiépiscopale ; les évêques, par les archevêques, évêques de la province et chanoines de l'église épiscopale : appelez avec eux douze gentilshommes, qui seront élus par la noblesse du diocèse, et douze notables bourgeois, qui seront aussi élus en l'hostel de la ville archiépiscopale ou épiscopale. Tous lesquels, convoquez à certain jour par le chapitre du siége vacant et assemblez, comme dit est, s'accorderont de trois personnages de suffisance et qualitez requises par les

vacants aux Parlements. L'article 84 ordonnait que les minutes des actes seraient signées par les parties, etc [1].

Il faut mentionner aussi les dispositions de l'ordonnance qui ôtaient aux baillis et sénéchaux l'administration de la justice, en prescrivant qu'ils seraient dorénavant de *robe courte*, au moyen de quoi l'exercice de la justice restait à leurs lieutenants, .ce qui achevait la distinction de la *robe courte* et de la *robe longue*, c'est-à-dire de l'*épée et de la robe.*

L'article 185 du cahier des doléances des états avait signalé les grands abus qui résultaient des évocations au moyen desquelles de simples particuliers, grâce à de puissantes protections, faisaient juger leurs procès par le conseil privé du roi, « indignes d'empêcher si noble compaignie, en la quelle ne se doit traiter que des matières d'État et de grand poids ». En conséquence les états demandaient que le roi ordonnât « qu'en son conseil ne se traiteront aucunes matières civiles et criminelles de partie à à partie, et que la connoissance en seroit laissée dorénavant aux juges ordinaires. »

Déjà, suivant Pasquier, ces abus qui s'étaient manifestés sous le ministère du chancelier Poyet, avaient diminué sous celui d'Olivier; ils cessèrent lorsque L'Hospital fut chancelier.

De plus, il fit en 1561, après la tenue des états d'Orléans, un grand règlement, « qui faisoit passer

saints décrets et conciles, âgés au moins de trente ans, qu'ils nous présenteront, pour, par nous, faire élection de celui des trois que voudrons nommer à l'archevêché ou évêché vaquant. »

[1] *Anc. lois franç.*, t. XIV. p. 63.

la plupart des affaires par les mains du roi de Navarre et de la reine mère, en donnant l'entrée au conseil des finances, outre ceux qui le composoient et les secrétaires d'État, aux surintendants, aux deux secrétaires ordonnés pour le fait des finances, et aux trésoriers de l'épargne et des revenus casuels [1]. »

Le conseil se composait alors de dix-huit princes du sang ou cardinaux, princes ou officiers de la couronne, et des conseillers d'État ordinaires [2].

Il sortit encore des états d'Orléans un essai de pacification entre les deux partis, catholique et protestant, au moyen d'un édit du 22 février 1561 (n. s.), portant ordre de surseoir à toutes poursuites et jugement pour fait de religion, bien que les prévenus eussent été trouvés assemblés en armes.

Le 20 février 1561 (n. s.), L'Hospital adressa, au nom du roi, au Parlement, des lettres de jussion pour le forcer à enregistrer les bulles du pape qui confirmaient les priviléges des jésuites et sur leur admission en France [3] : c'était là une de ces mesures qu'il se croyait obligé de prendre pour ne pas rompre tout à fait avec les Guises, qui avaient favorisé sa nomination à la haute fonction de chancelier et être plus à même de servir les intérêts du parti qui leur était opposé.

L'Hospital avait reçu, lors de la réunion des états généraux, une marque de déférence de la part des

---

[1] Guillard, *Hist. du Conseil*, p. 39. Paris, 1718, in-4°.

[2] Guillard, *Hist. du Conseil*, p. 225. Une ordonnance du 28 juin 1564 réduisit à vingt ceux qui avaient entrée au conseil, et, le 10 février 1566, intervint encore un nouveau règlement sur cette matière.

[3] *Anc. lois franç.*, t. XIV, p. 58.

députés du tiers. Le prévôt des marchands de Paris prétendait avoir, de plein droit et en cette qualité, la présidence de la chambre du tiers état; les autres députés lui contestèrent ce droit. D'après le témoignage de Gui Coquille, qui était membre de ces états, le tiers s'en rapporta au chancelier de L'Hospital pour vider ce différend; la prétention du prévôt des marchands fut repoussée, mais il n'en fut pas moins nommé président par élection [1].

A la mort de François II, on avait annoncé à Condé qu'il était libre ; une déclaration du Roi du 13 mars 1561 (n. s.), porta que Louis de Bourbon, prince de Condé, était innocent du crime dont il avait été accusé ; mais il ne voulut pas de cette liberté qu'on eût put considérer comme une grâce, et il ne consentit pas à sortir de prison « sans savoir qui étoit sa partie et par l'ordonnance de qui il avoit été constitué prisonnier. » Il fut alors envoyé provisoirement « tenir prison gracieuse » dans les places que son frère possédait en Picardie. Son procès recommença pour la forme, devant le Parlement, qui, par un arrêt du 13 juin suivant, le déclara innocent et lui permit de se pourvoir en réparation, selon la dignité de sa personne, contre qui il appartiendrait.

Il en fut de même de la dame de Roye [2], des sieurs

---

[1] *Discours des États de France*, OEuvres, t. I, p. 328.

[2] Elle s'appelait Madeleine de Mailly, et était fille de Ferry, baron de Conti, et de Louise de Montmorency, sœur d'Anne, connétable de France, et eut pour frère utérin l'amiral de Coligny.—Elle épousa Charles, sire de Roye, et eut pour fille Éléonore de Roye, qu'elle maria à Louis, premier prince de Condé. Ces deux dames embrassèrent la réforme avec une grande ferveur. (Voy. Le Laboureur, *Additions sur Castelnau*, t. I, p. 381.)

de Cany, La Haye [1] et du vidame de Chartres, ce dernier décédé depuis le commencement du procès.

[1] Il était conseiller au Parlement de Paris, où il fut reçu le 19 juillet 1555, et devint l'homme de confiance de Condé. Le Laboureur dit qu'il était bon poëte latin, et qu'il adressa au chancelier de L'Hospital, son intime ami, une pièce de vers où il blâme l'oisiveté des nobles, qui emploient dans les plaisirs champêtres les talents qu'ils ont reçus pour le service de leur patrie, et dans laquelle il loue l'étude et les emplois de la robe, et déteste ceux qui en abusent pour s'enrichir. Il y exhorte aussi L'Hospital à préserver les magistrats qui, comme lui, sont de la nouvelle religion, de l'exil qui les menace. (*Additions sur Castelnau*, t. I, p. 517.)

VI

Le triumvirat. — Édit d'avril 1561. — Autres édits que fait rendre L'Hospital. — Assemblée du conseil privé et du Parlement. — États généraux. — Édit de juillet. — Mesures financières contre le clergé. — Lettre de la Reine au pape. — Contrat de Poissy. — Le cardinal de Ferrare légat auprès de la cour de France. — Le colloque de Poissy (1561).

Les esprits étaient tellement agités, que les mesures de tolérance inspirées par L'Hospital étaient devenues inefficaces ; des troubles sérieux avaient éclaté dans les provinces où l'on avait vu un évêque, celui de Beauvais, en même temps cardinal, célébrer la cène selon le rite protestant ; l'évêque de Valence lui-même avait, dans un sermon prononcé dans la grande salle du château de Fontainebleau, attaqué « obliquement », dit de Thou, l'autorité du pape, prêché sur la nécessité de prier Dieu en français et de mettre les saintes Écritures en langue vulgaire. A Paris aussi, des désordres avaient éclaté à l'occasion des prêches qui avaient eu lieu pendant la semaine sainte. Ce fut en ces circonstances, que le jour de Pâques (6 avril 1561), le vieux connétable de Montmorency et le duc de Guise, ayant communié ensemble à Fontainebleau, s'adjoignirent le maréchal de Saint-André et formèrent le « triumvirat » qui a joué un si grand rôle à cette triste époque.

L'Hospital fit rendre, le 19 avril, une déclaration qui défendait, sous peine de la hart, de s'entre-injurier « par les mots de papistes, huguenots ou autres semblables, d'abattre croix ou images, forcer temples, attacher placards, piller et saccager maisons, sous prétexte des assemblées illicites qui s'y tiendroient. »

Cette déclaration renouvelait l'ordre de mettre en liberté les détenus pour cause de religion, et autorisait tous ceux qui s'étaient enfuis du royaume, depuis l'avénement de François II, à y rentrer, pourvu qu'ils vécussent désormais « catholiquement » et sans scandale; ceux qui se refuseraient à prendre ces engagements pourraient vendre et emporter leurs biens [1].

L'ambassadeur d'Espagne chercha à s'opposer à la mise à exécution de cette mesure, mais cette fois Catherine ne l'écouta pas.

L'Hospital, prévoyant l'hostilité du Parlement, adressa la déclaration directement aux gouverneurs des provinces et aux magistrats des différents tribunaux inférieurs, avec ordre d'en faire exécuter tous les articles. Le Parlement, outré de cette violation des formes ordinaires, voulut rendre, contre le chancelier, un décret d'ajournement personnel [2]; mais plus de modération l'emporta, et l'on rendit un arrêt par lequel il fut défendu de publier la déclaration, comme étant contraire aux lois fondamentales du royaume. Le parlement fit en même temps des remontrances dans lesquelles il établissait qu'il était

---

[1] Henri Martin, *Hist. de France*, t. IX, p. 82.
[2] *Mém. de Condé*, t. I.

contre l'usage de tous les temps, d'adresser aux gouverneurs des provinces, et non aux cours souveraines, une ordonnance qui ne pouvait avoir force de
loi qu'elle n'eût d'abord été publiée et enregistrée
dans ces cours.

Agissant en homme d'État plutôt qu'en jurisconsulte, L'Hospital s'appliqua à simplifier les formali-
tés judiciaires si compliquées alors. Tel fut l'objet de
l'édit d'avril 1561, relatif aux transactions sur procès
entre mineurs. Les juges n'étaient que trop disposés
à rescinder ces transactions lorsqu'une des parties
prétendait avoir éprouvé une lésion d'outre-moitié.
Le chancelier disait, dans le préambule de cet édit,
que les procès qui, « par le moyen des sinistres intentions d'aucunes personnes désirans plus la contention et discorde entre les hommes que l'union et
tranquillité, sont tous les jours prolongez et multi-
pliez et presque rendus immortels[1].... » Il supprima,
par un édit d'août 1561, les procureurs, dont il y
avait « autant que de causes », cumula la postulation
et la plaidoirie, et réunit en une seule les deux pro-
fessions de procureurs et d'avocats, autorisant les
avocats à exercer les deux états[2]. Enfin par un édit
du 3 septembre de cette même année 1561, il amé-
liora la composition du guet de Paris.

Toujours dans le but de la pacification des esprits,
et pour statuer sur la requête des protestants, présentée au roi par l'amiral de Coligny, à Fontainebleau, et dont on ne s'était pas occupé aux états
d'Orléans[3], L'Hospital réunit au palais de justice,

---

[1] *Anc. lois franç.*, t. XIV, p. 104. — [2] *Ib.*, p. 112.
[3] Castelnau, p. 139.

les princes, les grands officiers de la couronne, le conseil privé et le Parlement. Le conseil privé était plus enclin que ce grand corps judiciaire à la tolérance. La première séance eut lieu le 19 juin 1561, et les conférences durèrent vingt jours. Les partisans de la politique des Guises proposèrent de remettre en vigueur les anciens édits qui punissaient de mort et de confiscation de biens le crime d'hérésie ; les plus modérés, du nombre desquels était le chancelier, demandèrent qu'il fût sursis à toute punition jusqu'à ce qu'un concile eût prononcé. Un troisième avis l'emporta de trois voix seulement et fut formulé, dans l'édit de juillet 1561, sur le moyen de tenir le peuple en paix et sur la répression des séditieux[1]. Cet édit accordait une amnistie pour le passé, mais il défendait à l'avenir les assemblées où se feraient « presches et administration des sacrements en autre forme que selon l'usage receu et observé en l'Église catholique, » sous peine de confiscation de corps et de biens. La seule clause un peu empreinte de sagesse portait qu'il était défendu de faire de fausses dénonciations avec la condition que les dénonciateurs seraient traités comme les accusés, si les dénonciations avaient été trouvées fondées. C'est ainsi que, dans les temps de discorde, les mesures les plus diverses se succèdent les unes aux autres et font pencher la balance tantôt d'un côté, tantôt de l'autre, suivant les idées qui dominent au moment où ces mesures sont prises.

Dans l'assemblée d'où était sorti l'édit de juillet, on avait proposé de tenir un colloque dont feraient

[1] Fontanon, t. IV, p. 264.

partie des prélats catholiques et des ministres protestants, pour voir si l'on pourrait arriver à la conciliation des deux croyances. C'est ce qui fut réalisé quelque temps après à Poissy.

Cependant, l'édit de juillet, tout restrictif qu'il
était de la liberté de conscience, fut trouvé trop favorable aux protestants. « Cet édict, nous apprend
Castelnau, estant publié ès cours de Parlement, es-
meut beaucoup d'esprits qui estoient contraires aux
protestants; beaucoup de politiques toutesfois esti-
moient, comme les affaires estoient disposées, qu'il
estoit nécessaire pour avoir la vraye paix..... Ce que
la loi ancienne souvent alléguée par le chancelier de
L'Hospital portoit en peu de mots : *Salus populi sù-
prema lex esto*[1]. »

Nous trouvons, dans les registres du Parlement,—
sous la date du 3 juin 1561, un exemple assez frappant des moyens que l'on employait pour agiter le
peuple. « Ce jour, disent ces registres, le lieutenant
criminel de la prévosté de Paris a dict que M. le chancelier lui avoit commandé dire à icelle cour de donner ordre que les petits garçons ne voisent (ne se
voient plus) par les rues portans des croix de bois et
images pour inciter aux séditions. »

Le chancelier espéra que l'assemblée d'états généraux, qu'il avait d'abord convoquée, pour le 1er
mai, à Melun, et qui fut transférée à Pontoise, où
elle ne se réunit que le 1er août à cause du sacre
du roi qui fut célébré à Reims le 15 de mai, le se-
conderait dans ses vues de conciliation.

Ces états, au lieu d'être aussi nombreux que

[1] *Mém.*, p. 140.

ceux qui avaient été tenus à Orléans, ne devaient comprendre que trois députés pour chacun des treize gouvernements qui partageaient alors la France. Ils devaient prendre pour base de leurs délibérations les cahiers des états provinciaux qui avaient été assemblés le 25 mai précédent. Cette fois, les trois ordres ne furent pas réunis dans la même ville, à cause de la grande animosité que la noblesse et le tiers manifestaient contre le clergé. Celui-ci fut convoqué à Poissy. Les évêques qui en faisaient partie déclarèrent qu'ils n'entendaient pas se constituer en concile national, mais travailler à la réforme des abus, sous l'autorité du pape ; les deux autres ordres s'occupèrent de la rédaction des cahiers généraux.

Ces cahiers formaient le résumé de ceux de chaque gouvernement; « ils roulaient, dit un historien, sur trois objets principaux, la formation du conseil d'administration, la pacification des troubles de religion et la liquidation des dettes. Quant au premier objet, ils ratifiaient l'accord déjà subsistant entre la reine mère et le roi de Navare, mais en réservant le droit des princes et celui des états généraux ; ils exigeaient de plus que les cardinaux attachés par leur serment à un autre souverain, les évêques obligés à la résidence dans leurs diocèses et les princes étrangers (les Guises), fussent exclus du conseil d'État, et remplacés par un nombre égal de gentilshommes, dont les états laissaient le choix à la reine mère et aux princes. Ils voulaient aussi que, par un arrêt perpétuel et irrévocable, toutes les fois que le sceptre tomberait aux mains d'un roi âgé de moins de vingt ans, les états généraux, ou fussent convoqués, ou s'assemblassent d'eux-mêmes à Paris, dès le quatrième mois du nouveau règne, et que désormais, dans tous les temps, ils s'assemblassent tous les deux ans. Quant aux troubles de religion, les deux ordres demandaient que tous les édits contraires à la liberté religieuse, et notamment celui qui venait d'être rendu en juillet, fussent cassés et annulés ; que dans chaque ville on cédât aux réformés, ou une église vacante, ou un lieu propre à bâtir un temple ; qu'enfin un concile national fût assemblé pour ramener l'accord entre les croyances opposées. Quant aux dettes, les deux ordres en repoussaient également le fardeau sur le clergé ; ils proposaient la spoliation complète de cet ordre, et ils mettaient en avant divers plans d'après lesquels tous ses biens auraient été ou séquestrés ou vendus ; leur produit aurait servi non-seulement à acquitter toutes les dettes, mais encore à procurer un fonds qui aurait soulagé le tiers état d'une grande partie de ses charges. L'ordre judiciaire n'était guère plus ménagé que le clergé ; les états proposaient de supprimer tous les offices de judicature, de police et de finances sans remboursement, et de faire remplir désormais tous ces emplois par des hommes amovibles, et réélus tous les trois ans [1]. »

Après la rédaction des cahiers, la noblesse et le tiers furent convoqués pour le 27 août à Saint-Germain, et les députés du clergé, réunis, comme nous l'avons dit, à Poissy, furent invités à assister à cette assemblée. Dans la séance d'ouverture à la-

[1] Sismondi, *Hist. des Français*, t. XVIII, p. 222.

quelle le roi présidait, L'Hospital rappela aux états qu'ils étaient la continuation de ceux d'Orléans; il énonça les questions qui leur étaient soumises et invita les orateurs à parler avec liberté. Celui de la noblesse fit un discours modeste et peu significatif; mais Jean Bretagne, avocat et premier magistrat municipal d'Autun, orateur du tiers état, prononça une longue harangue qui contenait la substance des cahiers et renfermait des principes très-démocratiques. M. Michelet affirme que cet orateur était « l'homme du chancelier. [1] » Nous croyons plutôt, avec Sismondi, que le chancelier ne vit pas sans alarmes des propositions qui auraient si complétement changé la constitution de l'État. M. Henri Martin partage la même opinion. « L'Hospital lui-même, dit-il, était dépassé par l'impétueux mouvement des états généraux, et, quoi qu'il pensât sur le fond, il ne se sentait pas des points d'appui assez forts pour soulever des masses si énormes. Maintenir l'édit d'Orléans, chercher une transaction religieuse à Poissy, et, dans tous les cas, établir la tolérance, imposer au clergé un grand sacrifice pécuniaire par la peur des états : voilà où s'arrêta le chancelier [2]. » Quoi qu'il en soit, l'assemblée du clergé à Poissy ne se composait pas seulement, comme celle des deux autres ordres, de treize membres dont un pour chaque gouvernement. . Tous les évêques y avaient été convoqués et une cinquantaine avaient répondu à cet appel. Ce fut cette réunion qui donna lieu au célèbre colloque qui tient une place si importante à l'époque où nous sommes arrivés.

[1] *Hist. de France*, t. IX, p. 252. — [2] *Hist. de France*, t. IX, p. 95.

Dans le but d'empêcher de nouvelles collisions, Catherine tenta d'opérer un rapprochement entre le prince de Condé et le duc de Guise. Le 28 avril 1561, ces deux personnages se rencontrèrent en présence du roi et de tous les plus grands seigneurs; dans cette entrevue qui avait été préparée d'avance, Guise déclara qu'il n'avait jamais incité le feu roi à faire emprisonner Condé. Celui-ci répondit quelques mots bienveillants, et ils s'embrassèrent. Le cardinal de Lorraine resta en dehors de cette prétendue réconciliation; mais comme il n'était pas homme de guerre, on tenait moins à obtenir de lui une réparation.

L'Hospital avait fait prendre, à la suite des états de Saint-Germain, une mesure financière qui avait animé encore davantage, s'il était possible, le clergé contre lui. « En ce temps ici, dit un historien, M. le chancelier décerna lettres patentes du roi, pour faire bailler déclaration, à tous les bénéficiers de ce royaume, de tous et chacun leurs revenus, et ce sous peine de saisie de leur temporel, dedans le premier jour d'octobre; ce qui fut en plusieurs lieux exécuté à grands frais et préjudice des bénéficiers[1]. »

Cette mesure avait pour objet, non d'employer une indigne vexation envers le clergé, mais d'obtenir de lui une subvention qui pût venir au secours de l'État, dans l'extrême dénûment où ses finances étaient tombées. Ce dénûment avait fait établir un impôt proportionnel sur le vin, qui devait durer six ans[2].

« Le vingt-cinquième en suivant (septembre 1561),

---

[1] *Des États généraux,* par Mayer, t. XII, p. 403.
[2] *Anc. lois franç.*, t. XIV, p. 117

continue le document que nous venons de citer,
M. le cardinal de Châtillon alla par devers la reine
mère, pour lui faire remontrance de ce que tout
son clergé du royaume pouvoit faire pour la subvention, et lui dit qu'il accorderoit, par contrat avec
le roi, seize millions de francs, à payer dedans douze
ans, par égale portion. La quelle offre fut acceptée, et
par ce moyen, les lettres patentes du roi furent révo-
quées, et commandement de bailler mainlevée à ceux
qui, à faute d'avoir baillé par déclaration, auroient
été saisis ; ce qui fut fait. L'exécution de payement
se trouva fort difficile, et fallut la lever et éga-
ler par forme de décimes, ce qui fut accordé; à la
charge de ce, le roi maintiendroit l'Église en sa liberté et en ses priviléges ; et aussi que les chanoines des églises cathédrales, et résidant *in cathedrali*,
seroient excusés de la résidence en leurs autres bénéfices, ce qui fut accordé [1]. »

Cette mesure qui fut opérée par l'acte du 21 octobre, appelée le *Contrat de Poissy*, parce qu'elle
avait été arrêtée dans l'assemblée du clergé réuni en
cette ville, fut considérée comme une spoliation des
biens ecclésiastiques. Pie IV en témoigna son mécontentement à la reine.

Au commencement des états, le 4 août 1561, d'accord avec l'évêque de Valence, L'Hospital fit écrire
au pape, par la reine mère, une lettre où elle lui
représentait que le nombre des protestants était si
grand dans le royaume, qu'on ne pouvait plus user
contre eux de la sévérité des lois ; que n'étant

---

[1] *Anc. lois franç*, t. XIV, p. 111. — *Des États généraux*, par Mayer,
t. XII, p. 404.

distingués, comme en Allemagne, ni de noms, ni d'opinions, ils avaient l'avantage d'être plus unis; que les princes, les grands, les magistrats, le peuple, se portaient en foule vers la nouvelle secte; que, dans cette situation, il ne restait qu'un moyen à prendre, celui de les admettre à la communion de l'Église; que par là, on prévenait un schisme absolu et qu'on préparait la possibilité de la réunion de l'Église grecque avec l'Église latine; qu'en même temps, il fallait réformer la discipline ecclésiastique, simplifier le rite, abolir les images et les processions, accorder la communion sous les deux espèces et rétablir les prières en langue vulgaire, pour qu'elles fussent entendues de ceux qui les font.

« Tels sont les abus, ajoutait la reine, qu'il semble nécessaire de corriger. Au reste, tous les gens de bien veulent que le Souverain-Pontife ne perde rien de son autorité, que l'on conserve le respect et l'obéissance qui lui sont dus, qu'on n'admette aucun changement, aucune innovation dans la doctrine, et que si les ministres sont coupables de quelques fautes, on n'abolisse pas pour cela le ministère, dont l'autorité toujours respectable doit toujours subsister. Mais, après avoir pourvu à la conservation et à la sûreté de ces objets si importants, il est juste et raisonnable de s'appliquer avec autant de soin que de charité à corriger dans tout le reste ce qui mérite d'être réformé, pour ne plus laisser aux âmes d'occasions de chute et de scandale. » —

Le pape se montra fort irrité de cette lettre [1] et sentit qu'il y avait nécessité de réunir de nouveau le

---

[1] De Thou, liv. XXVIII, § 6.

concile général à Trente, après plus de neuf années d'interruption [1]. Puis, il envoya en France, comme légat, Hippolyte d'Este, cardinal de Ferrare, petit-fils d'Alexandre VI [2], avec la mission de s'opposer aux résolutions qui avaient été prises aux états concernant les affaires du clergé, et notamment à l'ouverture du colloque de Poissy. Le chancelier combattit de toutes ses forces de telles prétentions et refusa même de sceller les lettres patentes nécessaires pour la réception du nouveau légat; mais celui-ci, habile politique, fit observer qu'il était allié de la maison de France, et que ce serait un grand déshonneur pour lui d'être le premier refusé par la cour; il offrit même de se retirer après la vérification de ses lettres. L'Hospital reçut alors l'ordre de sceller les lettres, et il ne se rendit qu'après de longs débats entre lui et le cardinal de Ferrare, et en écrivant de sa main sous le sceau : *me non consentiente*. Ces lettres furent envoyées au Parlement, le 29 octobre 1561, et il ne les enregistra que le 19 février suivant [3].

Le colloque duquel on tirait l'espoir chimérique d'une conciliation entre les deux communions s'ouvrit à Poissy le 9 septembre 1561. Quarante cardinaux, archevêques, évêques, etc., y assistaient. Les

[1] Fra Paolo, liv. V.

[2] Né, en 1509, d'Alphonse d'Este, premier du nom, duc de Ferrare, et de la fameuse Lucrèce Borgia; mort à Rome, le 2 décembre 1572. Il était oncle par sa femme du duc de Guise. Il fut archevêque de Milan, de Narbonne, de Lyon, et eut, en outre, de riches bénéfices. C'étaient ces abus si fréquents alors qui exaspéraient les protestants.

[3] Blanchard, *Compilation chr. des ordonnances*, t. I, année 1561.

membres du conseil privé s'y trouvaient, et les protestants y étaient représentés par douze ministres et
une vingtaine de délégués de leurs églises. Après
quelques paroles du roi, le chancelier fit connaître
le but de cette réunion solennelle ; elle avait pour
objet de voir l'union et la tranquillité renaître parmi
les sujets. Il s'agissait de procéder à la réformation
des mœurs et de la doctrine, et ayant recours aux
comparaisons qu'il aimait à tirer de la médecine,
il disait, dans son discours d'ouverture, qu'il fallait imiter le médecin, qui, appelé pour guérir
une grave maladie, commence par faire usage de
remèdes propres à soulager le malade, puis cherche à connaître la cause et l'origine du mal. On
ne peut donc attendre le concile général, qui d'ailleurs est composé, en grande partie, d'étrangers.
Il ne faut pas considérer comme ennemis ceux de
la nouvelle religion, puisqu'ils sont chrétiens comme
les autres et qu'ils ont été baptisés ; il ne faut pas
les condamner par avance, mais les chercher et rechercher et ne par leur fermer la porte ; au contraire, il faut les recevoir avec douceur, sans user
contre eux d'aigreur et d'opiniâtreté [1].

La harangue du chancelier fut généralement
blâmée par le parti catholique : elle souleva le clergé
contre lui ; le cardinal de Tournon s'en plaignit à
la reine ; le pape le taxa d'hérésie et proposa de le
citer à l'inquisition [2].

Le cardinal de Tournon, qui présidait l'assemblée

---

[1] Cette harangue se trouve dans les *OEuvres de L'Hospital*, par
Dufey de l'Yonne, t. I, p. 459.

[2] Guibert, *Éloge hist.*, p. 88.

en sa qualité de doyen des cardinaux et de primat de France, comme archevêque de Lyon, répondit en quelques mots, au discours de L'Hospital, après quoi Théodore de Bèze prit la parole pour exposer la doctrine des protestants, commençant par s'agenouiller ainsi que les autres ministres, et prononçant la prière suivante, qui ne manque ni d'onction ni d'éloquence [1] :

« Seigneur Dieu, père éternel et tout-puissant, nous confessons et reconnaissons devant ta sainte majesté, que nous sommes pauvres et misérables pécheurs, conçus et nés en iniquité et corruption, enclins à mal faire, inutiles à tout bien et que de notre vice nous transgressons sans fin et sans cesse tes saints commandements ; en quoi faisant, nous acquérons par ton juste jugement ruine et perdition sur nous. Toutefois, Seigneur, nous avons déplaisir en nous-mêmes de t'avoir offensé et condamnons nous et nos vices avec vraie repentance, désirant que ta grâce subvienne à notre calamité. Veuille donc avoir pitié de nous, ô Dieu et père très-benin et plein de miséricorde, au nom de ton fils Jésus-Christ Notre-Seigneur et seul Rédempteur ; et en effaçant nos vices et macules élargis-nous et augmente de jour en jour les grâces de ton Saint-Esprit, afin que, reconnaissant de tout notre cœur notre injustice, nous soyons touchés de déplaisir qui engendre droite pénitence en nous, la quelle nous mortifiant à tous péchés produise fruits de justice et innocence qui te soient agréables par icelui Jésus-Christ Notre-Seigneur et seul Sauveur.

[1] *Comment. de l'estat de la religion,* par le présid. de la Place, f° 244, v°

« Et d'autant que ce jourd'hui il te plaît favoriser tes pauvres et inutiles serviteurs jusque-là que de leur donner moyen de pouvoir librement, et en la présence du roi, que tu as établi sur eux et de la plus illustre et noble compagnie du monde, déclarer ce que tu leur as donné à connaître de ta sainte vérité, qu'il te plaise, continuant le cours de tes bontés et miséricordes, ô Dieu et père des lumières, tellement illuminer nos entendements, guider nos affections et les former à toute docilité, et tellement conduire nos paroles, qu'en toute sincérité et vérité, après avoir conçu selon la mesure qu'il te plaira nous départir, les secrets que tu as révélés aux hommes pour leur salut, nous puissions et de cœur et de bouche, mettre en avant chose qui puisse servir à l'honneur et gloire de ton saint nom, à la prospérité et grandeur de notre roi, et de tous ceux qui lui appartiennent, avec le repos et consolation de toute la chrétienté et nommément de ce royaume. Seigneur et père tout-puissant, nous te demandons toutes ces choses au nom et en la faveur de Jésus-Christ ton fils, notre Sauveur, comme lui-même nous a appris de les demander, disant : « Notre Père qui es aux cieux, etc. »

Théodore de Bèze exposa ensuite la doctrine des réformés sur les différents dogmes du christianisme. Tout se passa paisiblement jusqu'au moment où il aborda le grand mystère de la présence réelle de Jésus-Christ dans l'Eucharistie ; mais lorsqu'il vint à dire, en parlant du sacrement de la Cène, que quant à la distance des lieux, *le corps du Christ était éloigné du pain et du vin autant que le plus haut ciel*

est éloigné de la terre, les prélats crièrent au blas-
phème, et le cardinal de Tournon, s'adressant au
jeune monarque, lui dit que de pareilles choses
étaient indignes de l'oreille d'un roi très-chrétien.

Malgré le bruit qui se fit, Bèze n'en continua pas
moins sa harangue, et présenta au roi la confession
de ses coreligionnaires [1].

Dans la séance du 16 septembre, le cardinal de
Lorraine prononça une longue oraison dans laquelle
il multiplia les efforts pour réfuter les erreurs des
réformés [2].

Les espérances de conciliation de L'Hospital ne
tardèrent pas à s'évanouir : il vit que ses recommandations de modération n'avaient point été suivies.
En effet, le jésuite Lainez s'était laissé entraîner jusqu'à appeler les ministres des loups, des serpents,
des renards, des singes, qui contrefaisaient Rome à
Genève. On essaya aussi de faire souscrire à ces ministres l'article de la Confession d'Augsbourg relatif
à la Cène; car il se rapproche plus de la doctrine de
l'Église sur la présence réelle que la Confession cal-
viniste.[3] Mais Bèze et ses collègues répondirent qu'ils
ne la souscriraient que si elle l'était aussi par les prélats catholiques; ce qui coupa court à la difficulté.

[1] De La Place, *Commentaires de l'état de la Religion*, 1565, feuillet
244 et suiv.

[2] *L'Oraison de monseigneur le illustrissime et reverendissime cardinal
de Lorraine*. Paris, 1561. Guill. Morel, imp. du roy, in-8°.

[3] Voici cot article : « Pour la Cène du Seigneur, nous ensei-
gnons que le corps et le sang de Jésus-Christ y *sont véritablement présents*, et qu'ils y sont distribués à ceux qui communient. On con-
damne toute autre doctrine. » Art. x de la *Confession d'Augsbourg*,
présentée à l'empereur Charles-Quint, le 25 juin 1530.

On fit une nouvelle tentative, d'après les conseils de Châtillon, inspirés probablement par le chancelier. Catherine de Médicis, chargea cinq des théologiens les plus modérés parmi les catholiques de se réunir avec cinq des principaux ministres, pour examiner une confession de foi relative à la Cène, qui serait rédigée par ceux-ci. Du côté des catholiques les cinq théologiens étaient Montluc, évêque de Valence ; Duval, évêque de Séez ; de Salignac et Bouteiller, abbés, et d'Espence, docteur. Une rédaction fut proposée par Bèze, Martyr, Marlorat, des Gallards et l'Épine, choisis parmi les protestants ; elle était assez ambiguë et parut être acceptée par les délégués catholiques. Mais la Sorbonne, l'ayant examinée avec plus d'attention, la condamna comme hérétique, captieuse et insuffisante, et les conférences furent dissoutes après la séance du 26 septembre.

VII

La haine que portait au chancelier le parti ultra-
catholique fut encore accrue par le zèle qu'il mit à
faire poursuivre, devant le Parlement, un bachelier
en théologie, nommé Tanquerel, qui avait soutenu,
dans une thèse, « que le pape, comme vicaire de
Jésus-Christ et monarque universel, possédait les
deux puissances, spirituelle et temporelle, et qu'il
avait le droit de déposer les empereurs et les rois,
rebelles à ses commandements. »

Cette thèse venait d'autant plus mal à propos qu'on
savait que le légat avait proposé au roi de Navarre,
s'il voulait se faire catholique, de lui donner la
couronne d'Angleterre que le pape, en vertu de son
pouvoir suprême, arracherait à des souverains hérétiques et lui mettrait sur la tête. Pour cela, il ne
s'agissait que de le faire séparer de sa femme, qu'il
n'aimait pas, et de le marier à Marie Stuart, reine
d'Écosse, et veuve de François II [1].

Le chancelier dénonça la thèse de Tanquerel, au

[1] Pasq., liv. IV. — Le Laboureur, t. I, p. 746.

procureur général, comme un attentat contre l'autorité du roi, et il le chargea d'en poursuivre la réparation. Il recommanda lui-même cette affaire au Parlement dans un voyage qu'il fit à Paris, et, de retour
à Saint-Germain, où était la cour, il lui fit écrire
par le roi la lettre suivante, qui fut lue dans la
séance du 15 novembre 1561. « De par le roy, nos
amez et féaulx, nous avons été advertis que, au collége de Lizieux, en notre ville de Paris, il s'est puis
naguère, proposé dispute et conclu par aucuns docteurs de la Faculté de théologie, une certaine proposition de très-grande importance et qui touche et
préjudicie si avant au fait de nostre estat, qu'il n'est
possible de plus, et encore que nous soyons asseuré
que vous n'y fauldrez, suivant ce que nostre très
cher et féal chancelier vous a remonstré au voyage
qu'il a faict à Paris, de faire toute la diligence qui
sera nécessaire pour attendre et éclaircir la vérité de
ce faict et pour en faire faire telle réparation que
vous sçavez bien juger, la périlleuse et pernicieuse
conséquence d'un tel acte, le requérir nécessairement; si voulons-nous bien vous escripre la présente,
vous priant, et néantmoins mandant et ordonnant
très-expressément, que vous vacquiez au dict affaire
sans discontinuation et avec tel soing, sollicitude et
diligence que nous puissions de plus en plus cognoistre, et combien ce qui appartient à la seureté,
establissement et conservation de nostre estat et
de cette couronne vous est cher et recommandé,
et afin que nous puissions sçavoir ce qui aura esté
par vous faict, advertissez-nous de temps à aultre
de l'advancement que vous donnerez au dict affaire,

et de ce qui aura esté par vous facilité et finalement
ordonné, qui sera ainsy que nous espérons avecq une
si saige et prudente provision, que nous aurons audict occasion, selon l'importance de la chose, un entier contentement. Donné à Sainct-Germain en Laye,
le xiv⁰ jour de novembre 1561, signé CHARLES, et
plus bas, Bourdin [1]. »

Le Parlement ordonna aussitôt que Jacques Ca-
hun, qui avait présidé la thèse, et Jean Tanquerel, qui
l'avait soutenue, demeureraient prisonniers dans
leurs colléges. Le président de Thou, les conseillers de Dormans et Barthélemy Faye, furent chargés
d'instruire l'affaire. Tanquerel se sauva, et fut condamné à se rétracter. La rétractation fut prononcée
à la Sorbonne, par le bedeau de la Faculté, le 12 décembre, en présence des magistrats instructeurs et
des doyen, docteurs et bacheliers en théologie. Le
président de Thou fit ensuite défense aux docteurs
de souffrir que jamais une pareille doctrine fût proposée dans leurs écoles, sous peine de cent marcs
d'or et de privation de leurs priviléges [2].

Après l'affaire de Tanquerel, le pape manifesta un
grand chagrin de la conduite de L'Hospital. Il écrivit
à son légat une lettre par laquelle il le chargeait
d'offrir au roi une bulle qui permettrait d'aliéner pour
cent mille écus de biens fonds ecclésiastiques, si on
voulait mettre en prison le chancelier et son ami
Montluc, évêque de Valence. Le légat dissuada le
saint-père de donner suite à cette proposition, qui
n'eut pas d'autre résultat.

[1] *Registres manuscrits du Parlement.*
[2] Crévier, *Histoire de l'Université*, t. VI, p. 120.

Cependant les troubles religieux étaient loin de cesser. Les protestants avaient établi deux prêches dans les faubourgs de Paris : l'un à Popincourt, l'autre au Patriarche, auprès de Saint-Médard, dans le quartier Saint-Marcel. Des scènes de désordres eurent lieu, notamment le 27 décembre 1561, au Patriarche, et le 31, à Popincourt. Le Parlement fit tous ses efforts pour y mettre fin, et comme il les attribuait à la faiblesse et à la négligence des officiers de police, il intenta des poursuites contre le lieutenant criminel [1], le chevalier du guet et le prévôt des maréchaux, nommé Rouge-Oreille. Alors des mesures plus sévères furent prises ; les réformés s'en montrèrent irrités. L'Hospital sentit plus que jamais le besoin de faire la part de chacun, et, tout en conservant la suprématie de l'Église catholique, d'accorder aux dissidents certaines libertés de culte et de conscience.

Dans ce but, le chancelier convoqua au château de Saint-Germain, une nouvelle assemblée destinée à préparer un édit de pacification, plus large que l'édit de juillet. Dans le discours d'ouverture de cette assemblée (3 janvier 1562, n. s.), qui était présidée par le roi, et qui se composait, outre du conseil privé, des présidents et conseillers des huit Parlements existants alors en France, les plus disposés à en-

---

[1] Ce lieutenant s'appelait Gabaston. Il était, ainsi que le prévôt des maréchaux, Rouge-Oreille, partisan de la réforme. Il fut condamné à mort et exécuté l'année suivante, par arrêt du Parlement, « pour s'estre montré trop partisan des huguenots. » (Castelnau, p. 222.) Voyez, sur l'affaire du Patriarche, un récit contemporain, reproduit dans les *Variétés historiques et littéraires*, de M. Édouard Fournier, t. VI, p. 185.

trer dans ses vues, il rendit compte d'abord des
moyens employés pour s'opposer, depuis le règne
de Henri II, aux progrès de la religion protestante ;
il examina quelles étaient les causes de l'accroissement
prodigieux qu'elle avait pris au milieu des persécutions ; il fit connaître la situation actuelle des calvinistes et démontra la nécessité d'établir une loi qui,
fixant leur sort, ôtât aux séditieux tout prétexte de
troubler la tranquillité publique. Le chancelier trouvait l'édit de juillet trop sévère : il pensait que l'on
pouvait vivre en paix avec des gens qui n'observent
pas les mêmes cérémonies et les mêmes usages que nous. Enfin il énonça l'idée de la séparation de l'E-
glise et de l'État. « Il ne s'agit pas ici, dit-il, de cons-
tituer la religion, mais *la république ;* plusieurs peuvent être citoyens, qui ne seront pas chrétiens[1]. »

L'édit de pacification du 17 janvier 1562 (n. s.)
sortit de cette assemblée. Il est considéré, par un historien protestant moderne, comme « le plus libéral
des édits que les protestants obtinrent jusqu'à l'édit de
Nantes[2]. » Le libre exercice de leur religion était autorisé, hors des villes fermées, mais avec certaines
précautions de police, destinées à garantir la paix
publique et notamment avec l'obligation de rendre
aux catholiques les églises et autres établissements
dont les calvinistes s'étaient emparés. Il était défendu
à ceux-ci de rien avancer de contraire au concile de
Nicée, au symbole et aux livres de l'Ancien et du
Nouveau Testament. Une disposition relative à la
presse portait que tous les imprimeurs, semeurs et

---

[1] *Mémoires de Condé*, t. II, p. 612.

[2] *La France protestante*, par MM. Haag, art. L'HOSPITAL.

vendeurs de placards et libelles diffamatoires, seraient punis pour la première fois du fouet et pour la seconde de la vie.

Les ministres, encore assemblés à Saint-Germain, engagèrent leurs coreligionnaires à obéir à cet édit. Mais le Parlement de Paris ne voulut pas l'enregistrer, *his verbis*, *non possumus nec debemus*, dit-il, et il chargea le président de Thou et le conseiller Viole de faire des remontrances dans lesquelles ils devaient exposer tout le danger qu'il pouvait y avoir à faire de telles concessions qui aboutiraient à la destruction de la véritable religion, de celle qui était professée par la très-grande majorité des sujets du roi.

Le chancelier leur répondit qu'ils devaient bien sentir que dans la situation où la France se trouvait, le roi ne pouvait employer, pour le rétablissement de la paix, que trois moyens différents ; qu'il fallait ou exterminer tous les protestants, ou les bannir à perpétuité du royaume, en leur permettant de vendre et d'emporter leurs biens, ou enfin leur accorder le libre exercice de leur religion : que le premier de ces partis faisait horreur et était impraticable (il ne prévoyait pas qu'il serait pris dix ans plus tard); que le second porterait un coup mortel à l'État, et que le troisième était le seul auquel l'humanité, la raison, la religion même, permettaient de s'arrêter[1].

Les résistances continuèrent ; le roi, la reine mère et le chancelier écrivirent au Parlement pour chercher à le persuader. Voici la lettre du chancelier :

[1] Pasquier, liv. IV et XIII. — De Thou, liv. XXIX. — *Mémoires de Condé*, t. III. — Lévesque de Pouilly, p. 264.

« A Messieurs les gens tenant la cour de Parlement à Paris. — Messieurs, vous entendrez, par Messieurs le président de Thou et Viole, la résolution qui a été prise en ce conseil sur l'affaire pour lequel ilz étoient venuz par deçà. Je vous prie suivre et exécuter la volunté du roy, afin de contenir son peuple en paix et repos, à quoy je vous tiendray la main, et assisteray en toutes choses qui y seront requis, comme mes ditcz sieurs de Thou et Viole vous pourront faire plus certains; qui sera l'endroit où je prieray Dieu, Messieurs, vous maintenir et conserver en sa saincte garde.

« De Saint-Germain, ce xve février 1561 (a. s.), et au-dessous est écrit : Votre bon frère et ami,

« M. DE L'OSPITAL [1]. »

Toutefois l'enregistrement n'eut lieu qu'après que Catherine de Médicis se fut rendue au Parlement (1er mars 1562), jour où le massacre de Vassy avait lieu, pour l'obliger à remplir cette formalité, et après trois lettres de jussion.

« Alors, dit Castelnau, les ministres preschèrent plus hardiment, qui çà qui là, les uns par les champs, les autres en des jardins et à découvert, par tout où l'affection ou la passion les guidoit, et où ils pouvoient trouver du couvert, comme ès vieilles sales et masures et jusques aux granges; d'autant qu'il leur estoit deffendu de bastir temples et prendre aucune chose d'église. Les peuples, curieux de voir chose nouvelle, y alloient de toutes parts, et aussi bien les catholiques que les protestants, les uns seulement

' *Mém. de Condé*, t. III, p. 61.

pour voir les façons de cette nouvelle doctrine, les autres pour l'apprendre, et quelques autres pour cognoistre et remarquer ceux qui estoient protestants [1]. »

Ce spectacle nouveau de deux religions se pratiquant librement l'une à côté de l'autre, froissait trop les préjugés du temps pour qu'il n'en résultât pas de vives résistances. Les Parlements de province imitèrent celui de Paris et refusèrent d'enregistrer l'édit de janvier.

Le Parlement de Bourgogne, siégeant à Dijon, fut un de ceux qui s'élevèrent avec le plus d'énergie contre cet édit; il chargea, le 4 mai, les conseillers Jean Bégat et Guillaume Rémond, de se rendre à la cour pour y faire entendre des remontrances. Ils furent introduits au conseil privé du roi, auquel ils avaient demandé audience, et où étaient présents Charles IX, la reine sa mère, et le chancelier de L'Hospital. « Bégat, dit M. le président de La Cuisine, debout, dans une harangue qui n'a pas été imprimée, même dans le temps, et que les chroniques n'ont pas conservées jusqu'à nous, s'exprima avec tant de force et d'éloquence, que les remontrances furent approuvées, l'exécution de l'édit suspendue, et la conduite du Parlement louée par tout le conseil, ainsi ramené, par le patriotisme, aux vues prévoyantes de cette compagnie [2]. »

Le roi et la reine mère écrivirent au Parlement de Bourgogne pour lui annoncer qu'il était fait droit à ses réclamations.

[1] *Mém.*, p. 154.
[2] *Le Parlement de Bourgogne*, t. I, p. 288.

L'Hospital lui écrivit aussi la lettre suivante qui, ainsi que le dit M. de La Cuisine, prouve avec quel empire sur lui cet homme d'État savait subordonner au temps les actes même qu'il avait conseillés : « Messieurs, j'ai reçu les lettres que vous m'avez envoyées par vos députés et entendu les remontrances qu'ils ont faites sur l'objet de leur commission, où ils ont très-bien accompli leur devoir. Vous saurez par eux ce qui en a été ordonné. Pour le présent, de ma part, je vous assure que je vous ferai toujours office de bon ami.—Charonne, près Paris, le 19 juin 1562. » Signé : « Votre bon frère, DE L'HOSPITAL[1]. »

Le Parlement de Toulouse n'enregistra l'édit de janvier qu'avec une extrême répugnance, et en y mettant des modifications[2]. Il en fut de même du Parlement de Rouen, qui finit cependant par s'y résoudre[3].

Le recteur de l'Université voulut aussi adresser une requête au Parlement, dans laquelle il outrageait indignement le chancelier. Il en fut empêché par un ordre exprès du roi.

Ces résistances des Parlements, jointes à la force qu'avait donnée au parti catholique le changement du roi de Navarre, qui, de protestant timide, était devenu zélé catholique[4], et qui avait fait alliance avec

---

[1] *Le Parlement de Bourgogne*, p. 289.

[2] *Hist. générale du Languedoc*, par D. Vaissette, liv. XXXVIII, § 70.

[3] Floquet, *Hist. du Parlement de Normandie*, t. II, p. 372.

[4] « La Reine, sa femme, dit Brantôme, souffrait impatiemment qu'il se fût fait huguenot, lui disant que, s'il voulait se ruiner et se faire confisquer tous ses biens, elle ne voulait point perdre le peu qui lui restait... Puis elle changea bien après, ainsi que son mari : celui-ci se changea en catholique, et elle se changea en huguenote. »

les Guises, inquiétaient justement les réformés. Théodore de Bèze et un autre député protestant vinrent trouver le roi et la reine mère au château de Monceaux, près de Meaux, pour leur demander justice contre les violations de l'édit de janvier. Cette démarche était appuyée par le prince de Condé, qui offrait de mettre cinquante mille hommes à la disposition de la reine; le roi de Navarre, au contraire, y fut fort opposé et déclara que « qui toucherait le bout du doigt de son frère Guise, le toucherait à tout le corps ». Il parla fort durement à Bèze, qui lui répondit : « Sire, il est vrai que c'est à l'Église de Dieu d'endurer les coups et non pas d'en donner; mais souvenez-vous que c'est une enclume qui a usé beaucoup de marteaux [1]. »

Les esprits s'échauffaient de plus en plus : le massacre de Vassy avait exaspéré les protestants. Le duc de Guise entra dans Paris, le 16 mars, avec les maréchaux de Saint-André, de Brissac et de Termes, à la tête de deux mille chevaux; ils furent reçus par le prévôt des marchands et les échevins, à la porte Saint-Denis, et acclamés par le peuple.

D'un autre côté, Condé, accompagné de quelques centaines de gentilshommes et de ses autres adhérents, protégeait à main armée le prêche de Popincourt qui avait été rétabli et celui du faubourg Saint-Jacques qui avait remplacé le Patriarche. Catherine, prévoyant une lutte prochaine, conduisit le jeune roi de Monceaux à Melun, pour, de là, se rendre à Orléans, où Montluc et les partisans de la réforme l'engageaient à se retirer avec ses fils. Mais une dépu-

---

[1] Bèze, *Hist. ecclés.*, t. II, p. 3.

tation ayant à sa tête le prévôt des marchands vint
la supplier de ramener le jeune roi à Paris; elle se
rendit à Fontainebleau, où elle fut rejointe par le roi
de Navarre et les triumvirs, qui la pressèrent aussi
de ramener le roi à Paris. L'Hospital l'engagea à n'en
rien faire ; mais quelques jours après elle céda aux
autres influences et revint à Paris, après être restée
quelques jours à Vincennes.

Le parti catholique alors vit qu'il était maître de
la situation. L'édit de janvier fut de plus en plus
violé. Le connétable de Montmorency, le 8 avril, se
mit à la tête du peuple pour aller saccager et incendier
les deux temples de Popincourt et du faubourg
Saint-Jacques, d'où lui vint le surnom de « capitaine
Brûle-Bancs [1]» qui lui fut donné par les huguenots.
Les ministres quittèrent Paris ; plusieurs furent tués
par le peuple, d'autres emprisonnés par la justice,
quelques-uns firent semblant de se convertir.

A la suite de ces événements, une déclaration du
11 avril fit défense d'appliquer l'édit à Paris, en
sorte qu'on peut dire que cet édit fut une lettre
morte, comme tous ceux qui furent rendus pour la
conciliation des deux croyances; et, en effet, les registres criminels du Parlement [2] sont pleins de con-
damnations capitales prononcées, à cette époque,
contre des huguenots. Ces arrêts furent biffés à la
suite de l'édit de pacification d'Amboise, dont nous
parlerons tout à l'heure.

[1] *Mém. de Condé*, t. III, p. 187 et suiv. — Brantôme, *Discours sur
le connétable de Montmorency*, t. II, p. 373.

[2] *Extraits des registres criminels*, par Dongois, appartenant à
l'auteur.

La *Bibliothèque impériale* possède un *Journal de ce qui s'est passé en France pendant l'année* 1562 (mss. fonds Dupuy, vol. 944). Ce jouranl a été publié par la *Revue rétrospective*, t. V, de la 1ʳᵉ série. Nous lui empruntons quelques extraits qui peignent la fureur sanguinaire du peuple de Paris contre les huguenots, à cette époque.

« Ce jour (2 mai 1562) fut pendu, aux Halles, le *Nez-d'Argent*, étant convaincu d'avoir fait la plus grande part des insolences qui furent faites à Saint-Médard, faubourg Saint-Victor, et avec lui un jeune écolier pour les mêmes causes; les petits enfants tirèrent infinies pierres et boue audit Nez-d'Argent étant pendu, et s'il eût eu cent vies après sa mort, toutes lui eussent été ôtées, tant étoit la populace animée contre lui à cause de la religion (p. 101).

« Le 21 juillet 1562, un peintre qui avoit été mis aux prisons de M. l'abbé de Saint-Germain des Prés, comme huguenot, étant élargi par les officiers du dit abbé, le peuple cria après lui et se mutina, de sorte qu'ils le conduisirent à la rivière, et lui, sachant nager, pour se sauver, se jeta dans l'eau; mais soudain, à tous les bords de la rivière, y avoit gens prêts à l'assommer s'il fût abordé, et les bateliers, qui étoient sur ladite rivière, ne le vouloient prendre et secourir; de sorte que, travaillé et las, n'ayant aucune retraite, fut englouti de l'eau et noyé : qui fut un piteux spectacle. L'on en faisoit tous les jours autant, et n'en faisoit-on aucune justice (p. 184).

« Le 23 juillet fut exécuté en Grève le lieutenant du bailli de Pontoise, convaincu d'avoir voulu mettre la dite ville de Pontoise entre les mains des huguenots. Le bourreau ne l'eut pas presque exécuté, que les enfants lui prirent d'entre les mains le corps mort, et le traînèrent parmi la boue, le déchirèrent en beaucoup de pièces, et puis le jetèrent à la rivière; ils arrachèrent la potence, la froissèrent et la brûlèrent (p. 185). »

C'est cette génération, qui, dix ans plus tard, fit la Saint-Barthélemy.

Les triumvirs, sous prétexte que le roi n'était pas assez en sûreté hors de la ville, ou plutôt, comme on disait, ne se croyant pas assez maître de sa personne, le conduisirent de Vincennes à Paris. Alors on assembla le conseil au Louvre, où le roi logeait, et on y proposa de déclarer la guerre au prince de Condé et à ceux de son parti. L'Hospital s'y opposant fortement, le connétable dit qu'un homme de robe ne devait pas assister aux conseils de guerre : le chancelier répliqua que si lui et ses semblables ne savaient pas faire la guerre, ils savaient au moins parfaitement décider quand il la fallait faire. Cependant comme les conseils violents l'emportaient sur la raison, le chancelier fut exclu du conseil où l'on délibérait sur cette affaire [1]. Il resta à Paris, quoique la cour fût partie pour Monceaux, et il fit demander au roi quand il lui plairait qu'il se rendît auprès de lui. Il n'en eut d'autre réponse que celle d'attendre de nouveaux ordres [2]. « Il y en a beaucoup, dit Prosper de Sainte-Croix, qui se figurent que par ces

[1] De Thou, *Histoire universelle*, liv. XXIX, t. IV, p. 178.
[2] Lettre de Prosper de Sainte-Croix, du 15 mars 1562.—*Archives curieuses de l'histoire de France*, 1re série, t. VI, p. 51.

paroles il est relégué de la cour, et on en est aussi fort outré chez lui : cette réponse pourrait lui avoir été faite pour quelque autre sujet; mais ce qui donne beaucoup lieu à croire qu'il est disgracié, c'est qu'il fit ces jours passés une assemblée chez lui, dans laquelle on vit le prince de Condé, le cardinal de Châtillon, l'évêque de Valence et quelques autres gens de la même farine. On dit que cela a fait un grand déplaisir à Sa Majesté, qui envoya d'abord appeler le prince de Condé pour le faire venir aussitôt à la cour, où il ne manqua pas de se rendre. On tient pour une chose très-assurée que les affaires du chancelier vont si mal qu'on parle déjà d'établir un autre garde du sceau. Le bruit commun est que cette charge sera donnée à M. de Thou, président du Parlement de cette ville, qui est un fort bon catholique. Il est certain qu'on ne saurait rien faire de meilleur en ce temps-ici que de prendre la résolution de dégrader celui-là pour mettre celui-ci à sa place... Quelques-uns disent que le sceau sera donné au très-illustre M. d'Armagnac [1]. »

Les sceaux, cependant, ne furent pas retirés à L'Hospital. Sa disgrâce ne dura même pas longtemps, mais elle est certaine, car de Thou nous apprend que le prince de Condé adressa une réponse, le 20 mai 1562, à une requête des membres du triumvirat où on lisait : « Michel de L'Hospital, ministre si distingué qu'il en est peu qui puissent lui être comparés, si l'on considère sa sagesse, sa prudence, son savoir et la pureté de ses mœurs, et quelques autres conseillers d'État semblables, ont été exclus du con-

[1] Le cardinal.

seil, uniquement parce qu'ils ne donnaient pas aveuglément raison aux membres du Triumvirat[1].

Le chancelier se retira dans sa terre du *Vignay*, près d'Etampes, où il resta pendant la durée de sa disgrâce.

[1] *Hist. univ.*, p. 199.

VIII

Retraite de L'Hospital au Vignay. — Description de la vie qu'il y mène
(1562).

L'Hospital acheta, avec Marie Morin, son épouse, de Claude de Châtillon, seigneur et baron d'Argenton, la moitié par indivis de la terre de Champmotteux, située à seize kilomètres environ d'Étampes [1]. Cette acquisition eut lieu le 2 août 1560, mais ils étaient déjà propriétaires de l'autre moitié de la terre, qui s'appelait le *Vignay*, et en avaient la seigneurie. Effectivement nous voyons, dans le procès-verbal dressé pour la rédaction de la Coutume d'Étampes, au mois de septembre 1556, que parmi les membres de la noblesse figure « Noble homme mais-

---

[1] Aujourd'hui arrondissement de ce nom, canton de Milly. — *Le Vignay* a été séparé de la commune de Champmotteux et réuni à celle de Gironville. Le château du chancelier s'y voit encore, mais c'est à tort que l'on a dit qu'il est tel qu'il le fit rebâtir en 1562. Il n'y a d'intact que l'escalier à forme ogivale et une galerie avec arceaux en plein cintre au rez-de-chaussée, à droite du petit jardin. La galerie qui réunissait les deux pavillons a été abattue. Le château a été remis à neuf en 1786. Les plafonds, les boiseries, les portes, les fenêtres, annoncent une époque bien postérieure à celle du chancelier. Le pays est triste et consiste en grandes plaines labourables. Il n'y a plus apparence des vignes auxquelles *le Vignay* devait son nom.

tre Michel de L'Hospital, conseiller du roy nostre sire, premier président en la chambre des Comptes, *seigneur du Vignay* [1]. »

Le château était à moins de deux kilomètres et à l'est du village de Champmotteux. L'Hospital le fit abattre, et il construisit, en 1562, d'après une inscription, placée dans l'intérieur du château [2], une nouvelle habitation, à la même distance du village, mais au nord, près d'une côte couverte de vignes, ce qui lui fit donner le nom de *Vignay*.

C'était un domaine modeste et en tout digne des goûts simples du chancelier. Dans une *Épître à ses hôtes* [3], il nous a laissé la description de la vie qu'il y menait : « Chers amis, leur dit-il, que vous offrir ici? sans doute, ce n'est point le luxe, ni les jouissances de Paris que vous y venez chercher; leur excès vous en inspire le dégoût, et ma petite ferme aussi me servirait mal pour vous traiter d'une manière somptueuse. Votre ami n'est point riche; son champ, étroit et borné, ne peut satisfaire que des hôtes tempérants; vous aurez le nécessaire, un veau tendre, un agneau, des cochons de lait; puis des fruits, des

[1] Cette terre était une baronnie et le siége d'un bailliage qui ressortissait nûment au Parlement de Paris.

[2] Voici cette inscription telle qu'elle se trouve dans les *Mémoires de l'Académie des Inscriptions*, t. XVIII, p. 372, et qu'on la lit encore sur la porte de l'appartement principal, au premier étage : Summi ac clariss. viri M. Hospitalii Gall. cancell. et M. Mor. uxor. piis jussu hæc domus constructa est ann. MDLXII quo tempore Carolo IX optimæ spei Rege adhuc impubere graviss. seditionibus belloq. civili perniciosiss. propter Religionis dissensionem et paucorum principum ambitionem tota prorsus Gallia sed potissimum hæc regio utriusque factionis concursibus exposita misere prostrata fugebat.

[3] *Ad hospites*, édit. d'Amsterdam, p. 130.

noix, du vin des ceps que ma femme a plantés: Le fermier voisin nous fournit le reste, ainsi que le fameux marché de Maisse [1]. La maison est assez vaste pour son maître, qui peut même y recevoir trois ou quatre convives, car l'habitation est en rapport avec la propriété. La table y sera servie plus splendidement qu'aux champs; vous y verrez une salière d'argent que ma femme apporta de la ville et qu'elle y reportera; vous admirerez la finesse de mes serviettes et la propreté de nos lits, garnis de draps en toile de lin.

« Quant à ces héritages que vous voyez aujourd'hui plantés d'ormeaux, ils étaient, sous l'ancien propriétaire, laissés à la culture. Ma femme, en arrivant ici, a changé cette destination pour avoir sous la main des bois plus considérables et me donner plus d'ombre. C'est de ce côté que je dirige mes pas au lever du soleil, c'est ici que j'écris mes poésies ou que je relis des passages d'Horace et de Virgile; je m'y promène seul en ruminant mes vers, jusqu'à ce que la voix de mon épouse m'apprenne que le dîner est servi. Si mes hôtes aiment la chasse, ils trouveront des lièvres qui se promènent en pleine sécurité au milieu des bois, des oiseaux de toute espèce qui voltigent à l'entour; car, pour moi, je ne conduis à ma suite aucun autre chien que celui des troupeaux, et, du reste, je ne mange jamais de gibier.

« Vous voulez savoir, peut-être, quelles sources, quels ruisseaux arrosent les prairies et étanchent la

---

[1] Aujourd'hui Maisse-le-Maréchal, arrondissement d'Étampes, canton de Milly. Il s'y tient encore un marché qui a lieu le lundi de chaque semaine.

soif des troupeaux et de leur berger. Le puits de la colline suffit aux cultivateurs comme à leurs maîtres ; les troupeaux boivent l'eau de pluie recueillie dans une citerne. Pourquoi souhaiterais-je des sources et des prairies verdoyantes ? Voudrais-je voir encore s'accroître ma passion pour la campagne ? Si, telle qu'elle est, cette terre chérie ne m'est point enlevée, peut-être me résoudrai-je à y séjourner tout à fait et à m'éloigner de la ville, du palais [1], de mes amis. »

Ce fut dans ce domaine tant aimé que L'Hospital vécut après sa retraite de la cour. Il s'y délassait par la culture de la philosophie et des lettres.

Il se réjouit, dans une épître adressée à Gui Du Faur, du parti qu'il a pris : « Aussitôt que votre poëte a vu qu'il était devenu importun, il est rentré dans sa retraite et a regagné les sentiers déserts de son domaine, où il n'est point forcé de se trouver en face des Pélopides. Je te rends des grâces éternelles, ô Phœbus ! ainsi qu'aux neuf Muses, de m'avoir prodigué vos soins et d'avoir procuré le calme à mon esprit et à mon sommeil. [2] »

Puis, le sage ministre célèbre les douceurs de l'amitié, peint à grands traits les vices odieux des riches et des courtisans, et il termine ainsi :

« La tempête m'a tourmenté moi-même, et quand mes voiles ont été brisées, je n'ai pu me sauver à force de rames : c'est ici que je cherche un refuge ;

[1] On voit par là que L'Hospital était encore conseiller au Parlement lorsqu'il composa cette épître ; par conséquent elle est antérieure à 1553.

[2] Édit. d'Amsterdam, p. 325.

je me cache dans une forêt dont les arbres n'ont pas été coupés depuis le jour où je les dédiais aux Muses [1] : mes bois ont semblé rajeunir par la retraite de leur maître. Je puis librement réfléchir, lire et écrire. Je mène une vie semblable à celle des premiers hommes qui ont peuplé la terre ; content du peu que j'ai amassé, entouré d'enfants soumis, aimé d'une digne épouse, je me délecte en paix et sans aucune amertume.

« Mais les nuages sont dissipés, le soleil est de retour et la mer est calmée. Voici qu'à l'exemple de l'oiseau qui se cache pendant les longues pluies, attendant les rayons de l'astre de lumière pour s'élancer dans l'espace, je ne me contente plus de ton souvenir et de mon repos actuel, mais je songe à quitter le port ; mes yeux se reportent en arrière, et, sans me souvenir du danger passé, je réfléchis aux moyens de m'embarquer encore sur une mer orageuse [2]. »

[1] Ce que L'Hospital appelle *une forêt*, est un parc qui peut avoir environ trente hectares.

[2] *Ibid.*, p. 331.

IX

Première guerre civile. — Le cardinal de Lorraine va au concile de Trente.
— Lettre de L'Hospital au pape. — Réponse du pape. — Prise de Rouen
et de Dieppe par les huguenots. — Le Havre livré par eux aux Anglais. —
Siége de Rouen. — Mort du roi de Navarre. — Bataille de Dreux. — Siége
d'Orléans. — Assassinat du duc de Guise. — Prise d'Orléans. — Édit
d'Amboise (1562-1563).

De graves événements se passèrent pendant le séjour de L'Hospital au Vignay.

La guerre civile avait éclaté avec toutes ses hor-
reurs. « Le roy de Navarre et les confédérez, que
l'on appeloit l'armée du roy, dit Castelnau, conseil-
lèrent de faire sortir des villes tous les huguenots, et
leur faire commandement d'en vuider ; d'autre part,
les huguenots qui tenoient beaucoup de villes, prirent toutes les reliques des églises et ce qu'ils purent trouver ès dites villes et villages où ils estoient
les plus forts, et firent battre de la monnoye au coin
du roy, disant que c'estoit pour le service de Sa Majesté. Delà commencèrent toutes sortes de sacriléges,
voleries, assassinats, parricides, paillardises, incestes,
avec une licence débordée de mal faire de part et
d'autre. Il y eut quelques villes qui rachetèrent
leurs reliques des huguenots, lesquels faisoient aussi
fondre les cloches pour faire de l'artillerie. Aucuns
d'eux ne se proposoient pas moins que de marcher

droit à Paris, et pressoient fort de donner la bataille ; mais l'admiral ne vouloit en façon du monde hazarder ce peu de gens qu'il avoit ; qui fut cause qu'il se mit seulement sur la défensive [1]. »

Ce qu'il y avait de plus déplorable encore, c'est que l'étranger se mêlait de la querelle ; l'armée royale comptait dans ses rangs beaucoup de troupes espagnoles, italiennes et suisses ; et les huguenots, de leur côté, avaient des reîtres et des lansquenets, qui leur étaient fournis par les princes protestants d'Allemagne.

Dans ces circonstances et après une interruption de neuf années, le pape Pie IV avait cru opportun, comme nous l'avons dit, de reprendre le concile de Trente, pour paralyser le projet d'un concile national en France, et adopter des mesures énergiques contre les progrès toujours croissants de l'hérésie.

Cette reprise eut lieu le 18 janvier 1562 (n. s.), le cardinal de Lorraine y alla, au mois de septembre, accompagné de quarante prélats français.

L'épuisement des finances rendait bien difficile de soutenir la guerre contre les protestants. Le pape fit savoir à la reine, par l'intermédiaire de Lansac, ambassadeur de France à Rome, qu'il avait un million d'or à sa disposition si elle voulait anéantir les huguenots. Ce million se réduisit à deux cent mille écus, moitié en don, moitié en prêt, mais à la condition de l'abolition de la première disposition de l'ordonnance d'Orléans et du rétablissement du droit d'annates en faveur du saint-siége ; de la défense et de la garantie du Comtat Venaissin, enclavé dans les

[1] *Mémoires*, p. 192.

terres de France; de la destitution du chancelier de L'Hospital et de l'éloignement de l'évêque de Valence, que le pape accusait de donner de mauvais conseils à la reine.

Le légat eut à cette occasion un entretien très-vif avec Catherine, qui accorda la première condition, mais refusa les autres. Il en rendit compte au pape et parut prendre la défense de L'Hospital, en disant qu'il pouvait certifier, comme témoin oculaire, que le chancelier allait à la messe, qu'il se confessait et remplissait, au moins extérieurement, tous les devoirs d'un vrai catholique [1].

D'un autre côté, L'Hospital écrivit au pape une lettre respectueuse, destinée à se justifier et à repousser les attaques que l'on dirigeait contre lui, particulièrement à l'occasion des mesures financières qui frappaient les biens du clergé et de l'édit de janvier; il profita du départ de l'évêque d'Auxerre pour le concile, et le chargea de sa lettre, dont nous donnons la traduction :

« Très-Saint Père,

« L'évêque d'Auxerre [2] va partir pour Rome; je saisis cette occasion que j'attendais depuis longtemps, pour vous écrire : je ne pourrais en avoir une meilleure. Il est mon intime ami; sa conversation vous fera oublier la longueur de ma lettre.

---

[1] Garnier, *Hist. de France*, t. XXX, p. 90.

[2] C'est à tort que Dufey de l'Yonne dit que cet évêque était Amyot, qui ne fut nommé à l'évêché d'Auxerre qu'en 1570. L'évêque d'Auxerre, en 1562, était Philippe de Lenoncourt, depuis cardinal et archevêque de Reims, mort en 1591.

« Je sais tous les faux bruits que mes détracteurs, que mes malveillants ou mes ennemis, disséminés à Rome, dans toute l'Italie et en Espagne, s'acharnent à répandre contre moi, et auxquels les autres princes, et vous-même, avez prêté l'oreille.

« Je ne m'en serais nullement inquiété, si vous n'aviez fait que les entendre sans y ajouter foi ; mais dès que j'eus appris que vous aviez écrit aux vôtres d'exciter la reine à ne point croire à mes paroles, et à se garder de moi comme d'un pestiféré, j'ai cru que je ne devais pas différer plus longtemps de me justifier. Il me serait bien plus facile de le faire, si je connaissais les griefs que l'on m'impute et auxquels je dois répondre. Mais je suis réduit à combattre dans l'ombre les accusations que je ne puis que présumer avoir été dirigées contre moi. Mes accusateurs sont tous ceux qui abhorrent le culte du vrai Dieu et de la piété sincère, qui violent les saints devoirs du sacerdoce, qui ne s'occupent que de leur intérêt personnel, qui ne cherchent qu'argent et profits ; entre eux et moi c'est une guerre éternelle : telle est ma destinée.

« Je ne leur ai opposé d'autres armes que les lois et les édits ; je n'ai jamais rendu haine pour haine, inimitié pour inimitié : si je me suis parfois montré trop acerbe, trop véhément, que Dieu et le vicaire de Dieu me jugent.

« J'ai agi et fait tout ceci à la cour, comme sur le plus grand théâtre de la France. J'ai fait tout mon possible pour repousser les nouveaux abus et corriger les anciens. Les fauteurs des désordres ne me peuvent souffrir, ni moi eux.

« J'aurais mieux fait, peut-être, de m'accommoder aux circonstances, comme tant d'autres qui, plus prudents, se sont fait une république à leur convenance; mais tel est mon caractère, telle est ma nature : mon âge aussi m'a rendu plus morose.

« Veuillez m'excuser, et je prie Dieu qu'il vous maintienne longtemps à la tête du gouvernement de l'Église, pour la gloire de son fils et le salut de tous peuples.

« De la cour, le iiie des kalendes d'août 1562.

« Votre très-obéissant fils et serviteur,

« M. L'HOSPITAL [1]. »

Le pape lui répondit le 27 septembre suivant, en ces termes :

« A notre cher fils Michel de L'Hospital, grand chancelier de France.

« Vous me faites part de la peine que vous ont causés les bruits répandus sur votre conduite, et vous vous efforcez de me témoigner la pieuse droiture de vos pensées et de vos intentions. Nous nous bornons à vous exhorter, au nom du Seigneur, à agir désormais de telle façon, que les faits eux-mêmes nous montrent l'injustice des reproches auxquels vous craignez d'être exposé. S'il en est ainsi, comme nous l'espérons et comme votre sagesse nous autorise à l'espérer, nous ne manquerons, dans aucune circonstance, de manifester les sentiments d'affection paternelle dont nous vous entourerons comme un fils dévoué de l'Église notre sainte Mère [2]. »

---

[1] *Annales ecclesiastici*, de Baronius, continuation par Raynaldus (Odoric Rinaldi), t. XXI, part. ii, ann. 1562, n° 130. — [2] *Id., ib.*

« Monsieur le chancelier m'a dit, écrit le nonce Prosper de Sainte-Croix au cardinal Borromée, le 28 septembre de cette année 1562, que le cardinal de Lorraine alloit au concile de Trente, accompagné d'un grand nombre de prélats, dans la résolution de faire décider ce qu'on doit croire touchant le sacrement de l'Eucharistie. On ne doit pas inférer de là qu'il doute que ce qu'on croit aujourd'hui ne soit pas véritable, mais seulement qu'il veut faire éclaircir cet article et en dissiper toutes les ténèbres. Que pour ce qui est des images, Son Éminence avoit projeté de mettre en délibération si on ne pourroit pas accorder à ceux qui voudroient s'en servir de les garder, et à ceux qui en improuveroient l'usage de n'en retenir aucunes, et de donner la même liberté touchant l'invocation des saints ; que pour ce qui concernoit les abus, ce cardinal en avoit fait une grande liste pour montrer au pape ; sur quoi Monsieur le chancelier se figuroit que Sa Sainteté ne seroit pas fâchée de voir ce catalogue, mais au contraire, qu'il lui feroit beaucoup de plaisir, et à l'occasion de cela, il se mit à dire par dérision, que le premier chapitre de cette réforme devroit être celui de retrancher tant d'abbayes que Son Éminence de Lorraine et Monseigneur le légat (le cardinal de Ferrare) possèdent, et son discours finit par cet article. Je crois qu'il seroit bon de tenir fort secret ce que je viens d'écrire à Votre Éminence [1]..... »

Rouen avait été pris par les huguenots (16 avril 1562), et le Parlement de Normandie avait dû se retirer à Louviers ; Dieppe aussi était tombé en leur

---

[1] *Archives curieuses de l'histoire de France*, 1re série, t. VI, p. 110.

pouvoir avec la participation de Coligny et du prince de Condé; enfin le Havre fut livré aux Anglais par Jean de La Ferrière, seigneur de Maligny, vidame de Chartres, qui y commandait. Le traité conclu avec le vidame fut signé, le 10 septembre 1562, à Hampton-court. Élisabeth s'engageait à envoyer en France six mille hommes, dont trois mille prendraient garnison au Havre, pour le garder au nom du roi et en faire un asile pour ceux de ses sujets bannis pour cause de religion. La reine d'Angleterre, effectivement, en fournissant des troupes aux protestants, avait la prétention de ne pas déclarer la guerre à Charles IX, et elle annonçait, dans son manifeste, qu'elle ne prenait les armes que pour sauver de l'oppression et du massacre les sujets « de son bon frère».

Le parti catholique sentit l'extrême importance qu'il y avait à reprendre ces places. Le siége fut mis devant Rouen, et le roi de Navarre, blessé à la tranchée, le 15 octobre, mourut aux Andelys, le 17 novembre suivant, à l'âge de quarante-deux ans.

Rouen fut repris d'assaut le 26 octobre : de grands désastres s'ensuivirent; de terribles représailles signalèrent le triomphe des catholiques; la ville fut livrée au pillage pendant huit jours.

Le Parlement de Normandie quitta Louviers et rentra à Rouen; il fit le procès au président Du Bosc d'Émandreville, au ministre Marlorat et aux conseillers de ville Gruchet de Soquence et Cotton de Bertheville, qui étaient considérés comme les chefs du parti protestant à Rouen. Ils furent tous les quatre condamnés à mort. Du Bosc d'Émandreville, en sa qualité de gentilhomme eut la tête tranchée sur la place du Vieux-Marché ; les deux conseillers de ville furent pendus à des potences dressées devant la porte de l'Hôtel-de-Ville ; quant à Marlorat, *moine, prestre et marié*, disait l'arrêt, il fut pendu devant le grand portail de la cathédrale, pour le punir d'avoir prêché dans cette église les principes de la réforme.

« Le connétable de Montmorency, le croirait-on, et Montberon , son fils, dit le savant auteur de l'*Histoire du Parlement de Normandie*, s'étaient rendus au Parvis Notre-Dame, avec Villebon d'Estouteville, pour repaître leurs yeux de ces horribles spectacles. Mais que dis-je ? Comme on ôtait Marlorat de la claie, et que ce malheureux, exerçant son ministère jusqu'au bout, exhortait Gruchet et Cotton à mourir avec courage, on entendit le connétable et son fils se répandre contre ce ministre en grossières et sanglantes invectives ; on vit le grand bailli Villebon d'Estouteville lui donner, en blasphémant, un violent coup de baguette. Enfin , comme il venait d'expirer au haut de la potence, un soldat fut vu assénant un coup d'épée sur une des jambes du cadavre [1]. »

Le procès allait être fait à d'autres victimes, lorsque l'heureuse influence de L'Hospital se fit sentir.

Ce grand magistrat avait repris ses fonctions. Il se trouvait à Rouen avec la cour, et prêchait la modération après la victoire, « persuadé, dit de Thou, que toutes les rigueurs et les cruautés que les Français exerçaient les uns contre les autres, bien loin d'être utiles et propres à soutenir l'autorité d'un roi mineur, ne servaient qu'à bouleverser l'État et à

[1] Floquet, t. II, p. 455.

compromettre le nom et l'autorité du prince, que harcelaient sans cesse les deux partis [1].

Catherine alors semblait partager le même sentiment, inspiré sans doute par son sage ministre; elle dit au corps de ville de Rouen qui était venu la saluer : « Il seroit propre et bon de requérir au roy ung pardon général de ceulx qui ont offensé, non compris toutes foys ceulx qui ont été aucteurs de la sédition ou porté les armes contre le roy, afin que à l'advenir, les habitants de Rouen puissent vivre plus doulcement ensemble, et que les offensans et offensés ayent plus grande occasion de eulx réconcilier les ungs avec les aultres. » — Les députés du corps de ville ne semblèrent pas entendre ce langage, car ils répondirent à la reine. — « N'ayant faict aucune deffaulte, ne nous est requis aucun pardon... Néantmoings, à ceux qui ont offensé ne vouldrions empescher qu'il ne leur soit octroyé grâce et pardon; mais il fault estre raisonnable, que pugnicion soit faicte des principaux aucteurs de la sédition [2]. »

Ces sentiments étaient conformes à ceux qui animaient les Guises et leurs adhérents. « Les seigneurs et le Parlement, écrivait Perrenot de Chantonnay, ambassadeur d'Espagne, entendent tant qu'ilz peuvent à chastoy (au châtiment). Toutefois, *il n'y a faulte d'intercesseurs* mesme pour pardonner la vie [3]. »

On peut assurer que L'Hospital était un de ces *intercesseurs*.

En effet, il fit rendre une *déclaration d'abolition* ou

<hr>

[1] *Histoire universelle*, liv. **XXXIII.**

[2] *Regist. de l'hôtel de ville de Rouen*, 4 novembre 1562.

[3] Lettre du 1er novembre 1562. *Mém. de Condé*, t. II. p. 102.

de pardon pour tous les habitants de Rouen compromis dans les derniers troubles; elle fut signée par le roi, au commencement de novembre 1562, peu après le supplice des quatre chefs dont nous avons parlé. Dix seulement de leurs complices en étaient exceptés. Chantonnay parle ainsi de cette déclaration : « *Le chancelier ha faict un édict de son style ordinaire*, que nul se aye à reprocher ny injurier de quoy que ce soit; de manière que les rebelles qui ont porté les armes et ont esté les chefs en ceste ville, sont, maintenant, avec la teste levée et menassent qu'avant peu leur jeu retournera; qui est bien signe qu'ilz sentent la faveur de quelques-ungs. Si, avant que la court et le camp départent d'icy, l'on ne désarme les huguenotz, et que l'on ne mecte la force ès mains des catholiques, il est bien certain que l'on ne tardera pas longtemps que l'on verra nouvelle révolte. Les seigneurs catholiques sont bien en volonté d'y pourvoir et de faire chasser les chiefz, ceux qui ont eu charge et assisté de deniers, et tenir main que ceulx qui ont suivy leur faction, sortent, s'ils ne sont empechez par les traverses de ceulx qui favorisent, ou, pour le moins dissimulent avec les protestants [1]. »

L'ambassadeur espagnol se réjouissait de la répugnance avec laquelle le Parlement de Rouen avait accueilli cette déclaration. « Maintenant, disait-il, ils se débattent en ce Parlement s'il se doibt admettre un long pardon si scandaleux; et je tiens que, à la fin, il ne sera pas admis. » Comme le roi était encore à Rouen avec le chancelier, le Parlement se

---

[1] Lettre du 3 novembre 1562, *Mém. de Condé*, t. II.

vit obligé de faire lire la déclaration à l'audience, et de la faire insérer textuellement dans ses registres ; mais dans l'exécution, on en tint peu de compte [1].

On rechercha les noms de ceux qui avaient pris le plus de part aux troubles de Rouen ; on prétendit que la reine n'avait accordé le pardon que « par manière d'acquit », et qu'elle entendait que justice fût faite au plus vite [2]. Ce qu'il y a de certain, c'est que les supplices recommencèrent ; des personnages importants furent mis à mort, parmi lesquels figurait le capitaine Jean de Croze, dont Brantôme a fait l'éloge [3], mais qui avait eu le tort d'être de ceux qui avaient livré le Havre aux Anglais.

Les protestants furent désarmés (7 novembre) ; mais comme on laissa les armes aux catholiques, c'était préparer de nouveaux troubles. Le premier président du Parlement de Rouen, Saint-Anthot, catholique sincère, mais d'un esprit sage, fit tous ses efforts pour rappeler sa compagnie à la justice et à la modération ; ce fut en vain, et deux mois et demi s'étaient écoulés sans que la déclaration royale de pardon eût reçu son effet. Aussi L'Hospital crut-il devoir en transmettre une copie nouvelle au Parlement. Saint-Anthot pressa cette cour d'accueillir enfin cet acte de clémence, trop longtemps repoussé, d'enregistrer, publier et exécuter la déclaration, « afin, disait-il, que le pauvre peuple feust réuni en sa maison, et que toutes choses fussent radoucies. » Il devint suspect par là au parti catholique exagéré :

[1] Floquet, t. II, p. 460.
[2] Th. de Bèze, *Hist. ecclés.*, t. II, p. 650.
[3] *Discours des maistres de camps huguenotz de l'infanterie françoise.*

« Le premier président de Rouen, écrivait Chantonnay, est hérétique, et il incline à la publication du
pardon général Brassé par le chancelier [1]. »

La sanglante bataille de Dreux livrée par les protestants aux catholiques, le 19 décembre 1562, fut
perdue par les premiers ; le connétable de Montmorency, qui commandait l'armée royale, fut fait
prisonnier ainsi que le prince de Condé, général en
chef de l'armée protestante. Le maréchal de Saint-
André, l'un des triumvirs, y perdit la vie.

Au commencement de l'année suivante, le duc de
Guise, qui commandait l'armée du roi, en remplacement du connétable, vint faire le siége d'Orléans,
devenu le boulevard du protestantisme en France ; il
y fut assassiné par Poltrot le 18 février 1563 (n. s.).

Mais avant de poursuivre le récit des événements
politiques et de la part que le chancelier y prit,
nous placerons ici une lettre qu'il adressa, de Chartres, le 15 janvier 1563, à M. de Gonnor [2], surintendant des finances, quoi qu'elle soit relative à des
affaires qui n'ont pas beaucoup d'intérêt. Mais il
existe si peu de ses lettres que nous croyons devoir
publier toutes celles que nous avons pu recueillir.

« Monsieur, vostre letre a trois chefs ausquelz
nous satisferons. Quant au premier, qui est touchant les bois du roi de Navarre, dont il a volu joir
sans approuver le contract d'acord faict entre le feu
roy Henry et luy, et qui n'est encores passé, nous
escrivons au procureur général, affin qu'il advise

---

[1] *Mém. de Condé*, t. II, p. 127. — Floquet, t. II, p. 476.

[2] Artus de Cossé, seigneur de Gonnor, d'abord surintendant des
finances, puis, en 1567, maréchal de France, mort en 1582.

lequel sera mieulx pour le roy, ou presser l'héritier de passer le contract jà arresté avec feu son père, ou de faire juger le procès comme s'il n'i eust jamais accord ; et cependant lui mandons de faire saisir les dicts bois et arrester les deniers ez mains des marchans. Quant au segond point, qui est de la court du Parlemant de Bordeaux, qui veult ordoner des finances, le député d'icelle n'a rien parlé qui en aproche ; seulement a remonstré qu'il seroit bon que la recepte générale demeura à Bordeaux : peult-estre que cela se dict affin de mieulx comander le receveur estant près, mais nous lui avons coppée la broche et respondu que le roy entendoit que la recepte retorna à Aagen, sinon qu'il survinst cy-après danger ou troubles ; auquel cas seroit remise à Bordeaux. Au regard de l'office de (receveur) général, il sera supprimé suyvant l'édict. Monsieur Bourdin[1] dresse la letre de suppression, et je la sélleray volontiers. Au demeurant, Monsieur, je ne voys riens que vous puisse écrire pour vous rejoir, car l'affaire est tiré en longueur, et je ne scay par qui. Cependant nous affaires enpirent ailleurs, et même en Normandie. Nous remonstrons assez la pouvreté des finances, mais il semble que nous preschons au sours. Dieu nous doint ce qui nous est de besoing ; et à vous, Monsieur, très bonne vie et longue, me recommandant bien hmblement à vostre bonne grace.

« De Chartres ce xv janvier 1562.

« Vostre bien humble frère et serviteur,

« M. DE L'OSPITAL[2]. »

[1] Procureur général au Parlement de Paris.
[2] Bib. imp. mss. 8727, f° 19, original.

Une trève de huit jours eut lieu après l'assassinat du duc de Guise, pendant laquelle la reine se rencontra à Beaugency avec le prince de Condé et les autres chefs protestants. Ceux-ci représentèrent que la cause qui leur avait fait prendre les armes était l'infraction des édits de tolérance et le massacre de leurs coreligionnaires qui allaient aux prêches, suivant l'édit de janvier. La reine leur répondit qu'il était impossible de tolérer deux religions, et que, les catholiques étant les plus forts, c'était à la minorité de céder. Cette entrevue ne produisit aucun résultat[1].

Par suite de si terribles conjonctures, l'armée royale avait vu périr ses trois principaux chefs et le quatrième être prisonnier. Le Havre était toujours occupé par les Anglais. Catherine sentit alors le besoin de faire la paix.

On réunit le prince de Condé et le connétable dans l'île aux Bœufs, près la ville d'Orléans qui tenait encore pour les protestants. La reine, d'Andelot et d'autres personnages importants des deux partis, se joignirent à eux, et l'on s'entendit sur un programme qui se formula par l'édit signé à Amboise le 19 mars 1563 (n. s.).

Le préambule de cet édit, rédigé par L'Hospital, contient un résumé énergique de la situation du royaume et des calamités engendrées par la guerre civile. «Chacun a vu et connu, y est-il dit, comme il a plu à Notre Seigneur depuis quelques années en ça permettre que cestui notre royaume ait été affligé et travaillé de beaucoup de troubles, séditions et tumultes entre nos sujets, élevés et suscités de la diversité

[1] Castelnau, *Mém.*, p. 194.

des opinions par le fait de la religion et scrupule de leurs consciences. Pour à quoi pourvoir et empêcher que ce feu ne s'allumât d'avantage, ont été ci-devant faites plusieurs assemblées et convocations des plus grands et notables personnages de notre royaume, et par leur bon conseil et avis fait plusieurs édits et ordonnances selon le besoin et la nécessité qui s'offroit, estimant par là prévenir le mal et aller au devant de l'inconvénient qui y pendoit. Toutefois la malice du temps a voulu, et Notre Seigneur a aussi par son jugement inconnu (provoqué comme il faut croire de nos fautes et péchés) lâché la bride auxdits tumultes, de façon qu'on est venu à mettre les mains aux armes si avant qu'ils en sont sortis infinis meurtres, vengeances, pilleries, forcements et saccagements de villes, ruines de temples et églises, batailles données et tant d'autres maux, calamités et désolations commises et exercées en divers endroits; que continuant ce mal et voyant tant d'étrangers desjà en notre dit royaume, sachant aussi les préparatifs faits pour en introduire davantage, la ruine d'icelui être inévitable; joint la grande et irréparable perte qu'à notre très-grand regret nous avons faite depuis ces tumultes commencés, de tant de princes, seigneurs, chevaliers de notre ordre, grands capitaines et gens de guerre, qui est sous la main de Dieu, le vrai soutien, appui, défense et protection de cette notre couronne et un argument à nos voisins, qui auroient mauvaise volonté de nous entamer et envahir, comme nous avons été et sommes menacés.

« Ce que par nous considéré, cherchant tous re-

mèdes possibles (encore que grâces à Dieu nos forces soient grandes, et que en apparence celle des
hommes ne nous défaillent), voyant néanmoins que
tout le mal et inconvénient qui sort de cette guerre
tourne à la diminution et dommage de notre
royaume, et ayant expérience, avec notre grande
perte, tel remède n'y être propre ne convenable
(étant maladie cachée dedans les entrailles et esprits
de notre peuple), avons estimé que le meilleur et
plus utile quy pouvions appliquer étoit (comme
prince très-chrétien dont nous portons le nom)
avoir recours à l'infinie grâce et bonté de Notre Seigneur, et avec son bon aide trouver moyen de pa-
cifier, par notre douceur, l'aigreur de cette maladie,
en rappelant et reconciliant les volontés de nosdits
sujets à une union et à la reconnoissance qu'ils doivent tous à notre obéissance, à l'honneur de Dieu,
bien, salut et conservation de celui notre royaume, en
pourvoyant de moyen qui puisse retenir et contenter
nosdits sujets, espérant que le temps, le fruit d'un
bon, saint, libre et général ou national concile, et la
vertu de notre majorité prochaine, conduite et dirigée
par la main de Notre Seigneur (qui par sa bonté a
eu toujours soin et garde de cette couronne), y ap-
porteront cy après le sûr et vrai établissement, à
son honneur et gloire, repos et tranquillité de nos
dits peuples et sujets. »

Puis, le préambule annonce en terminant que le
roi avait été conseillé, en prenant cette grande mesure, par la reine, sa mère, et par le cardinal de
Bourbon, le prince de Condé, le duc de Montpensier, le prince de la Roche-sur-Yon, le cardinal de

Guise, le duc d'Aumale, le connétable de Montmorency, le duc d'Étampes, les maréchaux de Brissac
et de Bourdillon, les sieurs d'Andelot, de Senzac, de
Sipierre et « autres bons et grands personnages de
notre conseil privé. »

L'édit d'Amboise accordait aux gentilshommes tenant plein fief de haubert, le droit de vivre dans
leurs maisons « en liberté de leurs consciences et
exercice de la religion qu'ils disent réformée, avec
leurs familles et subjets. » Quant aux autres gentilshommes ayant fief, le même droit leur était accordé,
mais « pour eux et leurs familles seulement ». Du
reste, l'édit ajoutait que chacun pourrait vivre et
demeurer partout en sa maison librement, sans être
recherché ni molesté, forcé ni contraint pour le
fait de sa conscience [1].

Mais cette loi n'était favorable qu'aux gentilshommes ; elle ne suffisait pas à la liberté de religion des
bourgeois et du peuple ; Paris en était excepté. Aussi
Coligny se montra-t-il fort mécontent. « Restreindre
la religion à une ville par bailliage, s'écria-t-il, c'est
ruiner plus d'églises par traits de plume que les forces ennemies n'en eussent pu abattre en dix ans : la
noblesse eût dû se rappeler que les villes lui avoient
montré l'exemple, et les pauvres aux riches. » Ceux
qui voulaient assister aux prêches étaient pour la plupart obligés de parcourir de longues distances ;
aussi Calvin, alla, dans une de ses lettres, jusqu'à traiter Condé de « misérable [2]. »

[1] *Anc. lois franç.*, t. XIV, p. 135.
[2] *Lettres de Calvin*, t. II, p. 495.

X

Déclaration de guerre à l'Angleterre. — Nouvelle mesure financière contre les biens du clergé. — Discours de L'Hospital au Parlement sur cette mesure. — Reprise du Havre. — Déclaration de la majorité du roi à Rouen. — Mécontentement du Parlement de Paris. — Lettre de Catherine à Charles IX. — Sentence du pape contre la reine de Navarre (1563).

L'édit d'Amboise déplut au moins autant au parti catholique, car il autorisait l'exercice du nouveau culte, quoique dans de moindres proportions que l'édit de janvier : aussi fut-il accueilli avec une grande défiance par les Parlements; celui de Paris refusa la vérification. La reine recourut alors à Christophe de Thou, premier président, qu'elle avait investi de cette charge à la mort de Gilles Le Maistre, et elle lui envoya des lettres de pension, ainsi qu'on le voit par la lettre suivante du chancelier de L'Hospital au surintendant des finances Gonnor.

« Monsieur, j'ai trouvé vostre secrétaire en ce lieu, qui m'aporte la ratification à séeller et les lettres de pension de M. le premier président, ce que j'ay fait. Demain, s'il plaist à Dieu, j'iray trouver le roy et la reine à Amboise. J'eusse bien voulu que nous eussions pris le chemin de Fontainebleau, mais ce sera pour après la feste, ainsi que l'on dit. Nous sommes esté à Orléans, que nous avons trouvée sans

gardes et sans armes, et les citoyens, ainsi qu'ils disoient, bien deliberez de vivre en paix. Dieu veuille
que ce soit ainsi partout, car nous en avons bien
besoin, vû les appareils grands de nos voisins, qui
pourront cesser quand ils nous verront bien d'accord. La venue de M. le mareschal vostre frère [1]
adoucira les Anglois, qui maintenant parlent autre
langage, mais nous soupçonnons qu'ils se sentent
fortifiez des Allemands. Dieu nous doint sa grâce et
sa paix, et à vous, Monsieur, très-bonne et longue vie.

« De Blois, ce 3 d'avril 1562 (1563, n. s.).

« Vostre humble et affectionné serviteur et amy,

« DE L'HOSPITAL [2]. »

Les Parlements de province, à l'instar de celui de
Paris, firent des remontrances contre l'édit d'Amboise.

Le conseiller Bégat, qui avait si bien réussi lors de
l'édit de janvier, fut chargé par le Parlement de Dijon, au nom des états de Bourgogne, de faire une
semblable démarche à l'occasion du nouvel édit.

L'archevêque de Besançon se joignit aux états, et
le Parlement délibéra, le 7 mai 1563, que Bégat,
unanimement élu par lui, irait faire entendre au roi
les motifs qui lui avaient fait différer sa publication.
Ce magistrat remplit cette mission ; ses remontrances
furent imprimées et excitèrent un grand retentisse-
ment, mais cette fois il obtint moins de succès. Il

---

[1] Charles de Cossé, comte de Brissac, maréchal de France, en 1550,
mort en 1563 ; frère aîné de Gonnor.

[2] Le Laboureur, *Additions sur Castelnau*, t. II, p. 246.

s'était permis d'insister sur les inconvénients d'un acte « qui, à côté de tant de dangers, violoit les priviléges de la province, jurés par le roi à son avénement au trône, et fut *aigrement* repris par L'Hospital, celui-ci ayant répondu qu'il n'appartenoit pas aux sujets d'agir contre leur roi *ex sponsu*, et que toutes les concessions à eux faites par les princes souverains n'obligeoient ceux-ci qu'autant qu'il leur plaisoit. »

Des lettres patentes du 26 mai 1563 obligèrent le Parlement à obéir [1].

Le Parlement de Rouen éprouva aussi une très-vive répugnance à enregistrer l'édit d'Amboise. Le 8 avril, il envoya des députés à la cour, pour « aller faire quelques remontrances au roi, avant que de publier iceluy patent. » Mais le maréchal de Brissac, qui commandait en Normandie, força le Parlement à l'enregistrer, ce qui eut lieu à la grand'chambre, mais à huit clos seulement, le 16 avril. Cet enregistrement avait été fait avec des précautions qui avaient pour but de gagner du temps et d'en profiter pour obtenir des changements. De nouveaux députés furent envoyés à la cour, mais Catherine de Médicis leur dit que : « Pour le bien du royaulme et pour la conservation de l'estat d'iceluy, il avoit esté de nécessité, par le conseil des princes et grands seigneurs en ce royaulme, de condescendre à l'estat de la paix, et que pour cest effect, ils se devoient accorder les uns avec les aultres [2]. » Il fallut donc obéir, mais ce fut avec une mauvaise grâce évidente.

Le cardinal de Lorraine avait ressenti une douleur

[1] De la Cuisine. *Parlement de Bourgogne,* t. I, p. 299 et suivantes.
[2] Floquet, t. II, p. 526.

profonde de la mort violente de son frère. Il était
au concile de Trente. L'Hospital lui adressa une
belle épître pour lui offrir des consolations. « Dieu
vient, lui disait-il, de montrer une fois de plus combien tout est fragile ici bas, en nous frappant d'un
coup terrible et imprévu qui met le comble aux longues calamités dont la guerre a accablé la France ;
mais ce n'est pas une raison pour laisser faiblir votre
courage, en présence de cet épouvantable attentat ;
mes vers auront quelque empire sur votre cœur ; la
voix de votre vieil ami, qui lui-même aurait tant
besoin d'être consolé, apportera du soulagement
à votre chagrin et relevera votre abattement [1]. »

Le cardinal demanda que ceux qu'il considérait
comme les instigateurs de l'assassin fussent poursuivis ; d'un autre côté, comme ces prétendus instigateurs n'étaient autres que Coligny, La Rochefou-
cauld, Soubise, c'est-à-dire les plus grands seigneurs
de France, la cour craignait, si on faisait leur procès, d'altérer de nouveau le repos dont le royaume
avait si grand besoin. Les réclamations ne furent
donc pas écoutées.

Sur ces entrefaites et pour amener une grande
distraction dans les esprits, L'Hospital conseilla la
guerre contre l'Angleterre.

Cette guerre était juste, car, comme nous l'avons
dit, Élisabeth s'était emparée du Havre, pendant les
troubles civils de l'année précédente ; elle prétendait
ne le rendre que quand on lui restituerait Calais,
Henri II, en prenant cette ville, ayant promis aux
Anglais de la leur remettre s'ils restaient six années

[1] Édit. d'Amst. p. 3o6.

sans faire la guerre à la France, condition qu'ils n'avaient point accomplie.

Mais pour faire la guerre il fallait de l'argent, et on n'en avait pas. L'Hospital proposa de recourir au clergé et d'ordonner d'engager le temporel de ses bénéfices jusqu'à cent mille écus de revenu. Le clergé allégua que les biens de l'Église étaient inaliénables. « Le Havre est aux Anglois, répondit le chancelier, et les biens de l'Église sont à l'estat. »

L'édit du mois de mai 1563 [1], qui prescrivait cette mesure, fut porté au Parlement pour qu'il procédât à son enregistrement. Le clergé lui adressa une requête pour le supplier de s'y opposer. Le roi fut obligé de se rendre le 17 mai dans le sein de cette cour, pour y tenir un lit de justice et faire enregistrer l'édit en sa présence.

Le chancelier, en cette grave occasion, prononça une harangue dans laquelle il fit connaître les besoins du trésor et la nécessité qui avait porté le roi à rendre l'édit dont il s'agissait, « la nécessité qui, comme dit un poëte ancien, plus forte que tous les Dieux ensemble, est venue pour nous faire entendre les causes qui l'ont mû (le roi) de faire l'édit, qu'il vous a envoyé naguère, touchant l'aliénation du bien de l'Église, jusqu'à la somme de cent mille écus de rentes, lever et ôter l'erreur et opinion fausse à quelques-uns qui pourroient penser que ce fût chose préparée malicieusement contre le bien de l'Église, et pour icelle ruiner et détruire.

« Croit que tous ceux de cette compagnie sont si bons serviteurs du roi, que quand ils auront en-

---

[1] *Anc. lois franç.*, t. XIV, p. 140.

tendu les causes nécessaires de l'édit, seront satisfaits et s'y accommoderont. Ceux qui ne les voudront entendre et rebuteront toutes raisons, seront contraints confesser qu'ils seront *menteurs*, et ont autre chose au cœur, autre à la bouche. Car chacun d'eux dit qu'il désire le repos du roi, tranquillité, bien et conservation du royaume; s'il est ainsi, il faut donc admettre les moyens pour y parvenir. Le royaume ne se peut conserver, ni le roi être servi sans l'édit. Telles sont les affaires, et n'y aura personne, après avoir voulu en entendre, qui ne se range.

« La même raison et difficulté qui vous meut à contredire l'édit, émut Leurs Majestés et seigneurs de leur conseil de le rebuter, lorsque premièrement, fut mis en avant et dressé. L'avis de le faire fut pris il y a deux ou trois mois, le roi étant à Blois, non pour payer les vieilles dettes, mais pour autres affaires qui étoient bien grands, non toutefois si pressés qu'à cette heure.

« La paix n'étoit encore faite (celle d'Amboise), le camp et armée étoient devant Orléans : falloit regarder quels moyens on avoit pour entretenir et payer les frais de guerre. Les uns disoient qu'il falloit mettre nouvelles impositions et emprunter sur les sujets du roi; les autres, qu'il falloit prendre l'aide sur les villes franches et entières; les uns, qu'il falloit faire quelque ménage, et arrêter les gages des officiers du roi; d'autres, qu'il falloit arrêter et prendre les rentes de la maison de cette ville.

« La nouvelle imposition nous semble impossible, car la noblesse, laquelle met chaque jour ses vies et biens pour le service du roi, ne la portera pas, et le peuple, en l'état qu'il est, pillé et saccagé, à peine peut vivre. L'Église est chargée de seize cent mille livres par an, pour quelque temps ; tant s'en faut qu'on la puisse surcharger, qu'elle n'a pu, cette dernière année, payer entièrement l'octroi, et en la prochaine, ne pourra payer le quart de la taille ; le roi n'en peut tirer un tribut. N'y a province qui soit entière, et la Normandie, qui paye le tiers et le quart de la taille, est détruite [1].

« Faut rabattre au lieu d'élever. Ainsi donc, on ne peut toucher aucun des dits trois états. C'est le roi qui a voulu commencer à soi et regarder les moyens de s'aider du sien ; s'est trouvé que tout son domaine, ses aides et greniers à sel sont aliénés ; une grande partie de la taille est engagée et hypothéquée au payement des reîtres, et l'autre est en telle diminution, que de quatre millions on n'en sauroit lever un : encore ce sera grand clameur du peuple.

« Voilà le peu de moyens qui fut dès lors trouvé, et que la guerre ne pourroit être continuée sans dix-huit millions, ainsi que disoient ceux qui en avoient la charge.

[1] Pour donner un exemple de l'état où se trouvait la Normandie après la prise de Rouen par les Huguenots, M. Floquet cite une chronique manuscrite où l'on lit : « Grands troubles par les champs ; ceulx de la religion nouvelle courant sur ceulx de la religion ancienne, ceux de la religion ancienne sur les aultres, bruslants, et pillants, les maisons, les ungs des aultres ; tellement que ceulx qui s'en estoient défuitz et absentéz de la ville estoient en plus grand danger que ceulx qui estoient inclus en icelle. Aux champs près de Rouen, les métairies des habitants pillées, saccagées, quelques-unes du tout ruinées ; la plupart des habitants, spécialement les catholiques errantz et vacables par les champs ; tellement que partout c'estoit confusion. » (*Hist. du Parl. de Norm.*, t. II, p. 408.)

« Et fut avisé qu'il étoit nécessaire, puisque le roi n'avoit plus rien, s'adresser aux bourses des privés, ou vendre partie du bien de l'Église. C'est pourquoi, pour ne mécontenter, fouler plusieurs, on s'arrêta au plus prompt et moins dommageable ; ce même édit vous fut renvoyé.

« La cour du Parlement y fit difficulté, et ouvrit un expédient, qui fut de vendre de la rente sur l'octroi de l'Église, qui fut reçu par leurs majestés.

« Mais il convient entendre que les deniers provenant de cette vente n'ont pu suffire à si grandes dépenses, arrêtées ou terminées.....

« La vente des dites rentes n'est venue à tel profit qu'on espéroit, car nul ne s'est présenté à acheter rentes, sinon les créanciers du roi, qui ont été reçus en baillant autre pareille somme à celle qui leur étoit due.

« Ainsi le roi n'a retiré que la moitié des deniers avec, et beaucoup de vieilles et égarées dettes ont été employées au dit achat, et fait part du prix.

« L'édit fut là délaissé, et après, par nécessité, l'a fallu reprendre.

« Encore que Dieu nous ait envoyé la paix entre nous, les charges et dépenses de la guerre nous sont demeurées. Le roi a sur ses bras les soldats étrangers, reîtres, lansquenets, suisses, italiens, lesquels n'est possible renvoyer sans solde.

« Nous avons un camp à entretenir pour le voyage du Havre contre les Anglois ; il est dû aux Suisses, tant pour leurs pensions que solde de gens de guerre, plus de quinze à seize cent mille francs. Ces sommes qu'il faut payer promptement, dedans la fête de saint

Jean, reviennent à cinq ou six millions; laquelle somme ne pouvons recouvrer d'ailleurs ni autrement, si ce n'est par le moyen de cet édit, sans ce que le roi doit environ cinquante millions de francs.

« Si le royaume étoit en criée, ne se vendroit pas cela. Confesse la pauvreté du roi à ses conseillers fidèles, qui ne la divulgueront aux étrangers. Or, quelle épargne pourra-t-il faire pour s'acquitter ? Chacun considère et prenne pour exemple, s'il voyoit un enfant de bonne maison, successeur de son père, chargé de dettes plus que ne vaut la sucession, qui n'en auroit pitié ?

« Votre roi est ainsi endetté, non par sa faute, les dettes ne viennent de lui, et sont de ses prédécesseurs, qui ont été contraints les faire pendant leurs guerres, et le comble et abîme a été apporté par la dernière guerre.

« Si nous délaissons l'entreprise du Havre, sommes en danger de perdre le royaume, car la perte du Havre emporte la perte de la Normandie, et par nécessaire conséquence, la perte du royaume. On dira que les Anglois ne sont assez forts pour nous. Il est vrai; mais en matière d'Estat, est à craindre que autres y mêlent leurs querelles, comme il advient souvent.

« Pour cependant que l'opportunité y est, et avant qu'il soit plus fortifié, et que le roi et la reine voient l'espoir de le recouvrer par armes, ils y veulent donner ordre, qui ne peut être sans payer la gendarmerie, qui est la force de la France; toutefois ne peut servir, si elle n'est payée; quand payement fault, elle mange le peuple. Faut aussi payer les gens de pied français et les étrangers. Ce qui presse encore, est d'autant que les forces ne sont seulement aux gens de guerre et à l'argent, mais outre cela, faut avoir des amis et des alliés.

« Par ambition de nos voisins, y en a qui cherchent à gagner sous main et divertir les alliances de France : entre les meilleures est celle des Suisses, de si longtemps alliés et fidèles serviteurs du roi ; et leur alliance est au bout, la faut renouveler, et les contenter de ce qui leur est dû.

« L'état de ce qui est ou faut fournir présentement est, à la dite gendarmerie, seize cent soixante mille livres tournois ; aux gens de guerre de Picardie et de Champagne, trois cent cinquante-quatre mille livres tournois ; aux reîtres du roi, deux cent trente mille livres tournois ; aux Italiens, soixante-quinze mille livres tournois ; aux reîtres et Allemands sortis d'Orléans, six cent mille livres ; aux Suisses, un million trente mille livres tournois. Ainsi y a cinq millions de francs pressés pour la Saint-Jean.

« L'état de la recette de l'année monte huit millions quatre cent soixante mille livres tournois, et la dépense monte dix-huit millions, qui passe la recette de dix millions, chose aussi véritable que la vérité même. Faisant fondement là-dessus, est nécessaire, si on veut recouvrer le Havre et chasser les étrangers hors du royaume, qui est le conserver, avoir argent ou tout perdre. Regardez s'il vaut mieux perdre le royaume que prendre argent du bien de l'Église.... L'Église a été un temps sans possession ; pourquoi ne faut trouver étrange la vente d'une portion du bien de l'Église quand la nécessité y est. Les aides ne sont patrimoine du prince, et sont désignées et appliquées à usage public, et pour aider et secourir les rois au fait de la guerre, n'y pouvant suffire le domaine, et néanmoins on les vend tous les jours. Il n'est rien de plus sien et de plus propre à chacun que les biens qu'il a eus de succession ou d'acquisition, lesquels tous les jours sont vendus pour le payement de la taille ou emprunt. Ne soit donc point trouvé si mauvais, les roi et reine étant réduits à cette extrémité.... Faisons comme les bons et sages mariniers qui, en grande et périlleuse tempête, jettent partie de leurs marchandises pour sauver le reste, ou quelquefois tout, pour sauver leurs vies.

« Ces raisons vous doivent suffire à tous qui êtes amateurs du roi et de votre patrie; qui, par votre doctrine et prudence, pouvez aviser et penser d'autres meilleures; car à mon avis, il n'est plus grande, plus forte et plus sainte raison que celle qui fait pour la conservation de l'État, du roi, de la patrie, de nos personnes et biens. »

Ce discours ne fut pas approuvé par les partisans du clergé qui trouvèrent que le chancelier avait « harangué assez mal. »

Le premier président Christophe de Thou lui répondit. Le chancelier ensuite fit ouvrir les portes de la grand'chambre « où la plupart des avocats entrèrent et lors fit faire lecture des lettres patentes; après laquelle M. l'avocat général du Mesnil plaida pour le procureur général du roi et consentit à l'aliénation, sous les modifications qui seroient déclarées. Le chancelier alla au conseil, savoir, en premier lieu de la reine mère et des princes qui y étoient, et aux quatre présidents de la cour, avec quelques maîtres des requêtes et sans autrement prendre l'avis de la cour, publia l'édit, sa forme et teneur, et sans aucunes modifications, combien que les syndics du clergé du royaume de France eussent présenté requête pour être ouïs, portant opposition à ladite aliénation [1]. »

« Rien, dit Dufey de l'Yonne, n'avait été oublié, dans le nouvel édit, pour rassurer les acquéreurs des biens ecclésiastiques aliénés. Les peines les plus sévères étaient prononcées contre les juges et les magistrats qui accueilleraient la moindre demande au préjudice des acquéreurs [2]. »

Les syndics du clergé protestèrent contre l'édit, malgré son enregistrement, et les acquéreurs furent tourmentés. Aussi, dès le 1er janvier suivant, furent présentées au roi par *les nobles et gens du tiers état du royaulme, des remontrances contre la requeste des ecclésiastiques tendant à fin de pouvoir retirer leurs biens vendus par vertu de l'édit dudit seigneur, en date du mois de mai aussi dernier.*

Nous renvoyons à l'ouvrage de Dufey, qui donne des extraits fort curieux de cette supplique.

Mais un nouvel édit, de ce même mois de janvier, permit au clergé de racheter, dans un an, les biens aliénés en vertu de l'édit du mois de mai précédent [3].

La guerre fut officiellement déclarée aux Anglais le 12 juillet 1563, et le siége mis devant le Havre. L'armée française était commandée par le connéta-

---

[1] *Mém. de Condé*, t. I, p. 128.
[2] *Œuvres de L'Hospital*, t. II, p. 42.
[3] *Anc. lois franç.*, t. XIV, p. 169.

ble, assisté des maréchaux de Brissac, de Montmorency et de Bourdillon. Les Anglais avaient à leur tête le comte de Warwich, grand maître de leur artillerie.

Le Havre fut repris le 28 juillet [1]. Le chancelier conseilla au roi et à la reine mère un voyage dans cette ville. Il profita de ce voyage pour montrer au Parlement de Paris qu'il n'était pas supérieur aux autres Parlements du royaume, en faisant proclamer la majorité de Charles IX, qui entrait dans sa treizième année, par le Parlement de Rouen.

Un édit fut d'abord rendu, dans cette capitale de la Normandie, le 16 août, portant confirmation de l'édit d'Amboise et défense aux bourgeois de porter des armes, avec ordre d'aller sur-le-champ déposer dans les hôtels de ville ou dans les châteaux qui leur seraient indiqués, celles qu'ils posséderaient. Puis, le lendemain, eut lieu au Parlement, le lit de justice dans lequel il fut procédé à la vérification du nouvel édit et à la déclaration de majorité.

L'Hospital prononça, dans cette cérémonie, une harangue dont nous ne citerons que ce qui est relatif à l'administration de la justice :

« Je reviens à vous, disait-il, qui tenez la justice du roy, dont moy, indigne, suis le chef : il me desplaît beaucoup du désordre qui est en la justice. L'on dit bien qu'il est besoing de réformer l'Église ; mais la justice a aussi grand besoing de réformation que l'Église.

---

[1] Voir *Discours au vray de la réduction dv Havre de Grâce en l'obéissance du roy*, imprimé par Robert Estienne, 1563, in-8° (réimprimé au Havre en 1859).

« Messieurs, je ne parlerai de préceptes qui enseignent la manière de bien juger ; car vous en avez les livres pleins ; vous admonesterai seulement comment vous devez vous composer et comporter en vos jugemens, sans blâme, tenant la droite voie, sans décliner à dextre ni à senestre.

« Vous jurez, à vos réceptions, garder les ordonnances, et entrez en vos charges par serment ; jurez et promettez les garder et faire garder : les gardez-vous bien ? La plupart d'icelles est mal gardée, et en faites comme de cire et ainsi qu'il vous plaist. Il y a pis ; car vous dites être par-dessus les ordonnances, et n'être obligez par icelles, s'il n'est en temps qu'il vous plaist.

« Messieurs, Messieurs, faites que l'ordonnance soit par-dessus vous. Vous dites être souverains : l'ordonnance est le commandement du roy, et vous n'êtes pas par-dessus le roy. Il n'y a nuls, soit princes ou autres, qui ne soient tenus garder les ordonnances du roy : doncques le serment que vous faites d'icelles garder est vain.

« Lysias, ancien orateur, disoit que tout ainsi qu'en la lyre ou luth les cordes répondent à la main, au semblable faut que la volonté des juges s'accorde avec l'intention du législateur ; le roi fait une ordonnance : vous l'interprétez, vous la corrompez, vous allez au contraire, ce n'est pas à vous. Les juges qui ne se veulent conformer au législateur font comme les vogueurs qui tirent au contraire du gouverneur, et partant font péricliter le navire ; ou comme le père de famille qui n'est obéi des siens en sa maison.

« Si vous trouvez, en pratiquant l'ordonnance, qu'elle soit dure, difficile, mal propre et incommode pour le pays où vous êtes juges, vous la devez pourtant garder, jusqu'à ce que le prince la corrige, n'ayans pouvoir de la muer, changer ou corrompre, mais ·seulement user de remontrance.

« Au demourant, Messieurs, prenez garde, quand vous viendrez en jugement, de n'y apporter point d'inimitié, ne de faveur, ne de préjudice. Je vois beaucoup de juges qui s'ingèrent et veulent être du jugement des causes de ceux à qui ils sont amis ou ennemis. Je vóis chacun jour des hommes passionnez, ennemis ou amis des personnes, des sectes et factions, et jugent pour ou contre, sans considérer l'équité de la cause.

« Vous êtes juges du pré ou du champ, non de la vie, non des mœurs, non de la religion. Vous pensez bien faire d'adjuger la cause à celui que vous estimez plus homme de bien, ou meilleur chrétien; comme s'il étoit question entre les parties, lequel d'entre eux est le meilleur poëte, orateur, peintre, artisan, et enfin de l'art, doctrine, force, vaillance ou autre quelconque suffisance, non de la chose qui est amenée en jugement.

« Si ne vous sentez assez forts et justes pour commander vos passions et aimer vos ennemis, selon que Dieu commande, abstenez-vous de l'office de juge. Il y en a de grandes plaintes, et est le roy en voye de vous ôter la connoissance de beaucoup de causes, à son regret, craignant par ce moyen confondre l'ordre ancien des siéges et juridictions.

« Il est aucuns juges qui craignent la réputation

et opinion du peuple disant : Si je juge autrement
que au désir du peuple, que dira le peuple ? il est
écrit en Exode : *In judicio non sequeris turbam,
neque plurimorum sententiæ acquiesces, ut à vero
devies...*

« Je viens aux dons et présens : Messieurs, vous
savez que la justice, si faire se pouvoit, devroit être
gratuite. C'est une vierge pure et chaste, non pas
seulement de corps, mais de mains et de toutes
autres parties. Anciennement, en France, les juges
ne prenoient rien des parties pour faire justice, si
ce n'est ce qu'on appeloit épices, qui sont depuis
converties, par une vilaine métamorphose, en or et
argent, et par connivence ou dissimulation permises,
modérément toutefois. A présent, en beaucoup de
lieux, elles sont doublées et triplées, et tellement
que le juge ne fait plus rien sans argent. Vous ne
pouvez retenir le nom de sénateurs, de prud'hommes
et bons juges, avec la convoitise de vil gain. Certes
celui qui tâche à s'enrichir par tels moyens, de riche
de biens deviendra pauvre d'honneur.

« La marchandise est chère, que l'on achète avec
perte de loz et gloire. J'aimerois mieux la pauvreté
du président La Vacquerie, que la richesse du chancelier à qui son maître fut contraint dire : C'est trop,
Rolin [1].

« Les bonnes gens se plaignent aussi de la lon-

---

[1] Nicolas Rolin, chancelier de Bourgogne, sous Philippe le Bon.
M. Weiss, dans *la Biographie universelle*, le représente comme un
grand magistrat. « S'il avait amassé de grandes richesses, dit-il, il
sut en faire un noble usage. En 1443, il établit, à Beaune, un hôpital
pour les pauvres malades et pourvut à leurs besoins. Autun lui doit
la fondation de sa collégiale, et il dota celle de Poligni. » « Rolin fut

gueur et multiplication des procès. Ce n'est pas la louange d'un juge que de vider beaucoup de procès.

Vir bonus est quis
Quo multæ magnæque secantur judice lites.

« Le vrai loz du juge est de diminuer et éteindre, et garder qu'il n'y ait nul procès, si faire se peut ; tout ainsi que les lois sont meilleures, qui empêchent que les crimes n'aviennent, que celles qui les punissent. J'aimerois mieux le médecin qui empêcheroit que la maladie ne vînt, que celui qui la guériroit. Ainsi est-il des juges qui cherchent la louange de vuider beaucoup de procès ; mais, en manière que de leurs jugements sourdent plus grand nombre de débats que devant ; tellement que, comme l'on dit : *Litem ex lite ferunt.* Vous donnez des arrêts qui engendrent des procès plus grands qu'ils n'étoient auparavant, tant s'en faut qu'ils n'y mettent fin [1]..... »

Il faudrait citer cette harangue en entier, si on voulait connaître tout ce qu'elle renferme d'excellent.

C'est en parlant de la cérémonie aussi politique

un digne exemplaire et archétype de tout savoir, piété et honneur, dont il fit miraculeuses preuves ès affaires du bon duc Philippe, qui, de tout en tout, se reposoit sur la sagesse, savoir et conduite de ce prudent chancelier. » (Paradin, *Annales de Bourgogne*, p. 855.) — Rolin est mort à Autun, le 28 janvier 1461. M. de Barante, *Histoire des ducs de Bourgogne*, t. V, p. 202, de l'éd. de 1842, fait aussi son éloge. Loisel, dans son *Dialogue des avocats*, dit, en parlant de l'hôpital de Beaune, que « par un juste jugement de Dieu, il sert maintenant de retraite à quelques-uns de sa postérité (de Rolin), tant est grande la pauvreté et nécessité à laquelle ils sont réduits. »

[1] Bibl. imp., fonds Dupuy, vol. CDCXIV, f° 73.—*Traité de la majorité de nos rois,* par Dupuy, t. II, p. 68. — *Œuvres de L'Hospital,* par Dufey de l'Yonne, t. II, p. 53.

qu'auguste, dans laquelle cette harangue fut prononcée, qu'un historien ne craint pas de dire que « L'Hospital couvrait *cette farce* d'un discours grave [1]. »

Saint-Simon fait observer que le Parlement de Paris *cria aussi haut que vainement*, de ce que Catherine de Médicis fit au Parlement de Rouen « avec les pairs et les officiers de la couronne, la déclaration de la majorité de Charles IX, et avec cette nouveauté que ce prince ne faisoit qu'entrer en sa treizième année, qui fut dès lors, pour toujours, à l'avenir, réputée révolue dès qu'elle seroit commencée dans les rois mineurs, ce qui étoit, en effet, moins une interprétation du règlement de Charles V, approuvé et fait avec lui, par tous les grands de l'État, qui fixe la majorité à quatorze ans pour les rois, qu'un changement et une nouvelle loi entée sur l'ancienne [2]. »

Après cette cérémonie, le roi et sa mère se rendirent à Caen, puis se remirent en route pour Paris.

Pendant ce voyage, Catherine de Médicis fit une chute de cheval [3], entre Gaillon et Vernon; elle fut conduite à Mantes pour y être soignée, ce qui retint la cour pendant quelque temps dans cette ville. L'Hospital y manda les députés du Parlement de Paris qui s'était, comme on vient de le voir, formalisé de ce que la déclaration de majorité du roi s'était passée ailleurs que dans le sein de la compagnie

---

[1] Michelet, *Hist. de France*, t. IX, p. 3a6.

[2] *Mém. de Saint-Simon*, éd. Hachette, in-8°, t. XI, p. 3:7.

[3] « La reine mère estoit tombée d'un fort traquenart qu'elle montoit, si rudement, que l'on pensoit qu'elle én dust mourir, comme elle en fut à l'extrémité. » Castelnau, *Mém.*, p. 3:6.

ayant la prétention d'être incontestablement le premier siége du royaume, la Cour des Pairs et la Chambre où résidait essentiellement la majesté royale. Le Parlement disait que ce qui lui avait attiré cette mortification, c'était son attachement exclusif pour l'ancienne religion. Ses députés furent entendus par le roi, en son conseil; le jeune monarque et Montluc, évêque de Valence, leur répondirent avec vigueur; mais toute la haine du Parlement se concentra sur le chancelier que l'on considérait comme le véritable auteur de cette avanie causée à une compagnie dont il avait fait longtemps partie, et qui n'en fut pas moins obligée d'enregistrer l'édit qui avait fait l'objet de ses vives remontrances.

Le roi, durant ce séjour à Mantes, rendit, le 10 septembre, des lettres patentes contre la presse, défendant qu'aucun ouvrage fût imprimé sans sa permission et celle du conseil, sous peine, pour les imprimeurs qui y auraient contrevenu, d'être *pendus et étranglés.*

Pendant qu'elle était à Gaillon, la reine écrivit une longue lettre ou plutôt une véritable instruction, adressée à son fils Charles IX, qu'elle venait de faire déclarer majeur, pour lui donner des conseils sur la manière de diriger sa maison et la conduite de son état.

Cette instruction renferme de sages règles; comme elle a été attribuée à L'Hospital[1], ce qui nous paraît fort vraisemblable, au moins pour ce qui concerne la seconde partie, nous allons la publier en raison de son importance et malgré sa longueur, d'après

[1] Guibert, *Éloge de L'Hospital,* p. 118.

le texte donné par Le Laboureur dans ses *Additions* aux Mémoires de Castelnau [1].

« Monsieur mon fils , vous ayant dès-jà envoyé ce que j'ay pensé vous satisfaire à ce que me dites avant que d'aller à Gaillon [2], il m'a semblé qu'il restoit encore ce que j'estime aussi nécessaire pour vous faire obéir à tout vostre royaume , et réconnoistre combien desirez le revoir en l'estat, auquel il a esté par le passé durant les regnes des rois, messeigneurs vos père et grand-père. Et pour y parvenir, j'ay pensé qu'il n'y a rien qui vous y serve tant, que de voir qu'aimiez les choses réglées et ordonnées et tellement policées, que l'on connoisse les désordres qui ont esté jusques icy par la minorité du roy vostre frère , qui empeschoit que l'on ne pouvoit faire ce que l'on désiroit. Cela vous a tant depleu, que incontinent que avez eu le moyen d'y remedier et le tout regler par la paix que Dieu vous a donnée, que n'avez perdu une seule heure de temps à restablir toutes choses selon leur ordre et la raison, tant aux choses de l'Église et qui concernent nostre religion : laquelle pour conserver et par bonne vie et exemple tascherez de remettre tout à icelle, comme par la justice conserver les bons, et nettoyer le royaume des mauvais et recouvrer par là vostre autorité et obéissance entiere. Encore que tout cela serve, et soit le principal pilier et fondement de toutes choses ; si est-ce que je cuide que vous voyant reglé en vostre personne et façons de vivre, et vostre cour

[1] T. II, p. 450 et suiv. L'original existe à la Bib. imp., département des mss., fonds Dupuy, vol. coté 218.

[2] Charles IX y était le 6 septembre 1563, à son retour de Rouen.

remise avec l'honneur et police que j'y ay veuê autrefois, que cela sera un exemple par tout vostre royaume, et une connoissance à un chacun du désir et volonté que avez de remettre toutes choses selon Dieu et la raison.

« Et afin qu'en effet cela soit connu d'un chacun, je desirerois que prissiez une heure certaine de vous lever, et pour contenter vostre noblesse, faire comme faisoit le feu roy vostre père; car quand il prenoit sa chemise et ses habillements, entroient tous les princes, seigneurs, capitaines, chevaliers de l'Ordre, gentils-hommes de la Chambre, maistres-d'hostel et gentils-hommes servans entroient lors, et il parloit à eux et le voyoient; qui les contentoit beaucoup. Cela fait, s'en alloit à ses affaires, et tous sortoient hormis ceux qui en estoient et les quatre secretaires. Si faisiez de mesme, cela les contenteroit fort, pour estre chose accoustumée de tout temps aux rois vos pere et grand-pere. Et après cela que donnassiez une heure ou deux à ouïr les dépesches et affaires, qui sans vostre présence ne se peuvent dépescher : et ne passer les dix heures pour aller à la messe, comme on avoit accoustumé au roy vostre pere et grand-pere, que tous les princes et seigneurs vous accompagnassent, et non comme je vous vois aller, que n'avez que vos archers : et au sortir de la messe, disnez s'il est tard, ou sinon, vous promenez pour vostre santé, et ne passez onze heures que ne disniez.

« Et aprés disner, pour le moins deux fois la semaine, donnez audience, qui est chose qui contente infiniment vos sujets, et aprés vous retirer et venir

chez-moy ou chez la royne[1], afin que l'on connoisse
une façon de cour; qui est chose qui plaist infiniment aux François pour l'avoir accoustumé. Et ayant
demeuré demi-heure ou une heure en public, vous
retirer en vostre estude, ou en privé, où bon vous
semblera : et sur les trois heures après-midy vous
alliez vous promener, à pied ou à cheval; afin de
vous montrer, contenter la noblesse, et passer vostre
temps avec cette jeunesse à quelque exercice honneste, sinon tous les jours, au moins deux ou trois
fois la semaine, cela les contentera beaucoup,
l'ayant ainsi accoustumé du temps du roi vostre pere,
qu'ils aimoient infiniment.

« Et après cela souper avec vostre famille, et l'a-
près souper deux fois la semaine tenir la salle du bal;
car j'ay ouï dire au Roy vostre grand-pere, qu'il falloit deux choses pour vivre en repos avec les François et qu'ils aimassent leur Roy, les tenir joyeux et
occuper à quelque exercice. Pour cet effet, souvent il
falloit combattre à cheval et à pied, courre la lance, et
le Roy vostre père aussi, avec les autres exercices honnestes ès quels il s'employoit et les faisoit employer :
car les François ont tant accoustumé, s'il n'est guerre,
de s'exercer, que qui ne leur fait faire, ils s'em-
ployent à d'autres choses plus dangereuses. Et pour
cet effet, au temps passé, les garnisons des gens d'armes estoient par les provinces, où la noblesse d'alentour s'exerçoit à courre la bague ou tout autre exercice honneste : et outre qu'ils servoient pour la seureté du pays, ils contenoient leurs esprits de pis faire.
Or, pour retourner à la police de la cour, du temps

---

[1] Charles IX ne s'est marié que sept ans après.

de vostre grand-pere, il n'y eut eu homme si hardy
d'oser dire dans sa cour injure à un autre ; car s'il
eut esté ouï, il eust esté mené au prévost de l'hostel.

« Les capitaines des gardes se promenoient ordinairement par les salles et dans la cour. Quand l'a-
près-dînée le Roy estoit retiré en sa chambre, chez
la Royne, ou chez les dames, les archers se tenoient
ordinairement aux salles parmy les degrez et dans
la cour, pour empescher que les pages et laquais ne
joüassent et tinssent les berlans qu'ils tiennent ordinairement dans le chasteau où vous estes logé avec
blasphemes et juremens, chose exécrable : et ré-
nouveller les anciennes ordonnances et les vostres,
mesme en faisoient faire punition bien exemplaire,
afin que chacun s'en abstînt. Aussi les suisses se promenoient ordinairement à la cour, et le prévost de
l'hostel avec ses archers dans la basse-cour et parmy
les cabarets et lieux publics, pour voir ce qui s'y
fait et empescher les choses mauvaises, et pour punir
ceux qui avoient délinqué : et sa personne et ses
archers, sans hallebarde, entroient dans la cour du
chasteau, pour voir s'il y avoit rien à faire : et luy
montoit en haut, pour se montrer au Roy et sçavoir
si luy veut rien commander.

« Aussi les portiers ne laissoient entrer personne
dans la cour du chasteau, si ce n'estoit les enfans
du Roy, les frères et sœurs, en coche, à cheval, et
littière. Les princes et princesses descendoient des-
sous la porte, les autres hors la porte. Tous les soirs
depuis que la nuit venoit, le grand-maistre avoit
commandé au maistre-d'hostel de faire allumer des
flambeaux par toutes les salles et passages, et aux

quatre coins de la cour et degrez des falots. Et jamais la porte du chasteau n'estoit ouverte que le
Roy ne fust éveillé, et n'y entroit ny sortoit personne quel qu'il fust : comme aussi au soir, dès que
le Roy estoit couché, on fermoit les portes et met-
toit-on les clefs sous le chevet de son lit. Et au matin, quand on alloit couvrir [1] pour son disner et
souper, le gentilhomme qui tranchoit devant lui,
alloit quérir le couvert, et portoit en sa main la nef
et les couteaux desquels il devoit trancher devant
lui. L'huissier de salle et après les officiers pour
couvrir. Comme aussi quand on alloit à la viande,
le maistre-d'hostel y alloit en personne, et le panne-
tier, et après eux c'estoient enfans d'honneur et pages, sans valetaille, ny autre que l'escuyer de cuisine, et cela estoit plus seur et plus honorable.

« Aussi l'après-disnée et l'après-soupée, quand le
roi demandoit sa collation, un gentilhomme de la
chambre l'alloit quérir, et s'il n'y en avoit point,
un gentilhomme servant, qui portoit en sa main la
coupe : et après lui venoient les officiers de la
panneterie et échançonnerie. Aussi en la chambre n'entroit jamais personne, quand on faisoit son
lit : et si le grand-chambellan ou premier gentilhomme de la chambre n'estoit à le voir faire, y
assistoit un des principaux gentils-hommes de ladite
chambre, et au soir, le Roy se déshabilloit en la
présence de ceux qui, au matin, estoient entrez,
qu'on portoit [2] les habillemens. Je vous ay bien
voulu mettre tout cecy de la façon que je l'ay veu

[1] Servir sur table.
[2] Lorsqu'on portait.

tenir au roy vostre père et grand-père, pour les avoir veu tous aimez et honorez de leurs sujets : et en estoient si contens, que pour le désir que j'ay de vous voir de même, je pense que je ne vous pouvois donner meilleur conseil, que de vous regler comme eux.

« Monsieur mon fils, après vous avoir parlé de la police de la cour, et de ce qu'il faut pour rétablir tous ordres en vostre royaume, il me semble qu'une des choses la plus nécessaire, pour vous faire aimer de vos sujets, c'est qu'ils connoissent qu'en toutes choses vous avez soin d'eux, autant de ceux qui sont près vostre personne, que de ceux qui en sont loin. Je dis cecy, parce que vous avez vû comme les malins avec leurs méchancetez, ont fait entendre par tout que vous ne vous souciez de leurs considérations, aussi que n'aviez agréable de les voir. Et cela est procédé des mauvais offices et menteries, dont se sont aidez ceux qui, pour vous faire haïr, ont pensé s'établir et s'accroistre ; et que pour la multitude des affaires et négligence de ceux à qui faisiez les commandemens, bien souvent les dépesches nécessaires, au lieu d'estre bien-tost et diligemment répondües, ne l'ont pas esté ; mais au contraire ont demeuré quelquefois un mois ou six semaines, tant que ceux qui estoient envoyez de ceux qui estoient en charge des provinces pour vous, ne pouvans obtenir réponse, aucuns s'en sont sans icelles retournez, qui estoit cause, que voyant telle négligence, ils pensoient estre vray ce que les malins disoient.

« Qui me fait vous supplier que doresnavant vous

n'obmettiez un jour, prenant l'heure à vostre commodité, que ne voyiez les dépesches de quelque
part qu'elles viennent, et que preniez la peine d'ouïr
ceux qui vous sont envoyez. Et si ce sont choses
dont le conseil vous puisse soulager, les y envoyer,
et faire un commandement au chancelier pour jamais, que toutes les choses, qui concernent les affaires de vostre Estat, qu'avant que les maistres des
requestes entrent au conseil, qu'il aye à donner une
heure pour les dépescher, et après faire entrer les
maistres des requestes et suivre le conseil pour les
parties. C'est la forme que durant les regnes des rois,
messeigneurs vostre père et grand-père, tenoit M. le
connestable et ceux qui assistoient au dit conseil. Et
les autres choses qui ne dépendent que de vostre
volonté, après, comme dessus est dit, les avoir bien
entenduës, commander les dépesches et réponses
selon vostre volonté aux secrétaires, et le lendemain
avant que rien voir de nouveau, vous les faire lire et
commander qu'ils soyent envoyez sans délay. Et en
ce faisant n'en viendra point d'inconvénient à vos
affaires, et vos sujets connoistront le soin qu'avez
d'eux et que voulez estre bien et promptement servy.
Cela les fera plus diligens et soigneux, et connoistront davantage combien voulez conserver vostre
Estat, et le soin que prenez de vos affaires. Et
quand il viendra, soit de ceux qui ont charge de
vous ou d'autres, des provinces, pour vous voir,
prendre la peine de parler à eux, leur demander de
leur charge, et s'ils n'en ont point, du lieu d'où ils
viennent, qu'ils connoissent que voulez sçavoir ce
qui se fait par vostre royaume et leur faire bonne

chère : et non pas parler une fois à eux, et quand les trouverez en vostre chambre ou ailleurs, leur dire quelque mot. C'est comme j'ai vû faire à vostre père et grand-père, jusques à leur demander, quand ils ne sçavoient de quoy les entretenir, de leur ménage ; afin de parler à eux et leur faire connoistre qu'il avoit bien agréable de les voir. Et en ce faisant, les menteuses inventions, qu'on a trouvées pour vous déguiser à vos sujets, seront connuës de tous : et en serez d'eux aimé et honoré ; car retournans à leurs pays, feront entendre la vérité : si bien que ceux, qui vous ont cuidé nuire, seront connus pour meschans, comme ils sont.

« Aussi je vous diray que du temps du roy Louis douzième vostre ayeul, qu'il avoit une façon que je désirerois infiniment que vous voulussiez prendre, pour vous oster toutes importunitez et presses de la cour ; et pour faire connoistre à tous, qu'il n'y a que vous qui donne les biens et honneurs, vous en serez mieux servy, et avec plus de faveur. C'est qu'il avoit ordinairement en sa poche le nom de tous ceux qui avoient charge de luy, fusse près ou loin, grands ou petits, somme de toutes qualitez. Comme aussi il avoit un autre rôle, ou estoient escrits tous les offices, benefices et autres choses qu'il pouvoit donner, et avoit fait commandement à un ou deux des principaux officiers en chaque province, que quelque chose qui vaquast ou avint de confiscations, aubaines, amendes, et autres choses pareilles, que nul ne fust averty, que premièrement ceux, à qui il en avoit donné la charge, ne l'en avertissent, par lettres expresses, qui ne tombassent ès mains des secrétaires ny autres que de luy-mesme : et lors il prenoit son rôle et regardoit selon la valeur qu'il voyoit par icelui [1] ou qu'on lui demandoit, et selon le rôle qu'il avoit en sa poche, il le donnoit à celuy qui bon lui sembloit et luy en faisoit faire la dépesche luy-mesme. Et, sans qu'il en sçust rien, il l'envoyoit à celuy à qui il le donnoit. Et si de fortune quelqu'un estant averty après luy venoit demander, il le refusoit ; car jamais à ceux qui demandoient il ne donnoit, afin de leur oster la façon de l'importuner. Et ceux qui le servoient sans laisser leurs charges, sans le venir presser à la cour et dépendre plus que le don ne vaut bien souvent, il les récompensoit des services qu'ils lui faisoient. Aussi estoit le mieux servy roy, à ce que j'ay ouï dire, qui fust jamais ; car ils ne réconnoissoient rien que luy, et ne faisoit-on la cour à personne, estant le plus aimé qui fust jamais : et prie à Dieu qu'en fassiez de mesme, car tant qu'en ferez autrement aux placets ou autres inventions, croyez que l'on ne tiendra pas le don de vous seul ; car j'en ay ouï parler où je suis.

« Je ne veux pas oublier à vous dire une chose que faisoit le roy vostre grand-père, qui lui conservoit toutes provinces à sa dévotion. C'estoit qu'il avoit le nom de tous ceux qui estoient de maison dans les provinces, et autres qui avoient autorité parmy la noblesse, et du clergé, des villes et du peuple : et pour les contenter et qu'ils tinssent main à ce que tout fust à sa dévotion, et pour estre averty

---

[1] Ce passage est assez obscur. Montluc a rapporté le même fait dans ses *Commentaires*, t. II, p. m. 5a3.

de tout ce qui se rémuoit dans lesdites provinces, soit
en général, soit en particulier, parmy les maisons
privées ou villes, ou parmy le clergé, il mettoit peine
d'en contenter parmy toutes les provinces une dou-
zaine ou plus, ou moins, de ceux qui ont le plus
de moyen dans le pays, ainsi que j'ay dit cy-dessus.
Aux uns il donnoit des compagnies de gensdarmes,
aux autres, quand il vaquoit quelque bénéfice
dans le mesme pays, il le leur donnoit, comme aussi
des capitaineries des places de la province, et des
offices de judicature, à chacun selon sa qualité :
car il en vouloit de chaque sorte qui luy fussent
obligez, pour sçavoir comment toutes choses y pas-
soient. Cela les contentoit de telle façon qu'il ne s'y
rémuoit rien, fust au clergé ou au reste de la province, tant de la noblesse que des villes et du peuple, qu'il ne sçût : et en estant averty, il y remé-
dioit selon que son service le portoit, et de si bonne
heure, qu'il empeschoit qu'il n'avint jamais rien
contre son autorité ni obéissance qu'on luy devoit
porter. Et pense que c'est le remède que pourrez
user, pour vous faire aisément et promptement bien
obéïr, et rompre toutes autres ligues, accointances
et menées, et remettre toutes choses sous vostre
seule puissance.

« J'ay oublié un autre point, qui est bien nécessaire que vous mettiez peine, et cela se fera aisément, si le trouvez bon. C'est qu'en toutes les principales villes de vostre royaume, vous y gagniez
trois ou quatre des principaux bourgeois et qui ont
le plus de pouvoir en la ville, et autant des principaux marchands, qui ayent bon crédit parmi leurs

concitoyens, et que sous main, sans que le reste s'en apperçoive, ny puisse dire que vous rompiez leurs privileges, les favorisant tellement par bienfaits et autres moyens, que les ayez si bien gagnez, qu'il ne se fasse ny dise rien au corps de ville ny par les maisons particulieres que n'en soyez averty. Et quand ils viendront à faire leurs élections pour leurs magistrats particuliers, selon leurs privileges, que ceux-cy par leurs amis et pratiques, fassent toûjours faire ceux qui seront à vous du tout : qui sera cause que jamais ville n'aura autre volonté que la vostre, et n'aurez point de peine à vous y faire obéïr; car en un seul mot vous le ferez toujours en ce faisant. »

Au-dessous est escrit de la main de la reine :

« Monsieur mon fils, vous prendrez la franchise de quoy je le vous envoye, et le bon chemin, et ne trouverez mauvais que je l'aye fait escrire à Montagne, car c'est afin que le puissiez mieux lire, et comment vos prédécesseurs faisoient. »

Au moment où ces événements se passaient, le pape Pie IV, mécontent de ce que Jeanne d'Albret, veuve du roi de Navarre, soutenait ouvertement le parti protestant et avait rendu la religion réformée exclusive dans ses États, lui fit faire, à Rome, son procès par contumace, et une sentence dirigée contre elle, sous forme de monitoire, au mois de septembre 1563, déclara ses terres et seigneuries interdites et exposées au premier conquérant[1].

---

[1] On y lit : *Ita quod, in casu contraventionis, quod Deus avertat, et contumaciæ, regnum, principatus et alia cujuscumque status et dominia hujusce modi, dentur et dari possint cuilibet illa occupanti, vel illi aut*

De plus, pour se venger des résistances que les décisions du concile rencontraient en France, il ordonna à l'inquisition de faire le procès à huit évêques français soupçonnés d'hérésie. C'étaient le cardinal de Châtillon, évêque de Beauvais; Saint-Romain, archevêque d'Aix ; Montluc, évêque de Valence ; Carracioli, ex-évêque de Troyes ; Guillart, évêque de Chartres; Barbançon, évêque de Pamiers; Saint-Gelais, évêque d'Uzès et Louis d'Albret, évêque de Lescars.

Les deux actes furent affichés le même jour à Rome.

L'Hospital empêcha que la sentence lancée contre Jeanne d'Albret fût insérée dans les Bullaires, et un historien de cette reine dit que « la sentence fut si bien annulée qu'elle ne se trouve plus aujourd'hui dans les constitutions du pape Pie IV[1]. »

Relativement au procès intenté aux évêques, L'Hospital fit savoir au pape que le roi allait rappeler tous les évêques français qui siégeaient au concile, si ces mesures violentes n'étaient pas rapportées, ce qui eut lieu en effet[2].

---

illis quibus Sanctitati Suæ et successoribus suis dare et concedere magis placuerit.

[1] Mademoiselle Vauvilliers, *Hist. de Jeanne d'Albret*, t. II, p. 17.

[2] De Thou, liv. XXXV-XXXVI. — Pallavicini, *Hist. du Concile de Trente*, liv. XXIII, ch. VI. — *Mémoires d'état*, de Villeroy, *Pièces justificatives.*

XI

Lorsque le concile de Trente fut terminé (3 décembre 1563), une grave question s'agita dans les conseils de la couronne; celle de savoir si on recevrait les décisions disciplinaires qui y avaient été rendues, car elles ne touchaient pas aux articles de foi, que les catholiques de toutes les nuances s'empressaient d'accepter.

Pendant la durée du concile et surtout depuis sa reprise, la France réclamait, de cette grande assemblée, le maintien des libertés de l'Église gallicane et la réforme de nombreux abus dont l'existence incontestable prêtait des armes aux protestants, notamment la non-résidence des évêques dans leurs diocèses, la pluralité des bénéfices, etc. Des instructions en ce sens avaient été données à Saint-Gelais de Langeac, à Arnould Duferrier et à Gui Du Faur de Pibrac, tous amis de L'Hospital, et ambassadeurs auprès du concile. Du Faur avait prononcé un discours le 4 juin 1562, par lequel il insistait sur la nécessité de réformer la discipline ecclésiastique. Il l'envoya au chancelier dont il reproduisait les idées et lui disait dans sa lettre d'envoi : « Voilà ce discours que je pourrois dire n'être pas de moi, mais d'un autre, et malgré son extrême simplicité et quelques incorrections, vous ne pourrez vous dispenser de l'approuver.... » Puis, il ajoutait : « Si vous me demandez ce que l'on fait ici, je puis vous répondre d'un mot : rien. Mais je vous dois une réponse ambiguë, insidieuse et vague, pour vous prouver que l'exemple du concile et la méthode adoptée dans de si grands débats, n'ont pas été perdus pour mon éducation diplomatique. »

Du Faur fait ensuite connaître ce qui a été décidé relativement à la résidence des évêques pour laquelle le concile s'en était référé à la détermination du pape[1].

L'Hospital avait aussi remis aux ambassadeurs un Mémoire au nom du roi, pour qu'il fût placé sous les yeux du pape. Il y exposait les désirs de la France sur les réformes à obtenir ; mais ce mémoire ne fut pas pris en considération.

Comme le pape prévoyait que la réception de certains décrets du concile éprouverait de grandes difficultés, en France, il engagea le roi d'Espagne et le duc de Savoie à proposer à Charles IX de se rendre à Nancy, où se réuniraient tous les princes catholiques de l'Europe, afin d'y jurer l'observation de toutes les décisions qui y avaient été prises.

Le pape, l'empereur, le roi d'Espagne et d'autres souverains catholiques envoyèrent, à cet effet, des ambassadeurs au roi de France. Ils furent reçus à Fontainebleau, le 31 janvier 1564 (n. s.), où on les

---

[1] *OEuvres de L'Hospital*, t. II, p. 484.

fit assister à des fêtes splendides. La reine mère était entourée de cent cinquante filles d'honneur, demi-nues, et choisies parmi les plus belles. Elle les appelait « son troupeau ». Il y fut donné des représentations théâtrales, dans lesquelles figuraient les courtisans eux-mêmes, et imitées des fables de la mythologie et des romans de la Table-Ronde; puis on y ajouta des tournois entre des Grecs et des Troyens, combattant pour leurs dames. Les filles d'honneur de Catherine remplissaient les rôles des sirènes [1]. C'est au milieu de toutes ces voluptés que l'on admit ceux qui venaient réclamer la réception du concile et demander que l'on revînt sur l'édit de pacification d'Amboise, en se livrant à de nouvelles persécutions contre les protestants.

Mais Charles IX, suivant en cela les conseils de son chancelier, répondit aux ambassadeurs qu'il ne pouvait se rendre à Nancy, « qu'une paix et édict si solennellement faits par conseil et advis de tous les princes du sang et des plus sages du royaume, ne se pouvoit ainsi rompre ny altérer, sans un grand danger de la recheute, ordinairement plus dangereuse que la première maladie [2]. » Il ajouta qu'il devait consulter son conseil avant de prendre une détermination si grave.

Les ambassadeurs se retirèrent sans avoir rien obtenu.

Il s'agit alors d'adopter un parti relativement à la grande affaire de la réception du concile.

---

[1] Castelnau, *Mém.*, p. 322. — Le Père Dan, *le Trésor des merveilles de la maison royale de Fontainebleau*. Paris, 1642, in-f°.

[2] Castelnau, *Mém.*, p. 320.

Pour éclairer la question, le chancelier demanda à Dumoulin une consultation sur les décrets législatifs du concile. Ce savant jurisconsulte répondit que ces décrets ne pouvaient être acceptés parce que le concile ordonne « à l'égard de la police, plusieurs choses qui sont contre les anciens conciles de France, contre les droicts de la couronne, la dignité et majesté du roy, l'authorité de ses édicts et ordonnances, arrests et réglements des parlemens et autres cours souveraines, les décrets des estats de France, les droicts, libertez et immunitez de l'Église gallicane, etc. »

Cette consultation, qui avait été demandée clandestinement à Dumoulin par L'Hospital, fut imprimée à Lyon sans autorisation, ce qui était contraire à l'édit donné à Mantes le 10 septembre 1563, et à un arrêt de réglement tout récent, du 12 février 1564.

Le Parlement saisit cette occasion pour poursuivre Dumoulin, mais en réalité on lui en voulait parce qu'il avait dépassé toutes les bornes; en disant que le concile était *schismatique, hérétique et nul*. Il avait déclaré, dans le préambule de sa consultation « qu'aucuns vertueux; prudens et excellens personnages du conseil privé du roy, avoient mis entre ses mains, les neuf sessions du concile, etc. » On voulut savoir quels étaient ces *vertueux, prudens et excellens personnages*, et Dumoulin fut sommé de les nommer. Il répondit « qu'il y vaqua avec eux le dimanche de la quinquagésime et les lundy, mardy et mercredy ensuivant; qu'il n'est tenu de les nommer, par ce qu'ils vinrent au conseil à luy [1]. »

Il est évident que L'Hospital était du nombre, et

[1] Brodeau, *Vie de Dumoulin*, Paris, 1654, in-4°, p. 154 et suiv.

que s'il n'était allé de sa personne dans le cabinet de l'avocat, il y avait envoyé ses amis.

Quoi qu'il en soit, la consultation fut supprimée, et Dumoulin condamné à la prison; mais il n'y resta que deux mois, le roi ayant ordonné qu'il serait mis en liberté.

Pendant que ces événements s'accomplissaient, Charles IX réunit le conseil privé à Fontainebleau à la fin de février 1564. On y appela Christophe de Thou, premier président du Parlement, Pierre Seguier, Christophe de Harlay, présidents au même Parlement, Baptiste du Mesnil et Edmond Boucherat, avocats du roi et Gilles Bourdin, procureur général, pour délibérer sur le concile; les délibérations durèrent huit jours. Le cardinal de Lorraine insista vivement pour l'adoption de tous les décrets et s'emporta jusqu'à reprocher au chancelier d'avoir oublié ce qu'il devait à la maison de Lorraine.

L'Hospital lui répondit qu'il n'avait rien oublié, mais qu'il n'acquittait pas ses dettes de reconnaissance aux dépens du roi et de l'État. Puis il soutint que les décisions disciplinaires du concile étaient contraires au droit public de la France. Il signala notamment celles par lesquelles il avait été déclaré qu'en certains cas le pape avait le droit de prononcer contre les rois, non-seulement l'excommunication, mais encore la déposition et l'expropriation, et sur ce point il invoquait ce qui avait été fait naguère à l'égard de la reine de Navarre. Puis il s'éleva contre les prétentions du concile, qui reconnaissait aux évêques le pouvoir de punir les auteurs et imprimeurs des livres défendus, de ne pas tenir compte des testaments, de détourner les revenus des hôpitaux de leur destination. Il lui reprocha de valider les mariages des mineurs contractés sans le consentement de leurs parents, de permettre aux juges ecclésiastiques de faire exécuter leurs sentences contre les laïques, par la saisie des biens et l'emprisonnement des personnes, etc.

Le concile, en effet, avait fait une si grande invasion sur le domaine du pouvoir temporel, que Pasquier a pu dire que les ecclésiastiques « avoient tellement étendu leur juridiction spirituelle en tant d'affaires et matières, que les fauxbourgs étoient trois fois plus grands que la ville [1] ».

L'Hospital termina sa réponse au cardinal en lui disant que les principaux articles des décrets du concile portaient la condamnation absolue du calvinisme et devaient amener sa destruction ; que c'était vouloir rallumer les troubles que d'en conseiller l'acceptation ; qu'il était étonnant que ce conseil vînt de lui, à qui ces troubles avaient coûté si cher ; que le sang de son frère fumait encore ; que s'il l'avait oublié, il jetât les yeux sur tant d'autres familles en deuil et sur des provinces entières dévastées : « Peut-être enfin, disait-il, que qui veut, avec tant de hardiesse et d'insensibilité, nous replonger dans la guerre civile, s'il était obligé de la démêler l'épée à la main, changerait de langage [2]. »

« La matière ayant été mise en délibération, le procureur général proposa au conseil, que quant à la doctrine, ils n'y vouloient toucher, et tenoient

----

[1] *Recherches*, liv. III, ch. xxii.
[2] Guibert, *Éloge hist.*, p. 114.

toutes choses, quant à ce point, pour saines et bonnes, puisqu'elles étoient déterminées en concile général et légitime ; quant aux décrets de la police et réformation, y avoient trouvé plusieurs choses dérogeantes aux droits et prérogatives du roi et priviléges de l'Église gallicane, qui empêchoient qu'elles ne fussent reçues ni exécutées [1]. »

Ces conclusions furent suivies ; le concile ne fut pas reçu, et crainte de surprise, on ne publia ni sa législation ni ses dogmes, quoique ceux-ci fussent reconnus infaillibles. Les états de Blois, en 1579 et les états de Paris, en 1614, s'opposèrent énergiquement aussi à cette publication.

Si le chancelier avait été le premier à conseiller la guerre contre l'Angleterre, aussitôt que son but fut atteint et que le Havre eut été repris, il s'empressa de travailler à la paix avec les ambassadeurs d'Élisabeth. Cette négociation était difficile, par la prétention des Anglais relativement à Calais, prétention sur laquelle nous aurons occasion de revenir. Pour cette fois, elle fut mise de côté ; mais seulement par forme de compensation, il fut payé aux Anglais la somme de cent vingt mille écus au lieu de cinq mille dont on était convenu si on gardait Calais, et les otages donnés par la France furent rendus.

Toujours occupé de la pensée d'apporter des améliorations dans l'administration de la justice, L'Hospital avait fait rendre, au mois de novembre 1563, l'édit qui créait la juridiction d'un juge et de quatre

---

[1] Lettre de Morvilliers à son neveu l'évêque de Rennes, ambassadeur auprès de l'empereur, écrite de Fontainebleau, le 3 mars 1564 (n. s.) et citée par le président Hénault.

consuls à Paris, pour juger les différends qui s'élève-
raient entre marchands pour faits relatifs à leur
négoce. Telle est l'origine de nos tribunaux de commerce.

L'institution des juge-consuls est une des plus
belles créations de L'Hospital ; elle fut étendue successivement à d'autres villes, notamment à Bordeaux, Orléans, Troyes, Reims, Sens, Beauvais,
Bourges et Soissons. A Paris, les juge-consuls
étaient élus par le prévôt des marchands et les échevins, assistés de cent notables bourgeois de la ville.

Comme il était facile de le prévoir, cette innovation
ne plut pas au Parlement ; il fit de très-vives remontrances, qu'il est curieux de lire aujourd'hui
dans ses registres. Il commençait par rappeler cette
loi des Thébains, qui voulait qu'on ne pût exercer les
fonctions de juge qu'après avoir quitté le commerce
depuis dix ans, et la loi romaine qui défend que
le marchand soit admis aux honneurs publics *afin
que tout honneur soit séparé de leur contagion ;* il
rappelait ensuite les ordonnances de nos rois qui dé
fendaient la marchandise à tous les officiers royaux,
et qui voulaient que ceux qui aspiraient à l'état de
judicature fussent gradués et dûment examinés. Puis il
regardait cet édit comme une nouveauté, ce qui est
toujours dangereux. Il avouait qu'en quelques villes de la Suisse, de l'Allemagne et de l'Italie, les jugements sont commis à gens non lettrés, mais « il ne faut
s'en ébahir parce que ces pays sont à peu près sans
lois. » L'Hospital passa outre à ces beaux raisonne-
ments, et l'édit fut enregistré le 18 janvier suivant [1].

[1] *Anc. lois franç.*, t. XIV, p. 153.

Néanmoins, il fallut de nouveaux édits, rendus à Bordeaux le 28 avril 1565 [1], et à Moulins le 6 février 1566 [2], pour vaincre les résistances qu'y opposaient les juges chargés précédemment de vider ces sortes de différends.

Le chancelier ne borna pas là ses efforts. Par l'ordonnance donnée à Paris au mois de janvier 1564 (n. s.), il compléta les dispositions de la grande ordonnance d'Orléans, et déposa le germe de la réformation du calendrier en prescrivant que l'année commencerait dorénavant au 1er janvier (art. 39), réforme qui ne fut adoptée définitivement qu'en 1567 [3].

Cette ordonnance est appelée « de Roussillon » quoique datée de Paris, parce qu'elle fut enregistrée avec une déclaration donnée à Rousillon, en Dauphiné, le 9 août 1564 [4].

Nous allons rapporter ici un document que nous avons trouvé dans les manuscrits de la bibliothèque impériale, relativement à cette réforme du calendrier [5].

« *Advertissement sur l'exécution de l'édit par lequel l'année doit commencer le 1er janvier 1563.*

« Au mois de janvier 1563, le roi Charles IX fit

---

[1] *Anc. lois franç.*, t. XIV, p. 179.

[2] *Ibid.*, p. 184.

[3] Celte différence du commencement de l'année jette souvent une grande obscurité dans l'histoire. Nous avons, autant que possible, réduit les années pascales en années commençant au 1er janvier.

[4] Sur l'édit de Paris du mois de janvier 1563 et sur la déclaration donnée à Roussillon le 9 août 1564, on peut voir un article de M. Le Noble, dans la *Bibliothèque de l'École des Chartes*, t. II, p. 286 de la 1re série.

[5] Bib. imp., dép. des mss. français (n. 3951, f° 47).

une ordonnance pour le bien et réglement de la justice et police de son royaume. Le dernier article lequel est en ces mots :

« Voulons et ordonnons qu'entre tous actes, registres, instruments, contrats, ordonnances, édits, lettres, tant patentes que missives, et toute écriture privée, l'année commence dorénavant et soit comptée au 1er jour de ce mois de janvier.

« Cette ordonnance fut vérifiée à Paris, en Parlement, le 19 décembre 1564, sauf toutefois le dernier article dessus dit, et quelques autres sur lesquels la cour se réserva faire plus amples et itératives remontrances au roi de vive voix, afin d'en ordonner selon son bon plaisir.

« Le 1er jour de janvier ensuivant cette vérification, le roi, en sa cour, et en sa grande chancellerie, commença de compter 1565, selon son édit. Ce que M. le chancelier de L'Hospital fit observer à Toulouse, où le roi se trouva, et autres lieux où Sa Majesté passa lors, faisant son grand voyage, et à Moulins et ès environs où il s'arrêta, tellement que ès lieux où l'année fut observée, l'année 1563 que ..... mois .... jours, savoir depuis le ... du mois de .... [1] qui fut le jour de Pâques, jusqu'au dernier jour de décembre ensuivant. Toutefois en Parlement et chancellerie de Paris, et en tous les actes se faisant au ressort dudit Parlement de Paris, où le roi n'avoit point passé, on retenoit encore l'ancienne computation nonobstant l'édit, et n'y commença-t-on de compter 1565 que le 22 avril ensuivant, qui fut le jour de Pâques.

[1] Les mots remplacés par des points sont restés en blanc dans l'original.

« Le 1ᵉʳ jour de janvier ensuivant, on commença en la chancellerie de Paris de compter 1566, selon l'édit [1]. Toutefois, au Parlement de Paris, on comptoit encore 1565, selon l'ancienne coutume, et ne commença-t-on de compter 1566 audit Parlement, que le 14 avril ensuivant, qui fut le jour de Pâques, tellement, que l'année 1566 ne dura, en la petite chancellerie, que huit mois et neuf jours ; savoir : depuis le 22 avril inclus jusqu'au dernier décembre aussi inclus.

« Le 1ᵉʳ jour de janvier ensuivant, on commença de compter au Parlement de Paris 1567 selon l'édit, et par ce moyen l'année 1566 ne dura que huit mois et dix-sept jours ; savoir : depuis le 14 avril inclus jusqu'au dernier décembre aussi inclus [2]. »

On rencontre encore là le Parlement de Paris, cherchant à contrarier les utiles innovations de L'Hospital.

Le chancelier, dans l'espoir de former l'esprit du jeune roi, pour lui montrer aussi de près ses peuples et lui faire voir la misère dans laquelle la guerre civile avait plongé la France, lui fit faire un grand voyage, pendant lequel il l'accompagna constamment.

Charles IX partit de Paris, le lundi 24 janvier 1564. Il séjourna d'abord à Fontainebleau, où il passa les mois de février et de mars, et où eurent lieu les fêtes et le conseil sur le concile de Trente. Il parcourut ensuite la Champagne, la Bourgogne, le

---

[1] « Il est vrai que la chancellerie de Paris a commencé le compte de l'édit un an avant le Parlement. » *Note du document.*

[2] Voyez *l'Art de vérifier les dates*, t. I, p. vj, éd. de 1783.

Lyonnais, le Dauphiné, la Provence, le Languedoc, la Guienne, Bayonne, l'Angoumois, la Saintonge, le Poitou, l'Anjou, une partie de la Bretagne, la Touraine, le Berry, l'Auvergne, etc., la cour résida plus ou moins longtemps dans les principales villes qu'elle visita. La reine mère, plusieurs princes et princesses, des gentilshommes de la maison du roi, furent du voyage. Nous n'en parlerons qu'à l'occasion des actes mémorables auxquels le chancelier prit part [1].

Le roi et sa suite s'arrêtèrent plusieurs semaines à Troyes, où fut signé, le 11 avril, le traité de paix avec l'Angleterre. De là on se rendit à Bar-le-Duc, où Charles IX tint sur les fonts de baptême le fils de sa sœur Claude, épouse de Charles II, duc de Lorraine.

Le cortége royal vint ensuite en Bourgogne, et fit son entrée à Dijon, le 23 mai. Le roi y séjourna quatre jours et y tint un lit de justice au Parlement qui siégeait en cette ville.

« Le jeudi 24 mai, dit l'historien du Parlement de Bourgogne, vint le roi au palais, où un dais de velours surmonté de drap d'or avait été disposé pour lui, à l'angle de la grande salle. L'Hospital, en longue robe de velours et cornette en tête, l'avait précédé de quelques heures, dans cette visite, accompagné des évêques d'Orléans, de Valence, de M. de Lisle, premier président de Bretagne, et de plusieurs grands personnages du conseil et de la cour. Le roi arriva à neuf heures ; il ne prononça que quelques

[1] V. *Recueil et discours du voyage du roi Charles IX, à présent régnant,* par Abel Jouan, l'un des serviteurs de sa majesté. Paris, Bonfons, 1566, in-8°.

mots par lesquels il déclara sa volouté sur l'observation des édits et sur l'obéissance qui devait leur être
rendue. Le chancelier prit ensuite la parole et fit au
Parlement des remontrances qui se rapportaient à
ses devoirs et à sa fidélité. Son discours n'a pas été
conservé. Le premier président Claude Lefèvre répondit, à cette harangue par un discours prononcé à
la louange du roi et de la justice ; puis l'audience
ayant été ouverte, une cause fut plaidée devant le
roi, qui prononça l'arrêt [1].

« Tout le secret de cette solennité, ajoute le même
historien, resta renfermé dans le silence des chambres réunies, tenues hors la présence du prince et
avant son entrée au palais. Nous n'avons pas le discours que prononça en cette occasion le chancelier
de L'Hospital, qui avait demandé cette assemblée [2]
et dont il ne permit pas qu'il restât de trace. Mais
le soin pris par lui de se faire représenter les édits
de pacification et l'arrêt qui les avait fait publier
dans le ressort révèle, à n'en pas douter, le but
qu'il avait voulu atteindre en se rendant dans le
sein de la compagnie, et dont les paroles échappées
à la reine mère, dans l'audience donnée au Parlement, jointes à la remise exigée des registres et aux
causes particulières qu'il reste à rappeler, rendent
l'évidence peu douteuse [3]. »

Charles IX arriva à Lyon le 12 juin 1564, et y

[1] De la Cuisine, *le Parlement de Bourgogne*, t. I, p. 316.

[2] « Dans une conférence tenue à Saint-Seine-en-Montagne, où tout
fut convenu d'avance entre lui et une députation du corps venue à
sa rencontre. » *Note de M. de la Cuisine.*

[3] *Id. ib.*, t. I, p. 318.

resta jusqu'au 9 juillet. Il rendit, en cette ville, à la date du 24 juin, un édit qui interdisait l'exercice de la religion réformée dans les lieux de résidence royale [1].

Le roi s'arrêta à Roussillon, petit village du Dauphiné, le 14 juillet; il y demeura vingt-neuf jours dans le magnifique château qu'y avait possédé le cardinal de Tournon. Il y rendit plusieurs lois célèbres, parmi lesquelles on remarque la déclaration du 4 août sur le grand édit de pacification des troubles du royaume, rendu à Amboise le 19 mars 1563.

Cette déclaration ordonnait la destruction des fortifications élevées à l'occasion de la guerre civile. Elle prononçait des peines très-sévères contre les seigneurs protestants qui admettraient aux exercices religieux, célébrés dans leurs châteaux, d'autres personnes que leurs sujets, et contre les ministres qui feraient exercice quelconque de religion hors des lieux désignés. Toute tenue de synode, toute levée de deniers, étaient interdites aux réformés, qui déjà, ainsi qu'on l'a vu, ne pouvaient ouvrir ni écoles, ni colléges; elle obligeait les ecclésiastiques et moines qui s'étaient mariés, à abandonner leurs femmes et à retourner à leurs fonctions ou à leurs monastères, sous peine de prison, ou à quitter le royaume s'ils le préféraient. Cette déclaration irrita au plus haut point les protestants et amena contre eux de nombreuses persécutions dans les différentes parties de la France.

Il est permis de supposer qu'un tel acte de tyrannie fut rendu contre le gré de L'Hospital, et Condé écrivit à la reine pour s'en plaindre comme d'une violation des édits de tolérance.

[1] *Anc. lois franç.*, t. XIV, p. 170.

Le roi rendit encore à Roussillon, le 9 août, la déclaration dont nous avons déjà parlé, sur l'administration de la justice et de la police, complémentaire de l'ordonnance d'Orléans de 1560.

A Aix, où il arriva le 19 octobre, le roi tint un lit de justice au Parlement.

Brantôme nous apprend qu'en Provence « M. le chancelier de L'Hospital qui se craignoit de la populace et autres qui cryoient fort contre luy, et l'accusoient de plusieurs édicts en faveur des huguenots[1], dont ils le menaçoient, et ne s'en sentant asseuré, demanda une garde au roy, qui luy donna trois bons capitaines de sa cour, qui ne bougeoient d'auprès de luy la plus part du temps, tous trois de diverses religions, dont la cour en ryoit quelquefois; » l'un, M. de Grillé, était huguenot ; l'autre, M. de Muns, était catholique ; le troisième, M. de Bellegarde, tenait le *medium*. « Par ainsy, ajoute Brantôme, la garde de mon dict sieur de L'Hospital estoit composée, et devoit estre bien gardé, sans avoir peur de toutes les sortes de religion[2]. »

Les troubles civils avaient fourni à la haute noblesse le prétexte de se livrer, envers le peuple, à de nombreuses vexations. L'Hospital voulut faire un exemple. Il fit comparaître au conseil privé le marquis de Trans, favori de la reine, mais l'un des plus coupables, et lui adressa une vive remoutrance au milieu de laquelle le marquis se mit à rire. « Comment, vous riez, lui dit le vertueux magistrat, au

[1] La population, en Provence, avait accueilli le roi au cri de « vive la messe! »

[2] *OEuvres de Brantôme*, t. IV, p. 287.

lieu de vous attrister et de montrer un visage repentant. Vous pourriez bien vous donner de garde qu'avec vos bouffonneries je vous ferois trancher la tête. Remerciez hardiment la reine, car vous l'auriez tout à cette heure, encore ne sais-je à quoi m'en tenir. — Ainsi alloient les choses, dit Brantôme en rapportant ce fait, sous ce rude magistrat et rigoureux censeur. »

Le cortége royal alla passer l'hiver en Languedoc. On s'arrêta d'abord à Montpellier, où de grandes fêtes furent données ; puis, on arriva à Toulouse le 1ᵉʳ février 1565. Le chancelier, visitant le Parlement avant la tenue du lit de justice, prononça, suivant La Roche-Flavin, « plusieurs remontrances, tant de l'état de la justice souveraine en ce royaume, de l'autorité d'icelle, qu'aussi de plusieurs plaintes contre aucuns de cette compagnie, les exhortant de maintenir et garder l'autorité du roy et celle que Sa Majesté leur avoit distribuée ; aussi d'exactement garder et entretenir et faire entretenir, par leurs inférieurs, iceux édicts et ordonnances, et pourvoir à leur exécution, ensemble aux dictes plaintes, à ce que les subjects ne soient plus souvent contraincts recourir à Sa Majesté [1]. » A quoi le premier président répondit : que les plaintes venaient surtout des parties qui avaient perdu leurs procès et qui calomniaient leurs juges.

Le lit de justice eut lieu ensuite avec un grand apparat. L'Hospital y prit encore la parole ; La Roche-Flavin nous apprend que parmi les personnes qui y assistaient, se trouvait : « Madame la chance-

____
[1] *Treize livres des Parlemens.* Bordeaux, Millanges, 1617, in-f°, p. 387.

lière » ce qui montre qu'elle accompagnait son mari dans ce long voyage [1].

Au même Parlement, L'Hospital fit observer, ainsi qu'aux autres, que le roi visita pendant ce voyage, l'édit par lequel l'année avait commencé, le 1er janvier 1563 [2], comme on l'a vu dans le document que nous avons rapporté plus haut.

Le roi qui avait rendu à Montpellier, le 29 décembre 1564, un édit ordonnant la démolition de toutes les saillies et ôte-vents (auvents) des maisons de Paris [3], rendit à Toulouse, le 12 février suivant, un mandement pour la suppression d'un lieu de débauche établi aussi à Paris [4], et le 20 du même mois, une déclaration qui défendait de recevoir aucun do-

[1] *Treize livres des Parlemens*, p. 294.—On lit dans le journal d'Olivier d'Ormesson nouvellement publié par M. Chéruel, l'extrait suivant des *Mémoires* d'André d'Ormesson, père d'Olivier : « Le 16 juillet (1559), mon père fut marié et eut dix mille livres en mariage. Il fut toujours depuis ce temps à la suite de la cour, et menoit ma mère toujours avec luy; elle alloit en trousse à la mode du temps. Les carosses n'estoient pas encore en usage. Elle fit avec mon père le grand voyage du roy Charles, qui dura deux ans, de 1564 à 1566, lorsque le roy Charles fit la revue de tout son royaume. Au retour du voyage, le roi alla tenir les estats à Moulins, en 1566. M. le chancelier de L'Hospital estoit lors en grand crédit. On fit une recherche contre les financiers. Tous les officiers de la maison du roy furent dépossédés de leurs charges. On avoit besoin d'un homme de bien pour les exercer par commission; mon père fut choisi à la recommandation de M. de Morvilliers, qui dit en plein conseil qu'il proposeroit un homme dont il respondroit corps pour corps. La reyne mère dit en sortant du conseil : « Il faut que M. de Morvilliers aime bien M. d'Ormesson et qu'il l'estime homme de bien, car il n'est pas accoutumé de se tant avancer pour autruy. » (*Introduction*, p. viii.)

[2] *Histoire des Chanceliers*, par Fr. Duchesne, p. 639

[3] *Anc. lois franç.*, t. XIV, p. 175.

[4] *Ibid.*, p. 176.

mestique, s'il ne représentait un certificat de son ancien maître, sous peine, pour le domestique qui n'avait pas de certificat, d'être puni comme vagabond [1]. « L'une des choses qui nous semble estre bien nécessaire au libre et seur repos de nos subjets ayant ménage, famille et serviteurs, portait le préambule de cette déclaration, seroit de pourveoir à à ce que leurs maisons fussent bien et loyalement administrées, parce qu'il advient souvent que les chefs des familles sont, par les mauvaises mœurs et conditions de leurs serviteurs, le plus souvent délaissez et abandonnez d'eux, se desbauchant de leurs services; qui est cause que plusieurs maisons de toutes qualitez sont le plus souvent volées, pillées et desrobées par les dicts serviteurs. »

Nous mentionnons ces actes législatifs pour montrer que même au milieu des distractions d'un long et brillant voyage, le chancelier ne perdait pas de vue les plus petits détails de l'administration qui lui était confiée.

A Bordeaux, où l'on arriva le 9 avril 1565, il y eut, comme de coutume, un lit de justice au Parlement. Le chancelier y prononça un discours dans lequel on remarque les passages suivants : « Vous êtes, Messieurs, commis à faire justice; ne pensez pas qu'elle soit vostre; vous n'êtes qu'en siéges emprun-

---

[1] *Anc. lois franç.*, p. 178.—L'édition originale de cette déclaration est de 1565, in-8º, elle est intitulée : *Édict du roy pour contenir les serviteurs et servantes en leurs devoirs*, et a été reproduit dans les *Variétés historiques et littéraires* de M. Édouard Fournier (t. VII, p. 205); mais c'est à tort qu'il y est dit : « Qu'elle ait jamais été recueillie: » elle se trouve dans Fontanon (I, 1011), dans Rebuffi, liv. IV, t. XV, ch. II, et dans le *Recueil des anc. lois franç.*

tés ; il faut que vous la reconnoissiez tenir du roy...
Il faut que la loi soit sur les juges, non pas les juges
sur la loi.... Il y a ici beaucoup de gens de bien
desquels les opinions ne sont suivies ; elles ne pèsent
point, mais se comptent. J'ai ouï parler de beaucoup
de meurtres, pilleries et forces publiques commises
en ce ressort. J'ai reçu beaucoup de plaintes de vos
dissensions qui sont entre vous.... Je suis averti
que l'ordonnance faite à la requête des états (celle
d'Orléans), n'est point encore publiée céans. Je parlerai à cette heure à vous, présidents et gens du roy,
qui devez requérir et solliciter les publications des
édits et ordonnances du roi ; et vous, (premier) président, qui les devez proposer ; car vous êtes président
du roi en la cour.... Messieurs, je crains qu'il y ait
céans de l'avarice ; car on dit qu'il y en a qui prennent,
et pour faire bailler des audiences et autrement ;
par ce, ayez les mains nettes.... Il y en a aussi céans
qui sont joueurs, paresseux et qui ne servent d'un
demi-an, aucunes fois d'un an, et toutefois signent
leur *debentur* et certifient avoir servi. Un conseiller
de Paris ayant assuré d'avoir servi trois jours qu'il
n'avoit servi, a été ci-devant condamné en grosses
amendes et suspendu de son état. »

C'est par ces sévères mercuriales, qui avaient tant
d'autorité dans sa bouche, que le chancelier rappelait les magistrats à leurs devoirs. Le premier président Lagebâton ne paraissait pas mériter les reproches que l'on lui adressait, car il avait dénoncé, par
une lettre au roi, du 20 août 1564, l'esprit d'insubor-
dination du Parlement, à la tête duquel il était placé.

Plusieurs autres magistrats, sans doute, n'avaient

pas besoin, non plus de ces sages leçons, et parmi ceux-ci nous citerons le conseiller Michel Montaigne, qui siégeait alors au Parlement de Bordeaux, et qui s'y faisait remarquer par son esprit de tolérance et d'impartialité, comme avait fait aussi son ami, le conseiller La Boétie, mort près de deux ans avant cette séance royale [1].

Le chancelier, comme on voit, semait partout, sur sa route, en présence du roi et de la reine mère, les bons préceptes; ce n'était pas sa faute s'ils ne fructifiaient pas davantage.

Le commerce de Bordeaux profita du séjour du roi dans cette ville, pour réclamer le bénéfice de la juridiction des juge-consuls, semblable à celle qui avait été créée précédemment à Paris. Les marchands et gardes de la draperie, épicerie, mercerie, orfévrerie, pelleterie, et la communauté des marchands de vin et poissons de mer demeurant en cette ville, se rendirent son organe. Cette juridiction y existait déjà, il est vrai, mais les anciens juges dépossédés de leurs attributions entravaient, autant qu'ils le pouvaient, les juge-consuls dans leurs fonctions. L'Hospital fit rendre, le 28 avril 1565, une déclaration pour remédier à ces abus [2].

De Bordeaux on alla à Bayonne, but extrême du voyage et où le cortége arriva le 3 juin 1565; là, de nouveaux et graves événements se produisirent.

[1] 18 août 1563.
[2] *Anc. lois franç.*, t. XIV, p. 179.

XII

Continuation du voyage du roi. — Entrevue à Bayonne avec Isabelle de France, reine d'Espagne. — Le duc d'Albe. — On demande des mesures sévères contre les protestants. — Arrivée de la cour à Moulins. — Assemblée des notables tenue en cette ville. — Grandes ordonnances. — Visite de Brantôme et de Strozzi à L'Hospital. — Querelle entre le chancelier et le cardinal de Lorraine. — Fin du voyage et retour du roi (1565-1566).

Le roi et Catherine de Médicis eurent, à Bayonne, une entrevue avec Isabelle de France, femme de Philippe II, roi d'Espagne, et le duc d'Albe, principal ministre de ce monarque. Ce ministre profita de cette circonstance, obéissant en cela aux ordres de son maître, pour solliciter des mesures rigoureuses contre les protestants. L'Historien de Florence, Adriani, qui avait sous les yeux les papiers secrets de la maison de Médicis, va même jusqu'à affirmer qu'il avait été résolu, dans ce séjour à Bayonne, de faire de nouvelles *Vêpres siciliennes*, dans lesquelles on exterminerait tous les chefs des huguenots, et que ce projet devait être exécuté à Moulins; il fut ajourné à quelques années plus tard, et fut réalisé seulement le 24 août 1572.

L'Hospital, assurément, n'était pas initié à ces effroyables projets. Le duc d'Albe cherchait à le perdre dans l'esprit de la mère du jeune roi. A partir de cette époque, en effet, Catherine ne manifesta plus la même confiance dans la sagesse du chancelier.

La cour, après un long trajet, revenant vers Paris, s'arrêta pendant un mois à Blois, et arriva à Moulins, le 22 décembre 1565, où elle resta trois mois. Il s'y tint une assemblée des notables, à laquelle avaient été convoqués le duc de Guise, l'amiral de Coligny et un grand nombre de princes et de grands seigneurs, ainsi que les présidents des diverses cours de Parlements ; notamment Christophe de Thou, premier président, et Pierre Seguier, président au Parlement de Paris ; Jean d'Assis, premier président de celui de Toulouse ; Lagebâton, de celui de Bordeaux ; Jean Truchon, de celui de Grenoble ; Claude Lefèvre, de celui de Dijon, et Henri Furmeau, président au Parlement d'Aix.

Cette assemblée avait pour objet de remédier aux désordres dont on s'était aperçu durant le voyage du roi, et de satisfaire aux doléances qui s'y étaient fait entendre. On devait chercher aussi à réconcilier le duc de Guise et l'amiral brouillés à l'occasion de l'assassinat, au siége d'Orléans, de François, duc de Guise.

L'Hospital voulait profiter de l'occasion pour obtenir l'exécution de l'ordonnance d'Orléans, qu'il considérait comme la grande œuvre de sa vie et qui n'avait pas été suivie, par les résistances de Rome et des parlements, et les troubles de la guerre.

A l'ouverture de l'assemblée, il prononça une harangue dans laquelle, après avoir parlé des grands maux de l'État, il concluait qu'ils procédaient de la mauvaise administration de la justice et qu'il fallait y remédier. C'est ce que le roi avait reconnu par son voyage de deux années. Il ajouta que, quant à lui, il ne pouvait appeler les choses par un autre nom que par le leur; qu'il parlait donc comme il pensait; que ceux qui étaient établis pour rendre la justice commettaient de grands excès par des concussions et des voleries, et que, comme des fautes de cette nature étaient grandes, il n'avait pu les dissimuler sans se rendre lui-même coupable..... Qu'il semblait que le mieux que l'on pouvait faire, était de faire de bonnes et saintes ordonnances par l'autorité royale, de l'avis des plus gens de bien et des plus sages, qui fussent gardées religieusement et inviolablement à l'avenir; qu'il ne niait pas ce qu'on disait pour l'ordinaire, qu'il y avait en France assez de lois et d'ordonnances, et que cette multitude, comme un trop grand nombre de juges, était cause que la France était abondante en procès..... Qu'il fallait ôter des petites juridictions du royaume, ces sortes de pestes et ces sangsues de la misérable populace; qu'il fallait retrancher tant de juges superflus, qui ne se nourrissaient que du sang du peuple et de la multiplication des procès; qu'il fallait supprimer, dans les justices inférieures, les cours présidiales, ou entièrement ou en partie; leur augmenter leurs appointements des deniers publics et leur ôter les épices que payent leurs parties; qu'il condamnait cette marchandise publique qu'on faisait de la justice.

L'Hospital s'étendit ensuite sur la puissance royale et sur ses droits, et dit que le roi ne pouvait souffrir que ceux qui n'avaient que le droit de vérifier les ordonnances s'attribuassent le pouvoir de les interpréter; que cela était de l'autorité de celui-là seul qui faisait les lois, c'est-à-dire du prince ; qu'il n'approuvait pas non plus que les charges de justice fussent résignées, si ce n'est par les pères déjà vieux en faveur de leurs enfants, pourvu qu'ils fussent capables de ces charges ; qu'il fallait donc, pour ce qui était des nominations qui se faisaient par les cours souveraines, ôter les brigues et mauvaises coutumes qui s'y étaient introduites.

Dans cette harangue, on doit surtout remarquer la phrase suivante :

« Qu'on n'accuse pas le temps de telle perversité, ains (mais) la malice des hommes. Il n'est saison si fâcheuse qui puisse détourner ni le bon juge de faire droicture, ni le théologien d'interpréter sainement les Écritures, ni le sage capitaine de bien servir son roi et défendre le royaume. Par ainsi faut-il régler et châtier les fautes des hommes, et non se plaindre du temps qui va selon que les hommes se gouvernent [1].

L'assemblée de Moulins est surtout célèbre par les grandes lois que le chancelier y fit rendre, et parmi lesquelles il faut distinguer l'édit qui remit en vigueur les anciens principes de la monarchie sur l'inaliénabilité du domaine, que le grand jurisconsulte d'Argentré appelle *Sacrosancta lex* [2], et l'ordonnance en quatre-vingt-six articles qui contient les dispositions les plus sages que l'on put prendre

---

[1] La Popelinière, t. I, fᵒ 383. — *Collection des états généraux*, par de Mayer, t. XIII, p. 4.

[2] Sacrosancta lex, quæ reges ipsos et curias parlamentares sacramento obstringit, ne contra fieri patiantur, neve desideriis regum obsequantur, si quandò contra statuant. » D'Argentré, *Coutume de Bretagne*, art. 266, ch. xix, nᵒ 3.

alors pour assurer l'indépendance des magistrats et obtenir des garanties de leur capacité.

L'ordonnance de Moulins commence par rappeler qu'il faut exécuter les ordonnances faites depuis l'avénement du roi Charles IX à la couronne et par les rois ses prédécesseurs, tant à la requête des trois états qu'autres, nonobstant les remontrances des cours souveraines et quoiqu'elles n'aient pas été publiées en ces cours (art. 1er). Elle contient des dispositions sur la publication des édits et ordonnances et sur les remontrances que les cours avaient le droit d'adresser au roi, concernant ces édits et ordonnances qui leur étaient envoyées pour l'enregistrement (art. 2 et 3). Les gens du roi devaient procéder à la rigoureuse punition des juges et officiers de leurs ressorts, qui enfreindraient les ordonnances, avec obligation de faire, chaque année, un recueil des ordonnances mal observées en leurs siéges, et de l'adresser aux Parlements (art. 4, 5 et 6). Les maîtres des requêtes devaient faire, chaque année, chevauchée dans les provinces départies à chacun d'eux, pour voir si les ordonnances étaient bien observées et en dresser procès-verbal (art. 7).

L'institution des grands jours était maintenue, *pour la punition des crimes, entretenement de nos ordonnances et animadversion sur nos juges et officiers, selon l'exigence des cas* (art. 8).

En cas de vacance d'offices de conseillers aux Parlements, l'ordonnance voulait que les candidats fussent âgés de vingt-cinq ans révolus, *versés en la jurisprudence et expérience des jugements, sans pouvoir nommer plus d'un natif de la ville et soumis à des examens, faits à l'ouverture des livres de droit, sans bailler loi ou thème particulier à ceux qui se présenteroient pour soutenir ces examens* (art. 9 et 10).

Des garanties de capacité étaient aussi prises pour les nominations aux places dans les juridictions inférieures (art. 11).

Un certain nombre de siéges présidiaux étaient supprimés, de manière à assurer de *bons gages* aux magistrats conservés (art. 12, 13 et 14).

Le taux du dernier ressort pour les juridictions inférieures était fixé à 250 livres de capital et à 10 livres de rente ou de revenu annuel (art. 15).

Des simplifications étaient apportées à la procédure alors si compliquée (art. 16, 17 et 18).

Il était défendu aux juges de rien prendre des parties, si ce n'est ce qui était autorisé par les ordonnances, ni de prendre pensions chez les seigneurs temporels, ecclésiastiques ou autres, ni de postuler dans leurs sièges pour les parties (art. 19).

Pareilles défenses étaient faites aux gens du roi (art. 20).

Le prévôt de Paris, les baillis et sénéchaux des provinces devaient être de robe courte (c'est-à-dire gens d'épée), gentilshommes, de l'âge requis, avec obligation pour eux de résider en leurs provinces, sous peine, après un délai de trois mois, de privation de leur état (art. 21).

Leur compétence était rigoureusement circonscrite dans la limite de leur juridiction (art. 22).

Il était interdit aux gouverneurs, baillis, sénéchaux, trésoriers et généraux des finances de lever aucun impôt, si ce n'était par ordre du roi (art. 23).

Des précautions étaient prises pour l'arrestation des accusés (art. 24, 25 et 26).

Il était enjoint aux baillis et sénéchaux d'observer les édits sur la pacification du royaume, d'empêcher et réprimer toutes assemblées illicites, etc. (art. 27).

Les seigneurs hauts justiciers devaient obéir aux commandements qui leur seraient faits par le roi, sous peine de confiscation de leurs places et châteaux et même de démolition de ces places et châteaux s'il y avait lieu, avec privation pour ceux qui souffriraient ports d'armes, forces ou violences exercées en leurs justices, de privation desdites justices (art. 28 et 29.)

Les autres dispositions de l'ordonnance de Moulins renfermaient de grandes améliorations pour l'administration de la justice et de la police.

Parmi elles, nous devons mentionner notamment l'article 71, ainsi conclu : « Pour donner quelque ordre à la police des villes de nostre royaume, et pourvoir aux plaintes qui de ce nous ont esté faites, avons ordonné que les maires, eschevins, consuls, capitouls et administrateurs des corps des dites villes, qui ont eu cy-devant et ont de présent l'exercice des causes civiles, criminelles et de la police, continueront ci-après seulement l'exercice du criminel et de la police, à quoy leur enjoignons vaquer incessamment et diligemment, sans pouvoir doresnavant s'entremettre de la cognoissance des instances civiles entre les parties, laquelle leur avons interdite et défendons ; et icelle renvoyons et attribuons à nos juges ordinaires, ou des hauts justiciers des villes où y a corps et communautez... non obstant tous privilèges, coustumes, usances et prescriptions que l'on pourroit alléguer au contraire. »

C'était là une des tentatives les plus hardies de L'Hospital pour la bonne administration de la justice. Il avait déjà enlevé aux corps municipaux la connaissance des causes commerciales; il leur enlevait par cette disposition la connaissance des causes civiles, pour la remettre aux tribunaux ordinaires. Aussi ces corps mirent-ils beaucoup de résistance à l'exécution de cette mesure. Ils opposèrent au monarque des titres plus vieux que la monarchie. «Or, dit Loyseau, quand on voulut exécuter cette ordonnance de Moulins, et oster en effet aux villes la justice civile, plusieurs villes y formèrent opposition ; les unes disant que cette justice leur appartenoit de toute ancienneté, même avant l'établissement de cette monarchie [1]. » Les capitouls de Toulouse invoquèrent les priviléges dont ils jouissaient sous les Romains ; Reims allait jusqu'à dire que son droit de justice remontait au delà de l'entrée de Jules César dans les Gaules ; les plus modestes puisaient leur droit dans un prétendu pacte primitif des Francs et des Gaulois.

L'Hospital ne s'arrêta pas devant ces réclamations : il poursuivit son but et finit par triompher de toutes ces résistances.

Nous devons encore signaler l'article 74 de l'ordonnance de Moulins qui renouvelait l'interdiction des confréries et banquets pour la réception des maîtres en tous arts.

Le Parlement de Paris n'enregistra l'ordonnance de Moulins qu'après de vives remontrances, et avec

[1] *Des seigneuries,* ch. xvi, art. 82.

la promesse de quelques modifications qui eurent lieu par une nouvelle déclaration du 11 décembre[1].

En même temps que L'Hospital améliorait l'administration de la justice, il voulait aussi apporter de nouvelles réformes dans le conseil privé du roi. Tel fut l'objet d'un grand règlement fait à Moulins le 20 février 1566, dont nous citerons l'article suivant, relatif aux finances : « Que les personnages de son conseil (du roi) à ce par luy députez s'assemblent tous les dimanches de chacune semaine au logis et avec monsieur le chancelier et appellent le trésorier de l'espargne pour entendre de luy le devoir que les receveurs généraux font de satisfaire à ce qu'ilz doivent, quelz deniers il a reçeus et quelles dépenses il a faictes pendant la semaine et adviseront aux aultres choses dépendantes du faict des finances pour le lendemain en venir faire rapport au roy et à son dict conseil. »

« C'est un des plus imposants spectacles de l'histoire, dit un historien éminent, en parlant de ces ordonnances, de voir ce noble vieillard travailler ainsi au profit d'un lointain avenir pour se consoler de son impuissance contre les misères du présent. L'Hospital n'avait plus ses illusions de 1560. Il luttait sans aide et sans espoir ; il voyait la France invinciblement entraînée jusqu'au fond d'un abîme de malheurs et de forfaits. — « Quand cette neige sera fondue, disait-il tristement en passant la main sur sa barbe blanche, quand cette neige sera fondue, il ne restera que de la boue[2]..... »

[1] *Anc. lois franç.*, t. XIV, p. 219.
[2] Henri Martin, *Histoire de France*, t. IX, p. 201.

C'est lors de ce séjour à Moulins que Brantôme eut occasion de dîner avec L'Hospital. Voici comment il raconte cette scène : « C'estoit un autre censeur Caton, celuy-là, et qui sçavoit très-bien censurer et corriger le monde corrompu. Il en avoit de tout l'apparence, avec sa grande barbe blanche, son visage pasle, sa façon grave, qu'on eust dict, à le voir, que c'estoit un vray portraict de sainct Hiérosme : aussi plusieurs le disoient à la court.....

« Il me souvient qu'une fois à Moulins, j'avois prié M. d'Estrozze (Strozzi)[1] (car il l'aimoit fort), de luy parler de quelques affaires que j'avois, qu'il me despécha aussitost, et nous fit disner très-bien, du bouilly seulement (car c'estoit son ordinaire pour les disners), avecques luy en sa chambre, et n'estions pas quatre à table, où durant le disner ce n'estoit que beaux discours, beaux mots et belles sentences, qui sortoient de la bouche de ce grant personnage, et quelques fois aussi de gentilz mots pour rire.

« Après disner, on luy dit qu'il y avoit là un président et un conseiller nouveaux qui vouloient estre receuz de luy en leurs nouveaux estats qu'ils avoient obtenus. Soudain il les fit venir devant luy, qui ne bougea ferme de sa chaire. Les autres trembloient comme la feuille au vent. Il fit apporter un livre du Code sur la table, et l'ouvre luy mesme, et leur monstre à l'un après l'autre une loy à expliquer, leur en faisant sur elle des demandes, interrogations et

---

[1] Philippe Strozzi, né à Venise, en 1541, mort en 1582. Il fut colonel général de l'infanterie française et un des plus grands capitaines de son temps. Brantôme a fait son éloge. (Voyez édit. Foucault, t. IV, p. 417 et suiv.)

questions. Ils luy respondirent si impertinemment et
avec un si grand estonnement, qu'ils ne faisoient que
vaxiller et ne sçavoient que dire : si bien qu'il fut
contrainct leur en faire une leçon, et puis leur
dire que ce n'estoient que des asnes, et qu'encor
qu'ils eussent près de cinquante ans, qu'ils s'en allassent encor aux escoles estudier.

« M. d'Estrozze et moy estions près du feu qui
voyons toutes leurs mines, plus esbahys qu'un pauvre homme qu'on mene pendre. Nous en ryons sous
la cheminée nostre saôul. Ainsy M. le chancelier les
renvoya sans recevoir leur serment, et qu'il remons-
treroit au roy leur ignorance, et qu'il en mist d'autres en leurs places.

« Après qu'ils eurent passé la porte, M. le chancelier se tourna vers nous, et nous dict : « Voylà de
grands asnes ; c'est grand charge de conscience au
roy de constituer ces gens là en sa justice. »

C'est avec raison que Bayle dit, en parlant de ce
portrait, qu'il « ne trouve rien qui égale la description de Brantôme. »

Pendant que la cour était encore à Moulins, au mois
de février 1566, le cardinal de Lorraine demanda, au
nom du Parlement de Bourgogne, l'abrogation de l'é-
dit d'Amboise, comme trop favorable aux protestants.

Nous avons trouvé dans un des manuscrits de la
Bibliothèque impériale [1], un récit contemporain des
*Propos fascheux tenus au conseil entre le cardinal
de Lorraine et le chancelier de L'Hospital*, à l'occasion de cette demande du cardinal. Nous le donnons
ici textuellement :

[1] Département des mss. — Mss. français, n° 3951, f° 100, *verso*.

« Le cardinal de Lorraine remonstra que c'estoit
contre l'édict de pacification et déclaration faicte sur
iceluy de permettre aux ministres l'accès et demeure
èz villes et lieux de ce royaume où l'exercice de
leur religion n'estoit permis, alléguant les scandales
et émotions qui pourroient advenir par le moyen
des dicts ministres. Et disoit davantage que par le
dict édict estoit seulement permis d'avoir un lieu en
chascun bailliage et séneschaussée pour faire exercice de la religion. Et que par la permission qui estoit donnée aux dicts ministres d'aller par toutes maisons visiter les malades et les consoler, ce leur estoit
donner moyen de faire l'exercice de leur religion en
autant de maisons qu'ils entreroient, chose qui estoit d'une très-pernicieuse conséquence, et à laquelle
Sa Majesté et son conseil devoient bien prendre
garde. Sur quoy le chancelier remonstra que les dé-
clarations ci-dessus estoient conformes aux édicts. —
Quels édicts demande le cardinal ? — A ceux qui ont
été faicts pour la pacification du royaume, et que
vous n'ignorez pas, respond le chancelier, et qui se
vendent publiquement par les merciers. — Le cardinal insiste que n'estoit suivant les édicts et ne les
avoit veues. Le chancelier insiste du contraire. Puis
dict, comment voulez-vous donc que fassent ceux
de la religion. C'est une chose pitoyable que de visiter et consoler les malades. Voudriez-vous que
lors qu'ils sont sur le poinct de la mort, ils ne soient
poinct consolés par la parole de Dieu ? — Demande
le cardinal, plus tôt poison. — A cela respond
le chancelier vous le dictes, et ils en disent autant de vostre religion. Si vous estimez la leur poi-

son, pourquoy ne disputez vous à l'encontre d'eux, et les confondez par textes de la saincte Escriture, veu qu'ils s'offrent journellement pour disputer, et ne demandent autre chose? Une conférence seroit plus nécessaire que d'y venir par les violences, lesquelles nous avons veu n'avoir de rien servy pour contraindre les hommes à croire contre leur conscience. Et continuant son propos, dict au cardinal, vous nous voulez en ce faisant ramener aux troubles.—Il semble à votre dire que ce soit moy qui les ait amenez par cy-devant. — Vous le sçavez, respond le chancelier. — Alors le cardinal dit qu'il estoit permis à chascun de parler librement au conseil du roy et estoit d'advis que si ceux qui sont de la nouvelle religion veulent estre consolez et visitez en leur maladie, il faut qu'ils le soient par les évêques ou par ceux qui sont commis et députez d'eux. — A quoy respond le chancelier, que ceux de la dicte religion tiennent fermement qu'ils blesseroient leurs consciences s'ils s'assujetissoient aux cérémonies des prêtres et évêques, et que de les forcer il n'y avoit ordre qui ne voudroit veoir renaistre les troubles. Que de vouloir estre consolé par les prebstres, ils y consentiroient encore moins. Et de dire que les ministres les allassent visiter et consoler par permission des évesques ou curez, l'on sçavoit que les dicts évesques et curez n'y consentiroient jamais. —Alors le cardinal de Lorraine, adressant la parole à M. le cardinal de Bourbon, lui dict : « Vous voyez, Monsieur, comme il ne faut plus d'évesques, » pensant par là rendre le cardinal de Bourbon favorable à sa cause. — C'est grand cas, dict le chancelier, que voulez si mal à ceux de la religion. Vous ne pouvez endurer que vifs ils servent à Dieu, et voulez qu'estant prests à mourir ils n'en oyent parler aucunement. Voulez-vous qu'ils meurent comme bestes et chevaux. — Le cardinal maintint là-dessus qu'il faut qu'ils soyent visitez et consolez par les évesques et curez. Le chancelier maintint le contraire et dict : « Vous taschez merveilleusement à les ruiner et affoiblir. » — A quoy respond le cardinal : « Aussi tâchons-nous par tous moyens à les rendre foibles, afin qu'ils ne demeurent en ce royaume et qu'il n'y restast que la seule religion du roy. — Le cardinal respond que c'estoit luy qui les aigrissoit, et que partout où il estoit il vouloit estre le coq. Et ne se trouveroit jamais en conseil où seroit le chancelier, — Lequel respond, sur ce, que l'on s'en passeroit bien. — Plusieurs seigneurs du conseil trouvèrent bien estranges les façons de faire du dict cardinal et y en eurent plusieurs qui dirent tout hautement que cela étoit impossible de forcer ceux de la religion d'estre visitez et consolez par les prebstres, et que semblablement s'il falloit prendre permission des évesques pour avoir les ministres pour la visitation des malades, les dicts évesques ne l'accorderoient jamais. »

Cette scène fit beaucoup de bruit dans le temps. Elle paraît adoucie dans le document que nous venons de rapporter. En effet, L'Estoile assure que le chancelier ayant dit au cardinal de Lorraine : « Monsieur, vous êtes déjà venu pour nous troubler, » celui-ci lui répondit : « Je ne suis pas venu pour vous troubler, mais empescher que ne troubliez, comme vous avez fait par le passé, *belistre que vous êtes.* » Le cardinal de Bourbon prit fait et cause pour son collègue. « Ils se levèrent tous deux en colère, ajoute L'Estoile, et entrèrent en la chambre de la reyne, qui étoit malade, et les apaisa le mieux qu'elle put. Le roy les renvoya au conseil, auquel M. le duc d'Anjou vint et assista. Il fust arresté toutes fois, par le roy et la reyne, que le dit édit (celui d'Amboise) seroit cassé [1]. »

Avant de rentrer à Paris, L'Hospital eut la satisfaction de revoir le lieu de sa naissance. En effet, après avoir visité Clermont et Riom, le roi et son cortége se rendirent à Aigueperse, le 3 avril 1566, et y couchèrent. On revint ensuite par Cosne, la Charité-sur-Loire, Auxerre, Sens, Bray-sur-Seine, Nangis, Monceaux près Meaux et Saint-Maur-des-Fossés ; puis le roi rentra à Paris, le 1er mai 1566, après avoir fait plus de neuf cents lieues.

Le but que L'Hospital s'était proposé en conseillant ce voyage au roi et à la reine sa mère, fut manqué. Charles IX était incapable de profiter des leçons d'expérience que son sage chancelier avait cherché à lui donner, et celui-ci s'aperçut, à son retour à la cour, qu'il ne tarderait pas à être obligé d'aller, dans la retraite, pleurer sur sa patrie déchirée et se préparer doucement à la mort.

[1] Collect. Petitot, 1re série, vol. XLV, p. 62.

XIII

Lois somptuaires. — L'Hospital veut établir le concours pour les chaires vacantes. — Édit des mères. — L'Hospital repousse les prétentions de l'Angleterre sur Calais.—Visite triennale du chancelier au Parlement. — Seconde guerre civile. — Paix de Lonjumeau. — Elle est due particulièrement à un *Discours* du chancelier (1561-1568).

Quoique nous nous soyons appliqué à maintenir autant que possible l'ordre chronologique dans l'exposé des actes législatifs de L'Hospital, nous avons dû cependant réunir en un seul groupe tout ce qui est relatif aux lois somptuaires, dont on a fait si souvent un reproche à sa mémoire.

Ces lois, il n'en était pas l'inventeur; dès 1294, Philippe le Bel avait rendu un édit qui fixait le costume des prélats, ducs, comtes, barons, bannerets, châtelains; le nombre des robes qu'ils pouvaient posséder, eux et leurs épouses, le nombre de leurs repas et des mets qui pouvaient être servis sur leurs tables [1].

Depuis, sous presque tous les règnes, des lois semblables avaient été faites.

Les Bénédictins, auteurs de l'*Art de vérifier les dates*, ont dit, en parlant de celles qui appartiennent à l'administration de L'Hospital : « Il est singulièrement malheureux pour la nation et pour lui, dit un

---

[1] *Ordonnances du Louvre*, t. I, p. 541. — M. Beugnot, les *Olim*, t. III, p. LXXI.

homme d'esprit, que toutes les inventions modernes, du fisc, même celles qu'on a été obligé d'abandonner comme les plus absurdes, les plus vexatoires, les plus préjudiciables au souverain et à la nation, aient toujours été appuyées de quelques ordonnances de son temps [1]. »

Nous devons l'avouer, L'Hospital, qui, dans bien des occasions, avait devancé l'esprit de son siècle, ne sut pas le faire en cette matière. Il nous paraît bien singulier aujourd'hui qu'un esprit aussi éclairé soit descendu jusqu'à défendre aux valets de labourage de se marier sans la permission de leurs maîtres ; jusqu'à régler la manière dont un laboureur devait nourrir ses charretiers, le nombre des mets qu'on pouvait faire servir dans un festin ; ce qu'un voyageur devait dépenser dans une auberge, l'espèce de viandes qu'il lui serait permis de manger. Les cuisiniers et les hôteliers étaient condamnés à des peines afflictives s'ils violaient ces règlements. D'autres lois déterminaient la forme des hauts-de-chausses et des vertugadins, défendaient de faire des bûches et des échalas carrés, de manger des agneaux et des volailles en certain temps de l'année. Enfin, ajoute-t-on, L'Hospital défendit de crier des petits pâtés dans les rues, pour ne pas exposer les pâtissiers *à l'oisiveté* et le public *à des indigestions*.

Condorcet, qui adresse ces reproches à L'Hospital [2], attribue *cet esprit réglementaire* du grand homme à son goût pour le *système prohibitif*.

---

[1] T. I, p. 651. de l'éd. de 1783.

[2] *Éloge de l'Hospital,* œuvres de Condorcet, t. IV, p. 554, de l'édit. de 1847.

Nous croyons que Condorcet apprécie trop ces mesures au point de vue du dix-huitième siècle. Pour ce qui concerne les lois somptuaires proprement dites, elles ne faisaient que remettre en vigueur des dispositions antérieures, et d'ailleurs elles avaient été demandées par l'assemblée des états d'Orléans, de 1560. Lange, avocat au parlement de Bordeaux, qui parla pour le tiers état, se plaignit de la superfluité et de la somptuosité affichées par les ecclésiastiques, les gens de justice, partisans, financiers, et ce fut pour faire droit à ces remontrances que le chancelier introduisit dans l'art. 145 de l'ordonnance d'Orléans une disposition qui faisait défense « à tous manans et habitans des villes d'avoir des dorures sur plomb, fer, bois, et l'usage des parfums apportez des pays étrangers, à peine d'amende arbitraire et de confiscation de la marchandise ». Cette disposition, trop abrégée pour satisfaire aux plaintes des états, fut étendue à tous les autres objets de luxe, notamment aux habits, par l'édit du 22 avril 1561.

Quant à la réglementation des aliments, depuis le modeste repas des valets de labour, jusqu'aux tables les plus somptueuses, les édits des 15 janvier 1563 et 20 février 1565, ainsi que l'ordonnance de Moulins de février 1566, et la déclaration du 25 mars 1567, qui y avaient pourvu, étaient fondés sur la disette occasionnée par les guerres civiles qui ensanglantaient alors la France et qui nuisaient à la culture des terres. Les dispositions relatives aux bûches et aux échalas tenaient à la législation forestière de l'époque (édit du 24 septembre 1563); elles étaient re-

nouvelées d'un édit du 22 mai 1539. Enfin la défense
de vendre des petits pâtés était contenue dans des
lettres patentes de juillet 1566, portant confirmation
des *statuts et ordonnances des maîtres jurés, gardes
et communauté de l'art de paticier et oblayer de la
ville de Paris*. Voici l'article 10 qui renferme cette
singulière défense :

« Ne pourront les dits maistres (patissiers), tant de
ceste ville de Paris que fauxbourgs d'icelle, envoyer
les dicts apprentis crier, vendre et débiter par la dicte
ville et fauxbourgs, petits pastez, petits choux, es-
chaudez, rissolles, tartelettes et autre menue marchandise du dict mestier, attendu les inconvéniens,
fortunes et maladies qui en peuvent advenir, et aussi
que c'est la perdition des dits apprentis qui ne peuvent apprendre leur mestier, et au lieu de ce apprennent toute pauvreté et ne peuvent, à la fin de
leur temps, estre ouvriers de leur dit estat, qui est
une grande charge de conscience aux dits maistres,
et ce sur la peine que dessus (4 livres parisis d'a-
mende) ».

Sans doute, si on juge ces mesures d'après les
lumières de l'économie politique moderne, elles pa-
raîtront absurdes et vexatoires. Mais il faut se re-
porter au temps où elles furent prises, et l'on verra
qu'elles se rattachaient au système des jurandes et
maîtrises que personne ne songeait alors à critiquer,
et qui n'a disparu qu'en 1789; elles ne semblèrent,
du reste, nullement extraordinaires à ceux auxquels
elles s'appliquaient.

Mais, en revanche, il est une loi qui témoigne d'une
manière incontestable de l'esprit libéral du chance-

lier. Nous voulons parler de la déclaration qu'il fit rendre, le 8 mars 1566, pour prescrire que les chaires vacantes dans l'université de Paris seraient données à la suite d'un concours public, après avis donné de la vacance aux universités les plus fameuses. Cette déclaration avait été faite à la suite des réclamations du célèbre et infortuné Ramus [1]. Toutefois, suivant le témoignage d'un historien, elle ne reçut jamais d'exécution, l'usage l'emportant sur la loi.

Le 4 février 1567, parut un édit fort important sur la police, contenant encore des dispositions somptuaires sur les habits des femmes, des veuves et des filles [2], et au mois de mai de la même année, *l'édit des mères*, réglant l'ordre de succession des mères dans les provinces de Guienne, Languedoc, Provence et Dauphiné, etc. En vertu de cette loi, les mères, en pays de droit écrit, survivant à leurs enfants, ne pouvaient plus leur succéder dans les biens propres, meubles et immeubles, provenant de la ligne paternelle, qui retournaient à cette ligne.

D'après le traité de Cateau-Cambrésis, passé avec l'Angleterre en 1559, la remise de Calais à cette puissance devait être opérée au bout de huit ans, à la condition que, pendant cet intervalle, elle n'entreprendrait rien contre la France. La prise du Havre par les Anglais avait changé cette condition ; aussi, dans le traité passé à Troyes avec la reine Élisabeth en 1564, les Anglais avaient-ils peu insisté sur cette remise.

Toutefois l'Angleterre ne perdit pas de vue cette

[1] Crévier, *Hist. de l'Université de Paris*, t. VI, p. 199.
[2] Fontanon, I, 805.

affaire. La reine Élisabeth fit partir pour la France, au commencement de 1567, un envoyé appelé Thomas Smith, qui fut admis, ainsi que de Novrey, ambassadeur d'Angleterre, le 29 avril de cette année, auprès du roi qui était alors à Saint-Maur-des-Fossés, pour réclamer la restitution de Calais, les huit années prévues par le traité de Cateau-Cambrésis étant expirées. Le roi consulta son conseil sur cette grave affaire. Smith y fut appelé et reproduisit ses arguments en faveur de la restitution de Calais ; parmi eux, il invoquait ce fait, que Marie Stuart étant reine de France, avait pris les armoiries de l'Angleterre, et que des gentilshommes et gens de guerre français étant en Écosse étaient chargés, non-seulement de conserver ce pays, mais encore d'entreprendre sur le royaume d'Angleterre, d'où il résultait que c'était la France qui avait la première violé le traité.

L'Hospital répondit que, « le traité de Cateau-Cambrésis bien entendu, il se voyoit clairement que la reine d'Angleterre étoit déchue de ce qu'elle prétendoit audit Calais, et en ce qu'il porte que celui qui commencera à attenter par armes, est exclu et privé de tout droit, qu'il étoit clair et sans difficulté que se saisissant du Havre-de-Grâce, elle étoit tombée en la peine du dit traité. De fonder l'innovation de notre côté, pour les armoiries prises par la reine d'Écosse, c'étoit chose qui ne regardoit pas le roi et ne le touchoit aucunement ; qu'il faudroit qu'ils s'en adressassent à elle, si raison y avoit ; et encore, quand il faudroit commencer de ce temps-là à regarder qui auroit failli le premier, il se trouveroit que ce seroit ladite dame reine d'Angleterre, d'autant que l'on savoit bien le secours, faveur et assistance de gens, d'argent, artillerie et munitions qu'elle avoit envoyé audit pays, pour défendre les Écossois lors ses sujets désobéissants, et pour lesquels châtier et remettre en obéissance, Sa Majesté avoit envoyé ses forces par-delà, et non à autre occasion ; en quoi ils furent empêchés par l'armée qu'y avoit par mer et par terre ladite dame reine d'Angleterre, qui même tient la ville du Petit-Lit [1] longuement assiégée, par où elle faisoit ouverte déclaration d'hostilité et contravention au dit traité, et par ce moyen perdoit le droit que le dit traité de Cambrésis lui laissoit sur le dit Calais. Quant aux lettres interceptées, quand il y en auroit de cette substance, que non, d'autant que le roi n'eut jamais cette intention, ce seroit un fondement qui ne seroit assis que sur opinion, et le dit traité parle clairement, quand il dit par armes, ainsi qu'il s'est vu que du côté de la dite dame reine d'Angleterre, elle a fait audit pays d'Écosse, et depuis au Havre-de-Grâce et à Rouen même, où beaucoup de ses sujets furent trouvés à la reprise de la dite ville de Rouen [2]. »

Ces paroles du chancelier produisirent un grand effet, et Calais ne fut pas rendu.

L'Hospital n'avait pas reparu au Parlement depuis le voyage du roi. Il choisit l'anniversaire de son ad-

---

[1] On appelait ainsi en France le port d'Édimbourg (Leith). Cette place était défendue par le vicomte de Martigues, à la tête de trois mille Français. Elle était assiégée par les Anglais et fut rendue par un traité du 6 juillet 1560.

[2] Le Laboureur, *Additions sur Castelnau*, t. II, p. 265.

mission dans ce corps, pour venir y prodiguer encore les trésors de son expérience et de ses conseils. Il s'y rendit en effet, le 26 juillet 1567, accompagné de son ami l'évêque de Valence, et de l'abbé de la Chaise-Dieu, conseillers d'État, faire ce qu'il appelle « ses triennales[1], et pense, dit-il, qu'il y a trente ans que je fus receu céans conseiller à semblable jour. » Il y prononça une longue harangue dont nous ne citerons que les principaux traits.

Il commence par annoncer qu'il va parler un peu des affaires de la justice, et un peu aussi de celles mêmes qui appartiennent à cette compagnie.

« J'ai, dit-il, faict mon cours, et suis prez de la fin : Je vins en cest estat de chancelier en temps troublé et fort turbulent; n'ay jamais eu une heure de repos durant sept ans.

« J'ay encoureu plusieurs périls, et ai eu inimitiez de plusieurs que n'ay cherché ne recherché, mais ne les ay refusées pour le service du roy et du public.

« Je doibs servir d'exemple et enseignement à la postérité pour ne désirer ce hault lieu d'honneur. Puis dire ce qui est escript du prince, parlant du diadème, qu'il appeloit malheureux drapeau, et disoit que qui sçauroit les maulx et misères cachés sous iceluy, ne le daigneroit lever de terre.

« Quiconque désire ma charge ne désire que peine, travail et malheur qui la suit... »

Il ajoute que l'on se plaint, non de la justice, mais des juges, et recherche les causes de ces plaintes. La vénalité des charges lui déplaît, et il préfère l'élection

---

[1] Il est évident qu'il faut *tricennales ;* mais le mot *triennales* est dans les registres.

des officiers des lieux par les cours souveraines, c'est-à-dire la présentation par ces cours de trois candidats au roi, parmi lesquels il en choisit un. « Retourner à la vénalité seroit de mauvais en piz. »

Le chancelier exhorte les magistrats à la concorde. « C'est chose honteuse que ceulx qui doibvent composer les différends des autres soyent en différend entre eulx... Que pensent les partyes qui se promènent en la salle du palais, attendant jugement de leur procez, quand elles savent qu'une chambre combat contre l'aultre, et que, en la chambre où est leur procez, y a débats entre les judges? Et ne doubtez que tout ne soit rapporté au roy. »

La religion est cause qu'il y a souvent différend entre les juges. « Je ne le puys croire, dit-il, combien qu'il soit adveneu quelque foys que les judges peschent, non-seulement par haine singulière des plaideurs, mais aussy par une certaine hayne commune ou délation, et de la religion ou aultres semblables... Me souvient que, en la grand' chambre y avoit ung président, lequel, aprez avoir ouy le rapport d'ung procez criminel, se leva, et dict aux aultres jusges qu'ilz ne laissassent de passer oultre. On lit les pièces. Rentré dedans demanda : Eh bien ! est-ce faict? Luy est répondeu que les preuves avoient esté leues. Ce ouy, dict : Opinez. Leur est remonstré qu'il n'avoit ouy les dites preuves. Ce néantmoins il dict : C'est tout ung; c'est ung meschant : dépeschez-le. Ainsy il y a des hommes qui hayent des nations et des religions. Les judges sont judges de la cause, non de la nation ou religion. »

L'Hospital se plaint ensuite de la négligence des

magistrats. « On ne vient aux heures requises. Que l'on regarde les *debentur*. Ilz font la leçon à un chascung qui les doibt bailler jour pour jour, heure pour heure. Y en a de vieux et indisposez et excusables ; mais ne soyons mignards et trop délicats. Je suis vieux et maladif, et me convient marcher lorsque je me reposerois volontiers, et y suis contrainct par le debvoir de ma charge : aussy êtes-vous tous, et avez bons présidents diligens qui vous monstrent le chemin. »

L'Hospital combat ensuite l'ambition et l'avarice ; il recommande la discipline et le respect des ordonnances. « Aux mercuriales fault traiter les maladies, les faultes les plus grandes et griefves, et ne s'amuser aux légères ; la discipline est nécessaire en toute compagnie. J'ay vu céans, du temps que j'y étois, des genz qui, par crainte des mercuriales, se réformoient d'eulx-mêmes. »

Il se plaint, en terminant, de ce qu'un office de lieutenant de Provins étant devenu vacant par la mort du titulaire, il y avait nommé, conformément aux édits, le lieutenant particulier. Nonobstant cette nomination, on demanda l'office au roi sous prétexte que le pourvu était huguenot. Le roi en ayant nommé un autre, celui-ci offrit au lieutenant particulier de lui abandonner l'office, mais à la condition de lui donner douze cents écus pour racheter la vexation (*sic*). Il en offre cinq ou six cents qui ne sont pas acceptés. « On l'accuse, dit-il, devant Sa Majesté, que, au dire de tout le monde, il est huguenot. Je demande si ce tout le monde est celui qui en veult avoir douze cents écus. » Il prie la cour de ne pas le recevoir s'il n'est capable, mais s'il l'est, il faut qu'il le soit. On a fait la même imputation à un magistrat d'Abbeville, qui a servi vingt-cinq ans et dont on voulait faire rejeter les provisions. « La cour doit administrer la justice à tels pourvus d'offices [1]..... »

La seconde guerre civile éclata au mois de septembre 1567, malgré l'intervention de L'Hospital, qui se plaçait toujours entre les deux partis pour chercher à les séparer. Les huguenots, au mépris d'un article de l'édit de pacification d'Amboise, s'emparèrent d'Orléans. Le duc d'Anjou, alors, fut investi des fonctions de lieutenant général du royaume, le 12 novembre 1567 ; il vint, le 17 du même mois, se faire reconnaître, en cette qualité, au Parlement. Le chancelier le harangua et lui rappela qu'il n'en était pas moins sujet du roi [2].

Ce fut la dernière fois que L'Hospital parut dans le sein du Parlement.

Cette seconde guerre civile se termina l'année suivante, par la paix de Lonjumeau, appelée « la petite paix » tant on prévoyait qu'elle serait de courte durée. Elle fut due principalement à un petit écrit du chancelier intitulé : *Discours sur la pacification des troubles de l'an* MDLXVII, *contenant les causes et raisons nécessaires du traitté de la paix, avec le moyen de reconcilier les deux parties ensemble et les tenir en perpetuelle concorde, composé par un grand personnage, vray sujet et fidel serviteur de la couronne françoise.* Un vol. in-8°, 1568.

Nous avons retrouvé un exemplaire de l'édition

[1] *Registres mss. du Parlement.* — OEuvres, t. II, p. 123.
[2] *OEuvres,* t. II, p. 155.

originale de cet écrit, à la Bibliothèque impériale. Il peint si bien les sentiments de L'Hospital, il nous initie avec tant de vérité aux événements qui se passaient alors et à l'état des esprits, que nous le faisons réimprimer à la suite de cette histoire. Il avait déjà été publié dans l'ouvrage intitulé : *Recueil de divers mémoires et harangues*, etc., *servant à l'histoire de nostre temps,* publié par Lhomel, chez Piere Chevalier, en 1623 (1 volume in-4°), et réimprimé par Dufey de l'Yonne, dans son second volume des *OEuvres de L'Hospital*, d'après un manuscrit que possédait le président de Mesmes, et qui appartient à la Bibliothèque impériale. Mais ce manuscrit, qui est du dix-septième siècle, nous paraît avoir subi des modifications de style, comme la version donnée par Lhomel, et nous préférons reproduire le texte publié, selon toute apparence, sous les yeux du chancelier [1].

La paix de Lonjumeau fut sanctionnée par une déclaration du 23 mars 1568, où était rappelé l'édit de pacification de 1563, sans aucune des restrictions de l'édit de Roussillon.

Mais toutes les raisons que L'Hospital avait données pour le maintien de la paix ne pouvaient lutter contre la violence des passions. La paix de Lonjumeau fut rompue six mois après qu'elle eut été conclue. Pendant qu'elle durait encore, on voulut éloigner de l'Université et des offices de judicature les membres de la religion réformée. Le roi rendit, à cet effet, un édit que L'Hospital refusa de sceller (27 septembre 1567).

[1] Voir Appendice, pièce Ire.

XIV

Le chancelier, voyant que son influence était désormais impuissante pour préserver la France d'une
nouvelle guerre civile, prit le parti de quitter la
cour et de se retirer dans sa terre du Vignay :
« Priant, dit-il, dans son testament, le roy et la reyne
à mon partement, de ceste seule chose, que, puisqu'ils avoient arresté de rompre la paix et de poursuivre par guerre ceux avec lesquelz par auparavant
ils avoient traicté la paix, et qu'ils me reculoient
de la cour parce qu'ils avoient entendu dire que
j'estois contraire et mal content de leur entreprise ;
je les priai, dis-je, s'ils n'acquiesçoient à mon conseil, à tout le moins, quelque temps après qu'ils auroient saoulé et rassassié leur cœur et leur soif du
sang de leurs sujets, qu'ils embrassassent la première occasion de paix qui s'offriroit, devant que la
chose fut réduicte à une extrême ruine ; car quelque
chose que couvoit ceste guerre, elle ne pouvoit estre que très-pernicieuse au roy et au royaume. »

L'Hospital avait encore un autre motif pour s'e
loigner de la cour : il voyait avec un extrême chagrin que Catherine, pour dominer plus facilement
le jeune roi, favorisait ses débauches précoces, et
corrompait son cœur et ses sens par les fêtes volup-
tueuses qu'elle donnait à Fontainebleau [1].

Catherine saisit l'occasion de la nouvelle retraite
du chancelier pour lui redemander les sceaux. Elle
lui envoya Brulard [2], secrétaire des finances, pour
lui dire « qu'elle se préparoit à un voyage qui pouvoit être de quelque durée, et pendant lequel, parce
qu'il seroit difficile et incommode de lui envoyer à
toutes les heures les expéditions qu'il faudroit sceller, elle avoit besoin des sceaux; qu'elle lui man-
doit lui renvoyer par le dit Brulard. »

Le chancelier rendit immédiatement les sceaux
avec cette réponse : « Qu'il mettroit peine de recouvrer ses forces pour revenir servir, si et quant au
roi et à la reine plairoit [3]. » Puis il leur adressa le
Mémoire suivant, qui se trouve dans les manuscrits
de la Bibliothèque impériale avec cette mention :
« Harangue de M. de L'Hospital lorsqu'on luy osta
les sceaux, extraicte sur le bordereau de mémoires
et instructions escript de sa main. »

---

[1] Charles IX se maria à 20 ans, avec Élisabeth d'Autriche. Il avait
déjà pour maîtresse connue Marie Touchet, fille du lieutenant particulier au présidial d'Orléans, d'autres disent d'un apothicaire. Il
en eut deux enfants naturels; un fils mort en bas âge et un autre fils
nommé Charles de Valois, qui fut successivement grand prieur de
France, comte d'Auvergne et duc d'Angoulême.

[2] Pierre Brulard, secrétaire d'état, mort en 1608.

[3] Tessereau, *Histoire de la grande chancellerie*, t. I, p. 149.

« *Au Roi Charles IX et à la Reine-mère.*

« Si j'estois personne privée, je vivrois en paix avec chacun, comme je faics avec mes amis qui me hantent, avec mes voisins, aux champs et à la ville, n'ayant nul procès ne différent à personne.

« Estant chancelier, qui est chef de la justice de France, soubs voz Majestés ; conseillier premier du roy, conservateur de voz biens, de voz droictz, de vostre grandeur et majesté, de vos loix et ordonnances, de voz subjectz, ne peult estre que, faisant mon estat, je n'offance tous ceux qui entreprenent sur vostre Majesté, droictz, domaines, loix et ordonnances ; et, en cest endroict, je n'ay jamais eu crainte de leur desplaire et encourir leur inimitié, estant résoleu vous servir, Sire, non à leur gré, mais au vostre et sçachant qu'il est mal aisé complaire à Dieu ensemble et au monde.

« Je n'ay jamais cherché tant ce nom de bonhomme, faisant plaisir à tous, que d'estre ferme, sachant que la définition de justice est une constante et perpétuelle volonté de garder et bailler à chacun le sien, en ce qui luy apartient, mesme en ce temps si corrompu qu'il faut, pour venir à la droicture, plier au contraire, comme l'arc ou la verge corbe.

« Et, pour ce, je dirois volontiers ce qu'un ancien disoit : vous ne me pouvez souffrir ne endurer, ne moi vous ; et toutefois, en choses indifférentes, ou qui dépendent de la seule grace du prince, sans injures des privez, je me rends aisé et facile.

« Ce que je faictz tant plus régidement, que j'ay trouvé l'aage du roy jeune, qui, de sa bonté et de luy-mesme, se remet de toutes choses à son conseil. Grand reproche nous seroit à tousjours sy ne le servions fidellement : et quel excuse aurions-nous vers luy ?

« Caton fut repris que *perfractè nimis gereret rempublicam*. Or, Sire, puisqu'il vous plaict me faire cest honneur d'entendre mes intentions, ce n'est pas en une partie de ma vie et de mes actions que je tiens ceste reigle, c'est en tout.

« Ce n'est une façon composée à temps et à lieu qui se decouvre bientost; car la faintise et dissimulation de la vertu n'est de durée. C'est au faict de la justice, c'est aux finances, c'est à l'Esglise : ce n'est avec une sorte de genz, c'est envers tous, à grands et petits, riches, puissans, foibles, pauvres, cardinautz, prelatz, princes et seigneurs, parlementz, autres gens de justice, gouverneurs, baillis, séneschaux, avec tel honneur, toutefois, et révérence qui leur apartient; et au regard des estrangiers, papes, rois d'Espaigne, d'Angleterre; car je n'ay que un roy à qui j'ay faict le serment, pour lequel je ne crains aucune offence, appuyé de luy seul, espérant en luy seul, et l'aimant pour le debvoir d'amour naturel et d'obligation, non pour espérance de crédit, de faveur et de biens.

« Cela faict que je ne suis partial, comme souvant advient au conseil des princes, ne du pape, ne de l'empereur, ne du roy d'Espaigne, ne de la roine d'Angleterre; mais comme le magnez, je tourne tousjours à la tramontane ou l'herbe qui tousjours se tourne et suit le soleil, non toutefois, comme flateur :

car ès choses qui touchent le roy, je regarde plus à choisir les choses profitables qu'agréables, espérant qu'il me saura quelque jour bon gré, ou .... estant contant et satisfaict du contentement à ma consience;

« Et doubtant qu'il y a aucuns qui sèment le bruit et me veullent tirer et amener en envie, que je me rans partial. Je vous suplie, laissons ces généralitez, qui tousjours ont plus de calomnie et de soupçon que de vérité, et venons au particulier, que nous recongnoistre icy, devant nostre roy et roine, attendu que le temps que j'ay servi en cest estat est de fraiche et recente mémoire [1].

« Dieu mercy, l'on ne me charge d'avarice, ne corruption, ne d'ambition, ne de cruauté, encore que il semble qu'elle aproche de sévérité.

« Je ne délivre commissions pour tourmenter, travailler aucuns en leurs personne ou bien; je ne suis facile ne remis à donner grace en rémission et à dissouldre les nerfs et liens de la justice.

« Doncques, ce qui offence le plus, c'est que je soustiens les affligez contre ceulx qui les veulent opprimer, les foibles contre les fortz, les pauvres contre les riches, je desire les lois et ordonnances avoir lieu en tous estatz, en l'Église, en la justice, en la noblesse, au peuple, Dieu estre servy et le roy obéy.

« Quand ceste guerre dernière commença [2], je

---

[1] Ce passage a pu faire croire que L'Hospital avait remis au roi ce mémoire lors de sa première disgrâce en 1562; mais nous pensons qu'il fut rédigé lors de sa disgrâce définitive, en 1568, et s'il y dit que *le temps qu'il a servi en cet état* (de chancelier) *est de fraîche et récente mémoire,* c'est que huit années ne lui paraissaient pas un long laps de temps.

[2] La seconde guerre civile qui éclata au mois de septembre 1567.

monstray qu'elle me desplaisoit, prévoyant le mal qui en est advenu. J'encoureus la malegrace de ceux qui la vouloyent. Les parlements, s'estant jettés de ceste part, m'ont voulu mal de mort, et beaucoup de gens d'église, qui pensoient que c'estoit favoriser les huguenotz que de chercher la paix.

« Combien ma volonté estoit bonne, la paix l'a monstré [1]. Depuis, toutefois, cecy a continué, parce que ceste aigreur estoit demeurée au cœur des hommes, qui estiment leurs ennemis tous ceux qui les empeschent d'exécuter leurs volontez : l'on suscite le pape et autres seigneurs contre moy. Par la grace de Dieu, de voz majestez, et mon innocence, j'échapay : voilà quant au public.

« Quant au particulier, je toucheray les grandz qu'on dict que je combats. Il est mort des grans qui ne me hayoient que pour ceste entreprise de guerre. Quelque grand prince se courrouça à moy, de ce qu'il disoit que les pacquetz de son gouvernement se debvoient adresser à luy.

« Ung aultre pour son proffit et que je ne consentois à quelques choses contre le proffit du roy.

« De freiche mémoire, j'ay esté en contention avec quelque un, pour soustenir les subjectz du roy, et pour ce qu'on leur oste la liberté de se plaindre qu'ilz sont foullez et oppressez.

« Ce n'est pas donc contre tous. Souvenez-vous contre qui ; considérez quelz gouverneurs, et ce qu'il se faict : les bons ne doibvent défendre les faictz des mauvais.

---

[1] La *petite paix* ou *paix de Lonjumeau*, conclue dans ce bourg et confirmée par la déclaration du 23 mars 1568.

« Pour défense, l'on rejette sur la religion : Quiconque sera soit d'une ou autre religion, s'il est offencé, il trouvera tel secours en moy que je pourray lui bailler ; et s'il y a personne qui s'en plaigne, qu'on le die.

« Fault suivre tous les gouvernemens.

« Voulez-vous qu'on se taise en telz et si exécrables faicts? L'ignorance des pouvoirs pour l'aage ou l'ambition, cruaulté, avarice, vengence, prevots des mareschaux apostez, fut leu une lettre au conseil d'un qui en faisoit vingt-quatre, la lettre du conte de Sommer [1].

« Si c'estoient entreprinses sur nous et nos biens, nous crierions vengence ; les injures publicques sont mesprisées. Le roy François de la Mule du conseiller (*sic*). Assemblées et ports d'armes défenduz, et toutefois les grandz sont aimez plus que le roy, et en présence du roy.

« Les biens des subjectz, leurs vies, l'honneur aux femmes et filles. » (Le reste du mémoire manque.)

On lit, après un intervalle laissé en blanc, l'addition suivante, et de la même écriture que les notes précédentes. :

« Et au dos de l'original des dictz mémoires estoit escript :

> Hæc me scribentem petrosi plana Salonis
> Excipiunt ; conor lapides numerare, simulque
> Diffugiunt versus, et penna recondita thecæ [2]. »

---

[1] Ce mot est écrit ainsi dans la copie. Une correction porte en note *Conte de Sommerial.* La même main a mis, trois lignes plus bas, le mot *Mule,* avec un point sous chaque lettre à la place d'un blanc.

[2] Bib. imp., mss., fond. Dupuy. vol. 491, fᵒ 48.

Malgré ce mémoire, le roi n'en persista pas moins à retirer les sceaux à L'Hospital. Des lettres de décharge lui en furent accordées le 6 février 1568, avec réserve des titres, honneurs et émoluments de chancelier sa vie durant. Elles furent enregistrées au Parlement, le 11 mars suivant [1].

Par d'autres lettres du 24 mai 1568, le roi confia les sceaux à Jean de Morvilliers, ancien évêque d'Orléans [2], qui, dit-on, ne les accepta que dans l'espoir de les remettre un jour à L'Hospital [3], et sans vouloir prendre de lettres de provision en titre d'office, ni de commission. Quoi qu'il en soit, L'Hospital crut devoir écrire la lettre suivante au nouveau garde des sceaux :

« Monsieur, j'ay veue la letre que la roine m'a escripte et entendue la créance de ce porteur (Brulard) qui m'a dict la dicte dame n'avoir communiqué ce propos à aultre que à vous, dont je suis fort aise, pour l'asseurance que j'ay tousjours eue de vostre amitié et que en cela vous vouldrez et pouvez beaucoup m'aider. Puisqu'il plait à LL. MM. establir un garde de sceaulx, je ne puis ne veulx l'empescher : c'est raison qu'ilz soient servis de serviteurs et officiers qui leur soient agréables et à ceulx qui sont près d'eux et qui soient convenables à ce temps et affaires qui se présentent. Reste à regarder à moy auquel ils entendent fere tel traictement ou meileur

---

[1] Le P. Anselme, t. VI, p. 489.

[2] Né à Blois le 1er décembre 1506 ; évêque d'Orléans en 1552, démissionnaire en 1564, garde des sceaux en 1568, s'en démit en 1571, mort à Tours en 1577.

[3] Henri Martin, *Hist. de France*, t. IX, p. 238.

que n'ont faict leurs prédécesseurs en pareil cas aux officiers qui estoient excusez par maladie ou viellesse. Vous savez, Monseigneur, que jamais à aucun excusé par office, maladie ou viellesse furent ostez ou diminués ses gages ; savez aussi ce que fut faict à feu Monsieur Olivier et comme ses estas et pensions luy furent réservés et à prendre sur le seau et l'espargne tout ainsi qu'il prenoit auparavant. Monseigneur le cardinal de Sens fut assigné sur l'espargne. S'il leur plait me fere ainsi, faire le peuvent sans que personne s'i puisse opposer ne se plaindre de chose qui dépand de leur seule volonté et libéralité, et ce faisant monstreront à chascun la satisfaction qu'ils ont de mon service et me garderont de l'oppression des mauvaises gens. S'il veulent user de retranchement en mon endroit et commencer cette nouveaulté en ma personne, je prendray patience et agrè comme toutes aultres choses venant de LL. MM. Il me semble que ce ne sera pas grand mesnage en ce peu de temps qui me reste à vivre. J'ay soixante-six ans et suis maladifz et malade. Quant est des faveurs, des lettres, du nom, office de garde de [seaux], et la cause sur laquelle ils veulent fonder mon consentement et seurté pour moy, je remetz à vous, Monseigneur, qui sçavez comme aultrefois telles choses sont passées, me asseurant plus en la parole de Leurs Majestés que en parchemin. Je ne puis pas me descharger de ce train que avois charge estant chancelier et suis contrainct de continuer et payer ceste famille à gros gages et frais. Vous savez comme l'on vit aujordui. J'ai neuf petits enfants. Vray est que pour leur nourriture le roi m'a baillée l'abbaie de la Creste[1], qui est près Chaulmont, sur la frontière de Champagne et Lorraine. Elle seroit d'assez bonne valeur si elle fut ès mains de quelque grand seigneur. A moy elle vault fort peu, parce qu'il y a de gentilshommes voisins qui s'accommodent de telles terres, censes et rentes que bon leur semble et que les bastimans tant de la maison principale que autres des fermes sont brisés. Je vouldroys bien, qu'il pluct à l'un de Messieurs les cardinaulx la prendre et me récompenser. Ce seroit leur prouffit et le mien ; mais de tout ce que dessus et aultres choses qui me touchent, je me remetz à vous, Monsieur, vous priant faire comme vous avez apris et acoustumé en cy-devant, en toutes mes affaires et en conférer avec LL. MM. J'escris à la roine bien au long : vous verrez les letres. Reste, Monsieur, que je délibère achever ici ma vie avec ma femme et enfans, pourveu que Dieu, le roy et roine me donent et maintiennent le repos, avec recognoissance perpétuelle des biensfaitz et plaisirs que j'ay receus de vous et de vostre amitié, que vous prie continuer envers ma femme et enfans[2]. »

En 1569, la reine mère voulut donner à Morvilliers la charge de garde des sceaux en titre d'office, car, sans cette formalité, il semblait ne l'exercer qu'à titre provisoire, et elle envoya Pinart[3] auprès de L'Hospital pour lui demander son consentement.

---

[1] Probablement la Crète (*Crista*), abbaye de l'ordre de Cîteaux, située au diocèse de Langres et fondée en 1121. Voir l'*Annuaire de la société de l'Histoire de France* pour 1838, p. 108.

[2] *Bib. imp., mss., fond. Dupuy*, vol. cxciv, f° 12, v°.

[3] Claude Pinart, secrétaire d'État, mort en 1605.

Morvilliers écrivit au chancelier les 21 septembre et 22 octobre de cette année « d'avoir retiré paroles de Leurs Majestez qu'elles ne délaisseroient jamais sa protection et ne permettroient rien sur luy à ses malveillans, et que pour son estat et droicts qui y appartenoient, ils luy demeureroient entière la pension de six mille livres, apparoissant par la mesme dépesche que l'inclination de la reyne alloit au président de Biragues, au cas qu'elle peust perdre la crainte qu'elle avoit, que pour n'estre françois [1], il s'en ensuivit quelque public mescontentement contre elle.

« Sur quoy, le dict sieur de Morvilliers, continue l'historien de sa vie que nous avons sous les yeux, se résolut de suivre au voyage du roy de peur que s'il s'en excusoit comme il eust désiré, il n'ouvrist une grande porte aux practiques des ambitieux, et qu'il n'ostat le loisir à la reyne de bien penser au choix d'un personnage capable de tenir ce lieu qui ne dépendist d'autre que du roy. [2] »

De son côté, Catherine écrivit la lettre suivante à L'Hospital, qui craignait de recevoir garnison chez lui et chez son gendre :

« Monsieur le chancellier, j'ay receu vostre lettre, et incontinent faict escrirre bien expressément à mon filz le duc d'Alençon [3], que l'on n'ait à envoier aucu-

---

[1] Il était en effet Italien et né à Milan, le 3 février 1507. Il est mort à Paris le 24 novembre 1583.

[2] *La vie de messire Jean de Morvilliers*, par Nicolas Lefebure de Lezeau. Manuscrit appartenant à l'auteur.

[3] François, duc d'Alençon, d'Anjou et de Brabant, quatrième des fils de Henri II et de Catherine de Médicis, né le 18 mars 1554, mort le 10 juin 1584, sans avoir été marié. Il n'avait alors que quinze ans et commandait une partie des forces catholiques.

nes garnisons en voz maisons uy en celles de vostre gendre. A quoi je pense qu'il sera satisfaict ; et là où son intention ne seroit suyvie en cest endroit, ce je ne pense pas, en me le faisant sçavoir, je y feray donner si bon ordre que vous en aurez contantement.

« Priant Dieu, Mons. le chancellier, qu'il vous ait en sa saincte et digne garde.

« Escript au Plessis lez Tours, ce iiiie jour de sebtembre 1569.

« La bien vostre,

« CATERINE [1]. »

Catherine lui écrivit encore à la même époque la lettre que nous allons transcrire ; elle est tout entière de sa main, et nous en conservons l'orthographe :

« Monsieur le chanselier,

« Je donne cherge à Pinart, présant porteur, vous aler voyr de ma part pour vous dire aucoune chause. Je vous prie le croyre de ce qu'il vous dira, et panser que cet que me fayst vous mender cet pour vostre repos et bien, come je l'ay tousjour desiré, et m'aseurant que le prendré de cete fason. Ne vous en diré daventage ; et prye Dieu vous avoyr en sa saincte guarde.

« Du Plesi, ce xxe de sebtembre 1569.

« La bien vostre

« CATERINE [1]. »

---

[1] Bibl. imp., fonds Dupuy, vol. CDXCI, f° 35. Au dos de cette dernière lettre est écrit de la main de la reine mère : « A monsieur le chanselier, » et de la main de L'Hospital : « Reçues le samedi 24 sebtembre 1569, par Pinart secretaire de la roine. »

L'Hospital écrivit en ces termes à Christophe de Thou, premier président du Parlement de Paris, qui lui avait témoigné les regrets que sa disgrâce lui faisait éprouver :

« Monsieur, ce ne m'est chose nouvelle d'entendre l'affection honeste de laquelle embrassez mes affaires et ceux qui aucunement m'apartiennent. Vous voiez le monde et en combien de formes et figures il se change tous les jours. Bien heureux et saiges sont qui demeurent constans. Vous estes encores sain et assez fort pour venir au plus grand lieu et essaier et faire preuve des amis, du tems et de la fortune. Dieu vous la doint meilleure qu'on ne pense estre la mienne. Au demeurant je vous prie, Monsieur, continuer ceste bonne volonté à me faire plaisir. *Quoa salva fide*, etc. Me recommandant humblement à vostre bonne grace et priant Dieu, Monsieur, de vous doner bonne et longue vie.

« De Vignay, ce xvie d'octobre 1569.

« Vostre humble et obligé frère et serviteur,

« M. DE LOSPITAL. »

« Je suis ung peu malade et foible, mais j'espère que je me porteray bien [1]. »

Lorsqu'il vit qu'il ne pouvait plus conserver l'espoir de rentrer dans l'exercice de sa charge, L'Hospital écrivit la lettre suivante à la reine :

« Madame, ce petit mot de letre sera pour response à ung propos que m'a tenu ce porteur de vostre part, qui est que le roy et vous me voulez bien traiter en toutes aultres choses qui dépendent

---

[1] Bibl. imp., fonds Dupuy, vol. CDXCI, f° 36.

de vous, fors en celle de la garde des seaulx dont ne
vous pouviez défendre contre mes ennemis; et néantmoins il m'a dict que je me deusse contenter de dix
ou douze mille livres d'estat par an, affin que le
reste fust pour celluy qui aura la garde des seaulx ;
j'ay fort bien cogneu que ce retranchement ne venoit
de VV. MM., qui ne me vouldroit fere moindre
traictement que le feu roy vostre seigneur fit à mon
prédécesseur, et qu'on a tousjours faict à ceux qui
par vieillesse ou maladie sont excusez du service ;
mesmes que c'est chose qui dépend du roy et vous,
et à quoy n'ont que dire ou controsler mes malveillans. Ce n'est pas grand ménasgement pour le roy
de m'oster cinq ou six mille francs. J'ay soixante-
cinq ou soixante-six ans ; le reste de maladie en maladie. Ma vie est si courte que je ne les puis jouir long
tems. Si c'est pour les affaires du roy, il en pourra
retrancher ce qu'il lui plaira, advenant la nécessité.

« Mon prédécesseur prenoit ses estat et pension tout
ainsi que s'il eust esté en l'exercice. Monseigneur le
cardinal de Sens prenoit sur l'espargne. Je confesse
que c'est trop pour moy et plus qui ne m'apartient ;
mais en cecy ne devez, saufz vostre bon jugement,
regarder tant ce qui m'apartient que ce qui apartient au roy et à vous, qui est de bien et en roy et
roine traicter ses serviteurs, et ne commencer cette
nouveaulté en moy qui espérois que vous m'en don-
riez plus tost que vous ne m'en osteriez. Aussi ceste
charge ne durera guières. J'ay un train de serviteurs
à grans gages et grans frais que je ne puis casser. Le
reste de mon bien est si petit qu'il n'est pas souffi-
sant à paier leurs gages. Oultre ce, j'ay des rentes

constituées qui courent sur moy. J'avois commencé
en meileur tems ung bastiment et une tour qui est
au comté de Dreux que j'ay acquise du don que
VV. MM. m'ont faict, lequel je suis contrainct achever à peine de perdre ce qui est encommancé et le
bois que m'avez doné. Vous m'avez donée une abbaie
nommée la Creste pour la nourriture et entretenement
de mes petits enfans qui sont jà en nombre de neufz.
Ceste abbaie seroit de bonne valeur estant ès mains
de quelque grand seigneur. Elle est près Chaulmont
en Bassigny, frontière de Champagne et Lorraine. A
moy elle vault bien peu, parce qu'il y a des voisins
qui la jouissent de force ou la pluspart d'icelle. S'il
plaisoit à l'un de messeigneurs la praindre et me re-
companser lieu paisible, ils y prouffiteroient et moy
aussi. Je vous jure, Madame, que je ne mesle le revenu de benefices avecques le mien, et que ce qui
restera après la nourriture de mes enfans sera baillé
aux pauvres. Toutefois, Madame, que dessus demeurera en la disposition, bon plaisir et libéralité du
roy et vostre, à laquelle je obéyrai tousjours, et pour
ne vous travailler plus avant, j'escris à monsieur de
Morvillier à qui vous ferez entendre, s'il vous plaît,
la volonté du roy et vostre pour, icelle entendue, y
estre par moy obéy et satisfaict [1]. »

Cependant la troisième guerre civile suivait son
cours avec plus de violence encore, s'il était possible, que les précédentes. Elle fut causée surtout par
le projet que Catherine avait formé de faire arrêter le prince de Condé et l'amiral de Coligny, qui
s'étaient retirés dans leurs terres. Ils furent informés

[1] Bibl. imp., fonds Dupuy, vol. CXCIV, f° 12.

de ce dessein par le maréchal de Tavannes. Le duc
de Deux-Ponts et d'autres princes allemands prirent
parti pour les protestants français. De son côté, le
nouveau pape Pie V, qui avait été grand inquisiteur
sous Paul IV, et le duc de Florence, envoyèrent six
mille Italiens pour renforcer l'armée catholique. Ce
pape avait enjoint à son général, le comte de Santa-
Fiore, de n'accorder de quartier à aucun huguenot
et de faire tuer sur place tous ceux qui tomberaient
entre les mains de ses soldats [1].

Il écrivait à Catherine : « Il ne faut épargner les
ennemis de Dieu... Aucun respect humain, touchant
les personnes ou les choses, ne vous doit induire en
la pensée d'épargner les ennemis de Dieu, qui n'ont
jamais épargné ni Dieu, ni vous-même... Ce n'est
que par l'entière extermination des hérétiques que
le roi pourra rendre à ce noble royaume son antique religion... Nous avons appris que quelques personnes travaillaient à faire épargner un certain
nombre de prisonniers. Vous devez employer tous
vos efforts pour que cela n'ait pas lieu, et pour que
ces hommes très-scélérats soient livrés à de justes
supplices [2]. »

---

[1] Catena, *Vie de Pie V*, p. 85, cité par M. Henri Martin, *Hist. de
France*, t. IX, p. 250, à la note.

[2] *Epist. Pii V*, 28 mars - 13 avril 1569. — Ce pape a été canonisé
sous le nom de saint Pie V. Voici la COLLECTE de l'office romain de
saint Pie V, pape et confesseur (5 mai) :

« O Dieu, qui, pour dompter les ennemis de votre Église et pour
restaurer le culte divin, avez daigné faire choix de saint Pie, souverain pontife, faites-nous défendre par son aide, et nous attacher tellement à vos préceptes que, après avoir surmonté les embûches de
tous nos ennemis, nous jouissions d'une paix éternelle. »

Le pape s'exprimait ainsi à la suite de la bataille de Jarnac, gagnée le 13 mars 1569, par le duc d'Anjou, frère du roi, contre le prince de Condé, qui y fut assassiné par Montesquiou.

Après ce désastre, Coligny chercha à rassurer les huguenots, et le jeune prince de Béarn, depuis Henri IV, fut déclaré chef du parti protestant.

De nouveaux combats eurent lieu, et enfin la bataille de Montcontour (3 octobre 1569), qui fut encore gagnée par le duc d'Anjou contre les protestants commandés par Coligny.

Malgré ces pertes du parti protestant, on continua de guerroyer derrière la Loire.

Enfin une nouvelle paix intervint entre les deux partis; elle fut sanctionnée par un édit rendu au mois d'août 1570, à Saint-Germain eu Laye, lequel ordonnait l'oubli des querelles, et permettait le libre exercice de la religion réformée, excepté à la cour et aux environs, à deux lieues de circonférence, avec amnistie générale et restitution des biens confisqués [1].

La paix de Saint-Germain fut surnommée la *paix boiteuse* ou *mal assise*, parce qu'elle avait été conclue par Armand de Biron, qui était boiteux, et par de Mesmes, seigneur de Malassise.

Le 29 octobre 1570, le garde des sceaux, de Morvilliers, écrivit à L'Hospital une lettre « où, aprez luy avoir rendu compte de l'ordre qu'il tenoit pour se garantir des fraudes qui se commettoient aü sceau et des clauses qui se couchoient malicieusement ez lettres, il se plaint de l'imposture d'un bruict qui cou-

---

[1] Fontanon, t. IV, p. 300. — *Anc. lois franç.*, t. XIV, p. 229.

roit qu'il s'estoit parlé du retour du dit sieur chancelier, et que aucuns pensoient que luy l'empeschat
pour toujours tenir ce lieu ; dont il tesmoigne s'estre
fort picqué, disant que personne ne desiroit plus son
retour et restablissement en son estat et dignité que
luy, tant pour le service du roy que pour son bien
et repos d'esprit, adjoutant avec serment que si, avec
la bonne grâce de Leurs Majestez et sans blasme de
lâcheté de cœur, il [eût] peu se décharger, il eust
abandonné, et le feroit encore, biens, honneurs, parens et amis, pour se délivrer de ses entraves et n'attendre pas qu'il fallust qu'une foiblesse de l'aage ou
une grande maladie le contraignissent de ce qu'il
désiroit faire en santé [1]. »

Le mariage de Charles IX avec Élisabeth d'Autriche fut célébré peu après (26 novembre 1570). Des
avances avaient été faites aux chefs huguenots, qui
n'y répondirent pas et ne voulurent pas quitter leur
asile de la Rochelle. Ils envoyèrent même des députés au roi pour exposer divers griefs relatifs à l'exécution de l'édit de Saint-Germain. Ils donnèrent à
entendre que le crédit des « politiques » ne les ras-
surerait pas tant que le vrai chef du parti de la tolérance, le chancelier de L'Hospital, ne rentrerait
point dans l'exercice de sa charge [2]. C'est sans doute
à cette demande des huguenots que Morvilliers fait
allusion dans la lettre que nous venons de mentionner.

Le vieux chancelier s'était réjoui, au fond de sa
retraite, de la cessation des hostilités entre les en-

---

[1] *Vie de Morvilliers*, manuscrit déjà cité.
[2] Henri Martin, *Hist. de France*, t. IX, p. 275.

fants de la même patrie. Il savait que les lois sont impuissantes pendant la guerre. C'était le sujet d'une épître qu'il adressait à son ami Barthélemy Faye, et qu'il terminait en ces termes : « Le sage doit éviter la guerre et ne prendre les armes qu'à la dernière extrémité. La main armée du glaive perd toute mesure, toute discipline, toute obéissance aux lois, tout amour du repos. Puisque ces fléaux tuent les empires, puisque leurs progrès ne peuvent être arrêtés par le bras de la justice, prions le ciel qu'il donne au roi assez de courage et de persévérance pour maintenir le calme pendant de longues années ; alors les tribunaux et les lois reprendront leur empire, le culte du Seigneur sera rétabli, et la France entière obéira sans contrôle aux volontés du souverain [1]. »

Morvilliers rendit, le 2 mars 1571, les sceaux au roi, qui les remit à Birague, mais sans qu'il fût nommé garde des sceaux en titre d'office. Cette circonstance amena une difficulté avec le Parlement, lors de l'entrée de Charles IX à Paris, après son mariage avec Élisabeth d'Autriche. Le Parlement lui envoya une députation peu après cette nomination, pour lui remontrer que sans doute le chancelier de France est le premier du Parlement, mais que le roi seul en est le chef. Or, en l'absence du chancelier, il ne voulait pas que Birague marchât à sa tête. « Sans doute, disait-il, si M. le chancelier étoit de présent à vostre entrée, il y assisteroit avec la robe de drap d'or et tiendroit le premier lieu sur votre Parlement ; seroit le procès vidé en son absence sur ce doubte. »

[1] Éd. d'Amsterdam, p. 360.

Le président Seguier, qui avait été à la tête de la députation, rendit compte en ces termes à sa compagnie de ce qui s'était passé avec le roi : « Sur les remontrances, le roi me dict : Je n'entends pas bien ce que vous me dictes. — Sire, mon infirmité et Vostre Majesté me retient d'ailleurs ; je crains de trop parler. Le roy replicqua : Dictes, dictes. Lors, pour parachever, je lui dis : Sire, je vous diray, puisqu'il vous plaist, plus clairement. Sire, il ne se trouvera pas par les registres de deux ou trois cents ans, que le roy, faisant entrée en sa ville de Paris, ait donné le premier lieu à aultre qu'à vostre chancelier, par dessus la cour de Parlement de Paris. Et au même instant, le roy respondit : Je veux être obéi. — Sire, vous n'avez encore esté désobéi, car jusqu'à huy avez rien commandé. Alors le roy me déclara que c'étoit à lui à distribuer les honneurs en son royaume, et qu'il vouloit et entendoit que sa cour de Parlement fît l'honneur à monsieur le président de Birague, comme s'il estoit chancelier de France. A quoi il fit response : Sire, nous le ferons entendre à votre cour de Parlement, et ne doutons qu'elle vous obéira. Si ce fust la fin, et luy se retira [1]. »

---

[1] *Registres mss. du Parlem.*

XV

Occupations de L'Hospital dans sa retraite au Vignay.—Corrrespondance avec
sa fille et avec la reine mère et Charles IX (1568-1571).

L'Hospital aimait à résider au Vignay ; cette terre était véritablement sa création, et il s'y plaisait, comme tout propriétaire dans le domaine dont il a élevé l'habitation et planté les arbres. « Je vis ici, disait-il dans une épître à la duchesse de Savoie, comme faisait le vieux Laërte[1] en cultivant son champ, sans avoir encore un seul instant regretté les biens que j'ai perdus. Je vous dirai plus : cette retraite, qui satisfait mon cœur, flatte également ma vanité. J'aime à me représenter à la suite de ces fameux exilés d'Athènes ou de Rome, que leurs vertus avaient rendus redoutables à leurs concitoyens... Non cependant que j'ose me comparer à ces grands hommes ; mais je me dis : Nos fortunes sont pareilles... Je vis au milieu d'une famille nombreuse que j'aime ; j'ai des livres, je lis, j'écris, je médite, je prends plaisir aux jeux de mes petits enfants ; les occupa-

---

[1] Il revient sur cette comparaison dans son testament ; il y dit : « Il y a presque cinq ans que je mène icy la vie de Laërte, sans me soubvenir des miens et sans qu'ils se soubviennent de moy, et ne veux point raffraichir la mémoire des choses que j'ai souffertes, etc. »

tions les plus frivoles m'intéressent. Enfin, tous mes moments sont remplis, et rien ne manquerait à mon bonheur, sans le voisinage affreux qui vient quelquefois porter le trouble et la désolation dans mon cœur [1]. »

Dans une épître à Barthélemy Faye, il disait : « Je ne suis point abattu parce que la violence des méchants m'a arraché les sceaux de l'État. Je n'ai pas fait comme les paresseux et les lâches qui se cachent au moindre péril et obéissent aux premières inspirations de la peur. Tant que j'ai été assez fort, je me suis maintenu ; tant que j'ai pu me croire utile à la patrie et au roi, j'ai fait bon marché de ma santé, de ma vie. Privé de tout appui, même de celui du roi et de la reine, qui n'osaient plus me défendre, je me suis retiré en déplorant le triste sort de la France. Maintenant j'ai d'autres soins, je reviens à mes études interrompues, à mes enfants, qui sont les appuis de ma vieillesse et ma plus douce jouissance. Je cultive mes champs, d'où les affaires publiques m'éloignaient. La terre du Vignay me semble un petit royaume (s'il est permis à l'homme de se croire maître de quelque chose ici-bas). »

Dans une épître à Gui Du Faur, il peint les déboires de la faveur et la douceur de la vie des champs. Il invoque l'exemple de son prédécesseur, le chancelier Olivier. « Un vieillard vénérable a été jadis chassé de la cour, dépouillé des insignes de chancelier ; s'est-il laissé vaincre par la douleur ? A-t-il regretté ses dignités perdues ? Non ! il a imité le sage négociant qui, après avoir vu sa cargaison engloutie

---

[1] Page 365 de l'éd. d'Amsterdam.

par les flots, revient dans sa patrie longtemps regret-
tée jouir de quelques richesses qu'il a pu sauver du
naufrage. C'est ainsi que notre ami est rentré dans
ses foyers, où il a repris les études qu'il avait interrompues : il a retrempé son âme dans le travail, il
s'est mis à lire ou à composer des ouvrages dignes
des Muses et d'Apollon; il a fait pousser dans ses
terres des lauriers toujours verts, les cyprès aux
fruits pointus, les pins au bois résineux. Trop heureux s'il n'eût point rêvé de reprendre sa charge et
de se hasarder encore sur les flots [1]. »

Il ne se lasse pas, dans ses vers, de se consoler de
sa disgrâce. « Ceux qui m'ont considéré comme heureux et fier de ma fortune passée, de mon droit de
siéger aux côtés du roi, me croient peut-être aujourd'hui bien à plaindre, parce que je suis dépouillé de mes fonctions que m'ont arrachées la
violence et l'injustice. Ils se trompent étrangement,
ils ne me connaissent point, et ils n'ont pu, dans
aucune des circonstances de ma vie, lire au fond
de mon cœur...

« Autrefois, dans mes voyages, j'avais affaire à
un aubergiste avare qui me rançonnait, à un cabare-
tier fripon avec lequel je ne pouvais compter. Maintenant, j'habite ma propre maison, je parcours mes
champs comme il me plaît, sans recevoir d'ordres de
personne.

« Autrefois, je n'avais pas un moment pour prier
Dieu, je n'ouvrais mes livres que rarement et légèrement, sans pouvoir m'adonner à une lecture sérieuse, et encore fallait-il que ni les affaires, ni les

____
[1] Édit. d'Amst., p. 336.

ordres du roi n'en souffrissent de retard. Maintenant, je puis, à mon gré, disposer de mes instants : depuis que le soleil se lève jusqu'à ce qu'il se couche, j'ai toutes mes heures libres, et je sais d'avance comment je les emploierai. Je ne suis troublé le soir ni le matin par la visite des fâcheux. L'existence des villes et de la cour a peut-être de l'éclat, mais la vie des champs est plus tranquille et moins dangereuse [1]. »

Si L'Hospital se plaisait au Vignay, ce n'est pas qu'il se fît illusion sur l'aridité du sol. Dans une épître où il invite Barthélemy Faye à venir le visiter avant la fin de la saison, il lui dit : « Je vous verrai peut-être encore, soit sur les collines verdoyantes de Juvisy [2], soit sur les bords des eaux de Valgrand... Malheureusement je n'aurai plus ici à vous offrir d'autre spectacle que la vigne de mon enclos. La Beauce est bien triste après la moisson ! Nos campagnes sont nues ; on n'y voit ni forêts, ni ruisseaux, ni prairies ; on n'y trouve rien qui puisse charmer la vue. Que faire? J'ai choisi Sparte ; je dois habiter Sparte [3]. »

Vers l'époque de sa disgrâce, en l'année 1568, L'Hospital acheta la terre de Valgrand [4], aujourd'hui

[1] Édit. d'Amst., p. 350.

[2] Robert Hurault, gendre de L'Hospital, était seigneur de cette terre.

[3] Édit. d'Amst., p. 357.

[4] « Les registres du Parlement font foi que la criée de la terre de Valgrand fut faite l'an 1568 et qu'elle fut adjugée par décret au chancelier Michel de L'Hospital. On sait ensuite, par le procès-verbal de la coutume de Paris, dressé en 1580, qu'alors Marie Morin, veuve de ce chancelier, la possédait, et que Madeleine, sa fille, veuve de

Ver-le-Grand, à cinq kilomètres d'Arpajon. Il s'y rendait quelquefois. Il allait aussi chez son gendre, à Belesbat, plus rapproché du Vignay.

Quoique vivant dans la retraite, L'Hospital n'en était pas moins le point de mire de ceux qu'il appelait ses « malveillans » et ses « haineux », qui voulaient qu'on lui fît son procès.

Au milieu des douceurs de la campagne et de la vie de famille, il était accablé par les soucis que lui occasionnaient les affaires et les démarches qu'il faisait ou qu'il faisait faire par Mme de Belesbat, sa fille, auprès de la reine-mère et du roi, plutôt, sans doute, dans l'intérêt de ses enfants et de ses vieux serviteurs que dans le sien propre.

Il écrivait du Vignay, le 28 mars 1571, à Mme de Belesbat :

« Ma fille, je trouve bon que si monsieur Le Breton, comme il a moien, vous veult aider à recouvrer le prieuré de Beu, que vous l'emploiés ; et néantmoins, où le seigneur Vaqua fera le difficil, laisser là ceste affaire ; car il ne trouvera qui luy done meilleure récompense que celle que je lui offre, et à la vérité je me soucie si peu de telles besognes que j'estime estre une chose indifférante à moy que j'aye le prieuré de Beu ou non. Au demeurant, vous direz au dict sieur Breton et luy monstrerez, s'il est besoing, ceste mienne, que je me fie tant en luy que je ne veulx qu'on envoie, sur les bénéfices qu'il veult bailler, pour enquérir plus avant, et sa parolle et promesse

Robert Hurault, chevalier, seigneur de Belesbat, jouissait de la seigneurie de Ver, assise au même lieu de Valgrand. » (L'abbé Lebœuf, *Histoire du diocèse de Paris*, t. XI, p. 59.)

me souffit. Au regard de celle de son maistre, je l'estime de si bon cueur que je croiray tousjours ce qu'il me proumetra ou à vous, sachant bien et entendant que nos différans n'ont esté pour causes privées et particulières, mais pour celles d'Estat, dont Dieu done à chascun telles opinions qu'il lui plait. Il a les siennes et moy les miennes; et pour cela je ne laisse à l'aimer et honorer comme j'ay faict dès le premier temps que j'ay approché des affaires publiques et de ce roiaulme, et n'ay jamais poursuivy son deshoneur ou dommage, ne usé de fainctise ou simulation, ainsi que la roine et aultres pourront tesmoigner, mais ay sostenu librement et vertuesement, tant qu'il a pleu à Dieu me départir de ses grâces, la paix et repos de ce roiaulme; laquelle mon opinion et advis, après beaucoup de maux et dommages et ruines d'homes et de chevances, a esté par l'issue trouvé bon. Somme, que je n'ay nulle défiance de ce costé, ains me fierois s'il estoit question de ma vie. Et, parce que m'escrivés que monsieur le sindic Allibout vous est venu dire que Vaqua et Bidault se plaignent que j'ay mal achepté les bois du prieur de Beu et en ay déjà vendu pour quinze cens livres, vous direz, s'il vous plait, au dict sindic que lesdictz Vaqua et Bidault ne me cognoissent pas, ou qu'ilz font métier de calomnier aultrui. Car j'ai eu beaucoup de moyens de faire mon prouffit en beaucoup d'endroitz et mesmes en matière de bois et des bénéfices. Vous savez comme monsieur de Saint-Martin, oncle de monsieur de Belesbat, vouloit en vostre faveur, vendre pour dix mil francs de bois. Autant en vouloit-on fere à la Creste depuis trois ou quatre mois. Pour revenir à

Beu, vous direz à monsieur Allibout que j'ay achapté
le bois du prieur de Beu montant à quatorze ou quinze
arpans et qui estoit contentieux entre les seigneurs
de Beu et prieur, pour le pris de deux mil deux cens
livres; après information deuement faicte et decret du
bailly de Chartres, ay baillé mon argent, au reste de
six à sept cens livres que n'ay volu metre es mains
du prieur, mais en la maison de la ville ou allieurs
au prouffit de l'Église, lequel argent est en dépost
deux ans a ou plus. Quant ausdictz bois, vous luy
direz et affermerez pour vérité que tant i en fault que
je l'eusse vendu pour quinze cens livres, que je n'en
ay vendu pour un sou ; et telle est la vérité, laquelle
je désire estre cogneue par messieurs les députés et
tous aultres, et priés ledict sieur sindic qu'il me face
ce plaisir d'envoier à mes despens sur le lieu que
messieurs les députés adviseront, le chemin n'est pas
long, affin qu'ilz cognoissent quel homme est le dict
Vaqua, s'il a inventée ceste calomnie (que je ne crois),
ou qu'il a trop légèrement creu au report d'autres ;
veu que, avant porter ceste parole, il a deu et peu
s'informer de la vérité. Bidault a esté à Beu lorsque ma femme y estoit, qui a peu savoir la vérité
et ne l'a pas dicte. Vous pourrez communiquer ceste
letre audicts prebstres et au sindic; mais toutefois
la retiendrés. Quant à ce que vous ai escrit touchant
la feste, ma mie, pensez y bien, car la mocquerie
ne peult estre si bien excusée que sera vostre absence. Pensez bien et prenez consel de monsieur
Roiallart et aultres vos amis. Touchant ceux à qui
voulés commetre les bénéfices et aultre choses, je
ne vous escris, voiant que me avés satisfaict par vos

letres et recommandations à vostre bonne grace et
priant Dieu vous doner la sienne. De Vignay ce
xxviii⁰ mars 1571.

« J'escris à monsieur de Allibout.

« Vostre bon père, M. DE L'OSPITAL ¹. »

L'Hospital écrivit encore la lettre suivante à madame de Belesbat :

- « Ma fille, puisqu'il a pleu à Dieu apeler feu monsieur le Cardinal de Chastilon ², s'il est ainsi que ses
bénéfices aient été donnés à messieurs de Montmo-
rancy ³, ce sera pour en gratifier monsieur l'Admiral
ou aultres telz qu'ilz adviseront. J'ay advisé que celluy à qui adviendra l'abbaie de Ferrières qui est
près d'icy ⁴ sera peult estre bien aise de prandre récompense d'une meilleure, comme est la Creste, laquelle estant en main forte vauldroit beaucoup
mieulx, oultre qu'il y a à prouffiter ès bois du des-
bat qui est entre l'abbé et monsieur de Lorraine. Et
vous adviserés, si la dicte abbaie de Ferrières demeu-
roit à monsieur le Chevalier, de luy fere entendre et
mesmes à ceulx qui gouvernent ses affaires et à monsieur le Mareschal de Montmorency qui pourroit fere
double plaisir au dict sieur chevalier et à moy. Vous
pourrez vous aider de monsieur Passi et, s'il est besoing, en parler à la roine suivant ce qu'elle me pro-

¹ Fonds Dupuy, vol. CXCIV, f⁰ 18.

² Odet de Coligny, cardinal de Châtillon, né en 1533. Il était évêque de Beauvais, embrassa la réforme et se maria. Il mourut en Angleterre le 14 février 1571.

³ François, fils aîné du connétable Anne de Montmorency. Il fut
maréchal de France et mourut en 1579. Le chevalier était son fils.

⁴ Nous supposons qu'il s'agit ici de Ferrières en Gâtinais, dit Béthe-
léem, diocèse de Sens et qui devait être à peu de distance du Vignay.

mist à mon partement de la court de me changer la
dicte abbaie de la Creste. Vous pourrez aussi savoir
si le département du reste des bénéfices du dict Cardinal est faict, supplier la roine de vous en bailler
ung de pareille valeur ou moindre, en délaissant la
Creste, qui sera sans dommage ou interest de personne et de soulagement pour nous et nos enfans,
qui ne demandons que vivre en paix et n'avoir à
combatre persone, qui est tout. Priant Dieu vous tenir en sa saincte grace et garde. De Vignay, ce
viiie avril 1571.

« Vostre bon père, M. DE LOSPITAL [1]. »

A la même époque L'Hospital adressa les instructions suivantes à sa fille :

« Ma fille présentera mes très humbles recommandations à la roine et alieurs où elle advisera ; dira à la
dicte dame que je la remercie tousjours très humblement du bon traictement que je reçois du roi et
d'elle, et la supplie de continuer ceste volonté. Que
le traictement n'est pas seulement à me bien nourrir,
moy et ma famille, mais aussi à monstrer par LL.
MM. qu'ils me tiennent en quelque compte et respect. Car le monde est si plains de meschanceté et
vengeance, et aucuns prennent plaisir à mal faire à
celui qu'ils ont vu en honeur et autorité, et qui
maintenant ne l'est. Ainsi que j'esprouve chacun
jour de mes voisins et autres à qui j'ay affère, et
depuis huit ou dix jours, quelque chose que la dicte
dame ait commandé [2], les gardes de monsieur le duc

---

[1] Fonds Dupuy, vol. CXCIV, f° 13.

[2] Voir ci-dessus, p. 208, la lettre de Catherine de Médicis à L'Hospital, du 4 septembre 1569.

ont mangé et ruiné le village de Ver-le-Grand, ont consommé tout ce qui estoit en ses fermes l'espace de quinze jours. De telles et semblables escrimes je suis tous les jours batu. Si je suis bien traicté et honoré par LL. MM., l'honneur retourne à elles, et est bon exemple à chacun de les voloir servir de cueur et courage.

« La pluspart du monde qui ne se soucie pas beaucoup d'entendre plus avant, pensent que j'ay cruellement offensées LL. MM., voians moi seul officier de ce roiaulme et premier officier estre exclus de l'exercice de mon estat, et mes malveillans avoir eu tant de puissance que de me chasser au commencement de ceste guerre et encore me tenir hors la court apès la paix faicte [1].

« Mesmes que chascun estimoit que l'offence que j'avois faicte n'estoit aultre sinon que j'estois pour la paix et entretenement des édicts contre la volonté d'iceulx qui désiroient la guerre.

« A présent que Dieu et LL. MM. ont déclairé vouloir la paix et mon opinion avoir été bone, l'on ne peult penser que c'est qui les meut de continuer ceste rigueur contre moy, et estiment la pluspart des hommes que le mal me vient de LL. MM. non d'ailleurs et qu'il y a quelqu' autre cause que l'on entend. Atendu aussi qu'on voit ce seau changer de tant de mains [2], et la charge de chancelier estre divisée et partie entre ceulx qui aujourduy tiennent

---

[1] La paix de Saint-Germain-en-Laye, sanctionnée par l'édit d'août 1570, dura jusqu'à la Saint-Barthélemy.

[2] René de Birague, comme nous l'avons dit, avait été nommé garde des sceaux, le 2 mars 1571, en remplacement de Morvilliers.

sa place, lesquels, peut estre, servent plus à plaisir LL. MM. que à honeur et prouffit, comme a faict le dict chancelier. Tout ce que dessus n'est dict par moy pour désir que j'ay de rentrer au labyrinthe dont suis sorti, ne voloir servir LL. MM. contre leur gré et volonté, ou abandonner ce repos qu'elles m'ont donné et que j'estime repos, combien que mes malveillans l'appellent fuite et exil; mais pour monstrer par LL. MM. combien elles ont intérest que chacun entende mon service leur avoir esté agréable, service qui n'a jamais varié ne se desparti de LL. MM. dès le commencement jusques à la fin et qui tousjours a tendu à l'honeur, bien et conservation de leurs estats, comme la vérité et les issues ont monstré ; service toutefois qui est moindre beaucoup qui ne leur apartient, mais tel et aussi grand que mes forces de cors et esperit se sont peu estandre.

« Aussi pour le mien intérest, qu'estant retiré en ma maison sans nulle mienne faulte et coulpe (si ce n'est d'avoir préféré le service de mon roy et seigneur à tous aultres partis et factions qui souvent se sont offers), je soie respecté et honoré de la parole et recommandation de VV. MM. et en conséquence de toutes aultres persones. Si que ceste opinion et réputation soit ostée. Combien que, grâces à Dieu, je sois assés garanti de telz bruictz à l'endroit de gens sages et bien advisez qui voient et jugent que je cours la fortune de ma patrie, et que avec la ruine d'icelle faut que soie ruiné, et que ceulx qui ont plus de crédit que n'est peult estre besoing prennent les despouilles du roy et de son roiaulme

et règnent opulans et riches et puissans en la court
et en leurs maisons.

« Quant au demeurant, si l'on vous demande si je
veux venir à Fontainebleau, suivant les précédens
propos, vous direz que ne m'en avez ouy parler ne
avez chargé de m'en dire riens ; mais à ce que vous
pouvez penser et que l'avez peu recueillir de mon
maintien et aultres discours, je ne veux doner à
rire à mes malveillans de ce que je soie aller me
présenter et faire le chancelier pour trois ou quatre
jours comme en la basoche, ou pris, pillé et conserver l'estat de ceux qui tiennent ma place, et que depuis la dernière fois que parlâtes à elle, est venue
mutation et déclaration de sa volonté telle que jamais il n'eut pensé sans qu'il en ait esté adverti aucunement non plus que s'il n'estoit en ce monde ;
mais il espère que Dieu fera quelque jour cognoistre à VV. MM. quelle différance y a entre le serviteur
fidel et véritable et le fainct et simulé qui ne tache
que faire son prouffit et s'accroistre d'honeur aux
despens de son seigneur et aultres, ce que je désire
sans aucune offense en leurs persones ou diminution en honeurs et biens.

« Mémoire aussi de ramentevoir à M. de Messe [1]
l'affaire dont je lui ay parlé de la consignation en
l'hostel de la ville de la somme de sept cens livres
ou environ, pour, à la raison de la dicte somme,
constituer rente au prieur de Beu qui sera, et regarder si je la dois fere avec le grand vicaire ou
prieur, si aucun y a, ou le sindic général, car ilz me

____

[1] Le seigneur de Maisse était alors André Hurault, frère puîné de
Belesbat.

feront plaisir de me descharger de ceste espinne, et les deniers sont prestz [1]. »

. Toujours occupé de ses affaires, L'Hospital écrivit le 17 avril 1571, la lettre que nous transcrivons ici, et qui porte cette suscription :

« *A Mademoiselle de Belesbat, ma fille.*

« Ma fille, aussitost que vis la lettre de monsieur de Faix, je soupsoné ce qu'il en estoit et vous l'escrivis. Depuis ma soupson fut confermée par la lettre qu'il escrit à Me Odo [2], luy estant encore à Paris, que le dit Odo a envoiée à Paquier pour me la monstrer; ce sont des frasques de Me Odo, qui pense estre plus fin que nul aultre et mest en défiance mes amis comme il se défie de moy et n'aime riens sinon autant que son prouffit y est : ne vous metez en peine de cela; car je suis certain qu'il n'i a aucune vostre faulte, ainsi que vous cognoistrez mieulx à vostre retour par la dicte letre du dict de Faix à Me Odo, et vous assure que je me fierez plus au dict de Faix que à Odo, mais cela demeurera entre vous et moy. Quant au seigneur de Luxembourg vous avez veu ma response que vous ay envoiée par le laquay de Monsieur de Messe; qui est que je suis contant en me faisant valoir l'abbaie trois mil cinq cens livres, le prieuré mille et le reste en pension bien asseurée, et encore les conditions de ratifier le bail aux fermiers

[1] Fonds Dupuy, vol. CXCIV, f° 14.

[2] Personnage de la maison du chancelier. Voir ci après *l'État de la maison de monseigneur le chancelier.*

et quittance des fruicts du passé. Si n'avez receues les dictes lettres, recouvrés les et me donez advis du receu. Toutefois je trouve fort bon de différer jusques au retour de l'home de monsieur le chevalier[1]; car ce seroit ung grand coup, si nous pouvions recouvrer Ferrières. Quand Vaqua sera de retour, vous dépescherez l'affaire de Beu, ou larrez la charge à quelcung de là; car pour cela je ne veulx reculer vostre retour. Monsieur Venier, général de France, est celui qui m'a doné ce vin; et parce qu'il m'escrit qu'il part présentement pour aller à Angiers, je ne luy rescris ne remercie. Toutefois enquerés-vous s'il est encores là pour le remercier. Quant à Riquant, je ne plaide ne me plains pour l'argent, mais je désire bien qu'il me face la foy et baille son adveu, et me fera plaisir de m'enseigner tout plein d'aultres fiefz. Vous ferez des vins ainsi que vous mande vostre mère. Baillez, s'il vous plait, aux religieuses d'Aigueperse qui sont cordelières dix livres tournois, et je vous les randray, me recommandant à vostre bonne grâce et priant Dieu vous donner la sienne, bonne et longue vie.

« De Vignay, ce xviie avril 1571.

« Vostre bon père, M. DE LOSPITAL[2]. »

Madame de Belesbat écrivit la lettre suivante à la reine Catherine de Médicis, pour repousser des propos que le secrétaire d'État L'Aubespine avait prêtés au chancelier et à son gendre :

« Je cognois, Madame, ce que j'ay ouy dire à mon père depuis qu'il est retiré en sa maison estre vray :

---

[1] Le chevalier de Montmorency.
[2] Fonds Dupuy, vol. CXCIV, f° 16.

c'est que luy estant arrivé à Monceaux où vous estiés peu de jours avant la Sainct Michel, L'Aubespine le vint trouver en son logis et lui dict beaucoup de propos qui tendoient aux troubles qui peu après suivirent ; que mon dict père n'entendoit lors, et, après un long discours, lui dict qu'on avoit raporté à la roine que monsieur de Belesbat avoit dict qu'il viendroit bientost le temps qu'elle ne gouverneroit, tant ou aultres semblables paroles, le priant et suppliant ne vous en dire riens si ne le vouloit ruiner. Car la roine penseroit bien ce rapport ne venir d'aultres que de luy L'Aubespine ; et luy tint promesse mon dict père et ne vous en dict riens, espérant toutefois que vous lui en parleriez. Depuis ce temps sont survenues beaucoup de choses par lesquelles mon dict père a bien cognu vostre volonté envers lui estre changée, et a jugé que les dicts propos à luy tenus par le dict L'Aubespine estoient controuvés par luy ou aultres pour metre en vostre malegrace, non tant le dict de Belesbat, comme mon dict père ; et que celluy qui vous avoit faict ce raport en avoit usé comme gens qui font ce mestier. C'est avec prières et protestations de n'estre nommé et jouent un personnage double de montrer estre d'une part et d'aultre, ce que mon dict père a souvent depuis, mais bien tard, cognu en luy et aux siens, ausquelz il se fioit du tout [1]. »

Enfin nous terminons cette correspondance de L'Hospital avec sa fille par la lettre suivante, qui appartenait, comme les précédentes, à la Bibliothèque

---

[1] Fonds Dupuy, vol. CXCIV, f° 17.

impériale, mais qui en a disparu. Elle est du 31 mai
1571 [1].

« Ma fille, j'espère que votre enfant se porte bien
et que l'âge et le régime serviront plus à le fortifier
que ces ordonnances de médecins qui ne sont pleine
que d'ignorance ou convoitise de profit ; le reste
des vostres se porte bien, Dieu mercy.

« Prenez les argens de ce terme de la Saint-Jehan ;
et si, en attendant, avez besoin du sac qui est en
vostre coffre de Vignay, envoyez la clef à vostre
mère, quand elle sera de retour, ce qui sera bientôt
pour faire son août. Sollicitez aussi le fermier et receveur du Val, mais doucement et avec discrétion.

« De vin blanc m'enverrez vingt-cinq ou trente
bouteilles, pour ma bouche ; ce qui demeurera vous
le boirez, car il est bon. Si le muletier n'a sa charge,
faites-la parfaire avec les livres que j'ai mis à part.
Je me recommande à la bonne grâce de M. de Belesbat et à la vostre, priant Dieu vous donner longue
vie.

« Vostre bon père, Michel DE L'HOSPITAL. »

Rien de plus touchant assurément que cette lettre,
qui respire la bonhomie la plus franche et la simplicité la plus naturelle.

[1] Nous la donnons ici d'après Guibert, *Éloge hist. du chancelier de
L'Hospital*, p. 173, et Dufey de l'Yonne, *OEuvres*, t. I, p. 275. Voir
sur les lettres de L'Hospital à sa fille soustraites à la bibliothèque
imp., le *Dictionnaire des pièces autographes volées*; par MM. Lalanne
et Bordier, p. 169.

XVI

Montaigne visite L'Hospital au Vignay et lui dédie les poésies latines de La Boétie. — La Saint-Barthélemy. — L'Hospital se rend à Valgrand. — Projet de se retirer à Montargis chez la duchesse de Ferrare. — Lettre que lui adresse Charles IX à cette occasion. — On lui demande sa démission de chancelier. — Correspondance à ce sujet entre L'Hospital, la reine mère et le roi. — Il donne sa démission. — Son testament. — Sa mort. — Sa famille (1570-1573).

Dans sa retraite du Vignay, L'Hospital n'était pas oublié par les cœurs généreux, par les amis sincères de la patrie et de la paix publique. Montaigne, notamment, vint à Paris, en 1570, pour faire imprimer, chez Fédéric Morel, les œuvres de La Boétie. Le grand philosophe alla visiter le grand ministre à sa campagne, où il le trouva, comme le croit un de ses historiens, « triste et découragé [1]. » Il lui adressa, sous la date du 30 avril 1570, la dédicace des poésies latines de son ami, qu'il terminait ainsi : « Ce legier présent, pour ménager d'une pierre deux coups, servira aussy, s'il vous plaist, à vous tesmoigner l'honneur et révérence que je porte à vostre suffisance et qualitez singulières qui sont en vous; car, quant aux estrangères et fortuites, ce n'est pas de mon goust de les mettre en ligne de compte. »

C'est au Vignay que L'Hospital se trouvait lorsque eut lieu le massacre de la Saint-Barthélemy. On le prévint que des cavaliers à figures sinistres s'appro-

---

[1] M. Grün, *la Vie publique de Montaigne*.

chaient, et qu'il ferait bien de prendre garde à lui.
« Rien, rien, répondit-il ; ce sera ce qu'il plaira à
Dieu, quand mon heure sera venue. » Le lendemain,
on vint lui faire part que ces hommes approchaient
de sa maison, et on lui demanda s'il ne voulait pas
qu'on leur en fermât les portes et qu'on tirât sur eux,
en cas qu'ils voulussent les forcer. « Non, dit-il ;
mais si la petite porte n'est bastante pour les faire
entrer, que l'on ouvre la grande. ».

Le roi et la reine mère envoyèrent d'autres cavaliers
pour protéger le chancelier. « J'ignorais, dit le digne
vieillard à ceux qui lui annoncèrent cette nouvelle,
que j'eusse jamais mérité ni la mort ni le pardon. »

S'il ne craignait pas pour lui, L'Hospital craignait
pour sa fille, qui se trouvait à Paris lors du massacre. Elle en fut préservée par la protection d'Anne
d'Este, duchesse de Nemours, veuve du duc de Guise.
L'Hospital en témoigna sa reconnaissance à cette
princesse par une belle épître qui commence ainsi :
« Cette unique enfant qui me restait de trois enfants
que j'ai eus vit encore : elle vit, sauvée par votre
bienfait, tandis que le meurtre désolait Paris et qu'il
ne s'offrait aucun autre salut pour elle, etc. [1] »

Dans une autre épître latine à son amie et ancienne
bienfaitrice la duchesse de Savoie, L'Hospital dé-
peint les dangers qu'il eut à courir au moment de la
Saint-Barthélemy. « Quoique bien gardé, dit-il, j'ai eu
peine à échapper aux horribles tentatives d'un peuple
en démence, à la fureur des jeunes paysans d'alentour. Ma fille, qui, par hasard, se trouvait à Paris,
a été sauvée du carnage par les soins d'Anne d'Este ;

[1] Édit. d'Amsterdam, p. 361.

car ni son âge, ni son sexe n'étaient une protection. Qu'il serait long de vous dire toutes les vexations dont cette ignoble populace m'a poursuivi, soit en pillant mes fermes, soit en emprisonnant mes fermiers ! L'un de ces derniers a fait rouvrir le temple de la Justice depuis longtemps fermé, pour se plaindre à un magistrat inique ; mais en vain, au milieu de tant de désordres, les tribunaux se rouvrirent : le magistrat chargé de punir n'était qu'un complice, et sans la crainte qu'inspirèrent les soldats envoyés par le roi, il est probable que ce jour eût été pour moi le dernier. La reine elle-même voulut bien s'inquiéter de mon sort, et elle m'envoya d'office au Vignay une compagnie de cavaliers de sa garde[1]. »

Après avoir ainsi échappé aux suites de la Saint-Barthélemy, qui lui arrachait souvent cette exclamation : *Excidat illa dies*[2] ! L'Hospital se rendit avec sa femme dans sa terre de Valgrand. Madame de Feuquères, qui épousa en secondes noces Duplessis-Mornay, dit en effet, dans ses *Mémoires*, qu'elle eut l'intention d'aller demander au chancelier l'hospitalité, lorsqu'elle se fut échappée à grand'peine de Paris, quelques jours après le massacre, et qu'il consentit à la recevoir à Valgrand, mais à la condition qu'elle irait à la messe, ainsi qu'était contrainte de le faire Madame la chancelière, « ayant esté envoyée du roy, soubs ombre de le garder, une forte garnison en sa maison[3]. »

---

[1] Édit. d'Amsterdam, p. 366.

[2] Excidat illa dies ævo, nec postera credant
Sæcula !   Stace, *Silv.*, V, 2, 88.

[3] *Mémoires de Duplessis Mornay*, t. I, p. 68, éd. de 1824.

Le bruit de la mort du chancelier courut même parmi ses ennemis, qui s'en réjouirent. Le cardinal de Granvelle écrivit le 8 octobre au prêtre Morillon, son agent à Bruxelles : « On nous escript que le roy a fait dépêcher le chancelier de L'Hospital et sa femme, qui seroit un grand bien ; » et Morillon lui répondit, le 8 novembre ; « C'est un beau décombre de L'Hospital et sa femme. »

D'Aubigné dit dans ses *Mémoires* que, s'étant retiré, après la Saint-Barthélemy, chez Jean Salviati, sieur de Talcy, et lui racontant comment sa détresse l'empêchait de se rendre à la Rochelle, celui-ci répliqua : « Vous m'avez dit autrefois que les originaux de l'entreprise d'Amboise avoient esté mis en despost entre les mains de vostre père, et qu'en l'une des pièces vous aviez le seing du chancelier de L'Hospital, qui, pour le présent, est retiré dans sa maison d'Estampes (le Vignay) ; *c'est un homme qui ne sert plus de rien et qui a désavoué vostre party;* si vous voulez que je luy envoie un homme pour l'advertir que vous avez cet acte en main, je me fais fort de vous faire donner dix mille escus ou par luy ou par ceux qui serviroient contre luy. » Sur ces parolles, ajoutent les *Mémoires*, Aubigné va quérir un sac de veloux fané, fit voir ces pièces, et, après y avoir pensé, les mit au feu. Ce que voyant, le sieur de Talcy le tança; la responce fut : « Je les ays bruslées de peur qu'elles ne me bruslassent, car j'avois pensé à la tentation [1]. »

Ainsi disparurent les pièces originales de la conspiration d'Amboise, et manqua le parti que l'on voulait en tirer contre L'Hospital, tombé dans la disgrâce

[1] Éd. Lalanne, p. 24.

et considéré dès lors comme un homme *qui ne servoit plus de rien.*

Ne se croyant pas apparemment plus en sûreté à Valgrand qu'au Vignay, L'Hospital eut la pensée de se rendre à Montargis, auprès de la duchesse de Ferrare, protectrice des hommes de lettres et des protestants [1]. Charles IX lui écrivit à cet égard, le 2 septembre 1572, la lettre suivante :

« Monsieur le chancellier,

« Je désire vostre bien et conservation aultant que vous-mesmes, et ay pouvoir et très bonne volunté de vous maintenir avec tout ce qui vous appartient, estant tel que vous estes, et vous aymant comme je fais. Toutefois, puisqu'avés délibéré d'aller à Montargis, je désire que ce soit avec vostre contantemant et escrys à ma tante, madame la duchesse de Fer-

[1] « J'ay ouy dire à aucuns de ses gens qu'estant de retour en France, et s'estant retirée en sa ville et maison de Montargis, quand les guerres civilles se venoient à esmouvoir, tant qu'elle a vescu, elle retiroit chez elle une infinité de peuple de ceux de sa religion, qui estoient perdus et bannis de leurs biens et maisons ; elle les aydoit, servoit et nourrissoit de tout ce qu'elle pouvoit.

« J'ay bien veu, moi, aux seconds troubles, les forces de la Gascogne, conduittes par messieurs de Terride et de Montsales, montant à huit mille hommes, et s'acheminant vers le roy. Nous passasmes à Montargis, les chefs et principaux capitaines et gentils hommes. Nous luy allasmes faire la révérence, comme notre debvoir nous le commandoit. Nous vismes dans le château, je croy, plus de trois cens personnes de la religion, qui de toutes parts du pays s'y estoient retirez. Ung vieux maistre d'hôtel qu'elle avoit, fort honneste gentil homme, que j'avois cogneu à Ferrare et en France, me jura qu'elle nourrissoit tous les jours plus de trois cents bouches de ces pauvres personnes retirez. »

Brantôme, *Notice sur madame Renée de France*, t. V, p. 217, de l'éd. Foucault.

rare, de vous recevoir et accomoder ainsi que méri-
tés. J'auray à plaisir que soyez en bonne santé, et
me faictes entendre, ce dont aurez besoin. Au demeurant, quant à l'abbaye de Val, que je vous avoys
donnée, je suis et seray tousjours en la mesme volunté
que j'estoy de la vous donner et conserver de très
bon cueur. Priant Dieu qu'il vous ayt, mons. le
chancellier, en sa garde saincte.

« Escrit à Paris, le IIe jour de septembre 1572.

« CHARLES.

« Et plus bas, Deneufville [1]. »

Le chancelier ne réalisa pas son projet d'aller à
Montargis ; mais il se rendit à Belesbat, chez son
gendre, ainsi qu'on le voit par des lettres qu'il
adressa à Charles IX et à Catherine de Médicis, que
nous donnerons tout à l'heure [2].

Il faut d'abord dire un mot des circonstances dans
lesquelles elles furent écrites.

Pour récompenser Birague de sa participation à la
Saint-Barthélemy, le roi voulut lui conférer le titre
de chancelier. Pour cela il fallait obtenir la démission de L'Hospital. On commença par user de menace, et on lui fit savoir qu'on allait lui faire son

---

[1] Bibl. imp., fonds Dupuy, CDXCI, f° 37. Original.

[2] Belesbat ou Bellebat est une terre située dans la commune de
Courdimanche, à sept ou huit kilomètres du Vignay. Elle resta longtemps en la possession des descendants de Robert Hurault ; mais elle
appartenait, en 1724, au marquis de Livry. Elle est célèbre par la fête
qu'on y donna, en cette année, à mademoiselle de Clermont, et dans
laquelle Voltaire fit représenter un divertissement où il se moquait du
curé de Courdimanche, *bon homme qui avait la tête tournée de vers et
de musique.* Édition de Kehl, vol. XII, p. 351.

procès; puis on prit un ton plus doux, et Chiverny fut chargé de la triste tâche de négocier la démission de l'illustre vieillard, auquel il avait succédé comme conseiller au Parlement, en lui faisant entrevoir que comme dédommagement, un de ses petits-fils serait nommé secrétaire du roi. Ce fut à cette occasion que L'Hospital écrivit les lettres suivantes à la reine et au roi :

« Madame, j'ay receu la letre qu'il vous a pleu m'escrire et envoyer par ce porteur (Chiverny), ensemble entendue la rente dont il estoit chargé vers moy, et me semble vous devoir fere response pour luy mesmes, affin que suivant vostre bon plaisir cest affere fust à moins de personnes communiquée. En mesmes lieu, Madame, je vous supplie croire que j'ay eu tousjours tant de fiance et de seurté au roy et à vous, que je recevray tous conseils, advis et commandemens qui me seront faicts et donnez par VV. MM., comme tendant entièrement à mon prouffit, conservation de ma vie, biens et honneurs; et s'il advenoit qu'ilz produisissent aultres effectz que ceux qu'ilz monstrent en apparance, je croiray que vous avez esté les premiers deceus et trompés, et ce tant pour beaucoup de preuves que j'ay faictes de vostre bonne volonté en pareils et semblables troubles et assaux que j'ay eus et sostenus cy devant, que pour la seurté et fience que j'ay que continuerez à l'advenir, n'aiant faict ne comis chose aucune qui vous doive changer ou démouvoir. Madame, lorsque je despartis de la court, je prévoiés bien ceste tempeste et que ses fermens grands et impétueux vous amèneroient ung plus grand orage, mais n'i pouvant do-

ner aucun remède j'espérois tousjours en la bonté de
Dieu et de Vos Majestés et que peult-estre le cueur
de ceux qui estoient courroucés à moy s'amolliroit,
me voiant absent de la cour et mis hors le lieu que
je tenois ; et à la vérité je ne songeois lors, que à vous
tirer de la peine en laquelle estiez pour moy comme,
je croy, estiez souvenante, ensemble me jetter hors
la presse et envie présente où je me voiois. Depuis ce
temps me suis contenu en ma maison, où m'aviez
commandé me retirer, le plus cachémant et coie-
mant que j'ay peu, délibéré de suivre ceste vie tant
qu'il plairoit au roy et à vous, sans rechercher aucun moyen de retourner à mon estat et lieu, cognoissant la mesme cause qui m'avoit réduit icy durer encores.

« Mais mes haineux ne se sont contentés ; les uns
peult-estre meus de ce commun vice qui est ès homes
de vouloir, à qui ils ont commencé mal fère, continuer tousjours faire pis ; les aultres désirant entrer
en ma place à laquelle ils ont estimé ne pouvoir parvenir sans ma mort ou ma volonté et consentement.
L'atente de ma mort leur a semblé trop longue ; de
ma volonté ils sont incertains. Au moien de quoy se
vantent avoir informez de ma vie et dient vouloir me
faire mon procès. A moy fère procès qui ay vescu en
mon estat en telle saincteté et intégrité que jamais
chancelier fit, qui a aimé le roi et vous plus que moi-
mesmes ! Madame, Madame, vous le sçavez bien et
m'esbahis comme le roy et vous pouvez souffrir telles paroles, voiant le temps de mon absence leur estre à propos et oportun, et pensant par ce moyen me
intimider et induire à prester le consentement qu'ils

veulent de moy et joignent avecques eulx les sollicita-
tions des estrangers. Je ne veulx pas mespriser ces ména-
ges, non que, Dieu mercy, je sente ma conscience
chargée de chose aucune commise contre le roy, ses
édicts et ordonnances ou subjecte à émendement
de justice, mais d'autant que l'on dict la justice n'estre aujourd'huy administrée selon droict et raison et
vos intentions, ains selon l'appétit et cupidité de certains personnages, tellement que la justice, que souloit donner crainte aux meschans, est leur appuy
maintenant, ruine et destruction des bons et inno-
cens, et que le nom de juges est demeuré en beaucoup d'homes, le vray et droicturier office en bien
peu. Je n'estime pas sans péril l'home tant soit-il innocent, ou à mieulx dire, je panse que d'autant que
l'homme est plus innocent autant et plus estre en péril et danger de sa vie.

« Ce n'est chose nouvelle que, en plusieurs et divers païs et nations, les plus gens de bien ont esté tra-
vaillés, condamnés et occis : les histoires en sont pleines, et Jésus-Christ qui estoit l'innocent des inno-
cents, le juste des justes, fut mis à mort par ses juges.

« Je loue Dieu que ès choses qu'on met en avant
contre moy n'i a ung seul nom de crime. Ils ne disent
que j'aye prix et argent ou aultre don ; que j'ay faict
mourir personne, ne ay osté son bien ; que j'ay abusé
de ma puissance, grace ou faveur à mon prouffit ou
des miens ou au dommage d'aultruy ; que j'ay vendu
la faveur du roy mon maistre ; que j'ay robé ou pillé
le trésor ; que je n'aye gardé ses droictz. Je suis accusé d'avoir gardé l'édict du roy de la pacification [1] :

[1] L'édit d'Amboise du 19 mars 1563.

le serment que faict le chancelier est de garder les édictz du roy et les faire garder aux aultres ; s'il faisoit aultrement il seroit digne de grand blasme. L'eddict n'est pas le mien, mais de nostre roy faict et vous, Madame, et tous les princes et seigneurs de ce roiaulme, moy lors absent, passé ès court de Parlement, depuis approuvé et confermé tant de fois par le roy et par sa bouche, parlant à ses courts de Parlement, à la noblesse de ses bailliages et séneschaussées, aux habitants des villes : et le chancelier fust allé contre ! L'on dict que j'ai sostenu cest édict et empesché que le roy ne le révoqua ; et quelle nouveaulté est celle-cy de demander à ung conseiller du roy raison de son opinion et conseil qu'il a doné au roy, et le poursuivre en justice ? Je confesse que j'ay désiré que l'édict eust lieu, craignant ce qui est advenu par la roture d'icelluy, la longue guerre et troubles qui sont à présent. Et la mesme et semblable crainte qu'estoit la mienne a esté en vous et a esté cause que VV. MM. ont longtemps différé la révocation d'icelluy. Je n'ay jamais eu le pouvoir ne crédit d'empescher icelle. Si j'ai oultrepassé les édictz, qu'ils en facent apparoir. J'espère bien m'en défendre et vous supplie, Madame, me fère ce bien de voloir fère veoir par quelque home de bien de ceux qui sont près V. M., ce bel amas et trésor de letres qu'ilz disent avoir contre moy et en ouir le rapport affin que vous cognoissez leur calomnie et mon innocence et que nul report ou mauvaise opinion contre moy, ne demeure en vos orelles. Je suis plus long en cest article que je ne deusse, mais il est bien griefz à un bon serviteur, après longs et grans services, se voir

travaillé en honneur et en la vie. Pour venir à la con-
clusion, Madame, ilz n'auront peine à m'induire par
crainte ou aultrement leur quitter la place, ne vous
à le me persuader ; car tout ce que le roy et vous me
commanderez, je le tiendrai pour bien faict et à mon
prouffit et y obéiray franchement et de bon cueur,
saichant que je vous dois obéissance en toutes choses et à plus grand raison plus volontiers vous dois-
je obéir en ceste-cy. Vous demandez que je vous
rande ce que vous m'avez baillé. L'office n'est pas
mien, il est vostre, lequel pour mon aage et maladies
je ne puis plus tenir et déporter. Il n'est pas raisonnable que mes empeschements et impuissance portent incommodité à vostre service et à vos subjectz ;
vous remerciant très humblement que, en ce faisant,
vous aiez esgard à l'honneur, aisance et commodité
de vostre pauvre et viel serviteur, suivant en cela costume de vos prédécesseurs rois, Sire, et mesme de la
bonne mémoire du feu roy Henry, vostre père ; vous
suppliant aussi me conserver toujours en vostre bonne
grace et vous souvenir comme j'ay tousjours, dès le
premier jour que je vins à vostre service, tendu à
vous servir, sans respect d'aultres personnes de quelque qualité et condition qu'elles fussent, qui m'a engendré beaucoup d'ennemis, que je vous ay aimé
et vostre estat plus que moy-mesmes. Et vous, Madame, vous souviendrez aussi, comme je vous ay
toujours été féal et particulier serviteur et vous ay
singulièrement aimé et honoré en tous changements
de tems, sans jamais varier. J'atans bien après cette
deffance qu'on estimera m'avoir été faicte une infinité d'ennemis qui ne sont exposez, apparus ne dé-

clairés et qui essaieront à me ruiner et perdre du tout. Voire massacrer et moy et ma femme et enfans, estant icy en ung lieu ouvert et exposé aux injures, forces et violances d'ung chacun; mais j'ai fiance en Dieu et en VV. MM., qui me conserveront, s'il leur plait, et ma famille; et nous prierons Dieu incessamment pour la santé [et] prospérité de VV. MM [1]. »

Puis L'Hospital adressa la lettre suivante au roi :

« Sire ,

« La royne, vostre mère, m'a faict entendre vostre volonté et la sienne, par monsieur de Chiverny, touchant mes estats qui sont vostres, et que j'ay receu de vous, comme tout le bien que j'ay en ce monde. Doncq vous en disposerez et ordonnerez tout ainsy qu'il vous plairra, et je vous obéirai, non seulement par debvoir que doibt le subject à son roy et seigneur, mais aussi de bonne et franche volonté, amour et honneur que je vous ay tousjours portée despuis vostre enfance et commencement de vostre règne, comme vous pourra tesmoigner ma dicte dame, et croyez qu'en toutes voz affaires, j'ay plustost oublié mon proffit que vostre service , et suivy tousjours le grand chemin royal, sans me destourner à droit ny à gauche, ny m'adonner à aucune privée faction; et, maintenant que mes maladies et mon aage m'ont rendu inutile à vous faire service, comme avez veu les vieilles galères, au port de Marseille, délaissées sans équipage, que l'on voit touteffois volontiers, ainsy, je vous supplie très humblement me regarder, tant en mon es-

---

[1] Bibl. imp., fonds Dupuy, vol. CXCIV, f° 11.

tat au temps présent qu'au passé qui sera ung enseignement et exemple à tous voz bons subjectz de vous bien servir, espérant avoir telle et pareille recognoissance de leurs services. Je laisse à monsieur de Chiverny à vous représanter ma volonté, visage et désir de vous obéir comme j'ay tousjours cy-devant faict. Dieu vous donne la grace de choisir de plus suffisans conseilliers et servyteurs que moy et d'aussy affectionnez et adonnez à vostre service que je suis.

« Sire, je supplie à Dieu vous donner sa grace, et conduire de sa main en toutes voz affaires, et au gouvernement de ce beau et grand royaume, qu'il a mis en voz mains, avecque toutte douceur et clémence envers voz bons subjectz, à l'imitation de luy, qui est long et passient à porter nos affaires et prompt à tout nous remettre et pardonner.

« De Belesbat, ce douziesme janvier mil cinq cens soixante et treze.

« Vostre très humble, fort obéissant, très obligé subjet et serviteur.

« De L'Hospital [1]. »

Enfin il écrivit à la reine mère la lettre suivante :

« Madame ,

« Je chériray tousjours vous obéir et contanter en touttes choses qui seront en ma puissance, comme j'ay tousjours cy devant faict, s'il vous plaist de remettre en mémoire, non par flatteur mais par debvoir d'honneur et amitié que je vous porte. Sy l'on vous a donné à entandre le contraire, c'est à grand

---

[1] Bibl. imp., fonds St-Victor, mss. 1103, f° 11. Copie.

tort. Je suis tantost au bout de mon grand voyage , et n'auray plus afaire qu'à Dieu. Je vous supplie très humblement d'employer à ma femme et enfens le bien que vous me vouldriés faire, à les tenir en vostre protection. Ce sera à vostre grandeur, car beaucoup de gens ont opinion que je vous aye esté bon et fidelle serviteur, comme la vérité est. Au demourant, vous entendrez de monsieur de Morvillier, de monsieur de Villeroy [1], les despeches qu'il sera besoing faire, qui seront tousjours telles qu'il vous plairra commander. C'est bien peu de chose au roy et à vous de donner au chancelier ung office de secrettaire simple, non de finance, ny d'estat, ce que vous avez promis ; mais j'entends bien que pour les absens il n'y a rien. S'il vous plaist en emprunter ung de quelqu'un de voz serviteurs et le bailler à mon filz [2] présantement, je serois satisfait de ce costé là. Toutesfois je remetz tout à vostre bon plaisir.

« Madame , je supplie Dieu vous donner accomplissement de voz bons et honnestes désirs, très bonne et très longue vie.

« De Belesbat, ce xxiie janvier mil cinq cens soixante treze [3]. »

L'Hospital satisfit ses « haineux » en donnant sa démission de chancelier le 1er février 1573. Mais l'illustre vieillard semble avoir protesté contre cette démission forcée, en prenant encore le titre de chan-

---

[1] Nicolas de Neufville, seigneur de Villeroy, né on 1642, secrétaire. d'État en 1567, mort en 1617.

[2] L'Hospital n'avait pas de fils , mais un gendre et des petits-fils. Nous pensons qu'il s'agit ici d'une place de secrétaire du roi pour un de ses petits-fils.

[3] Bibl. imp., fonds Saint-Victor, mss. 1103, f° 13. Copie.

celier de France dans son testament écrit postérieu-
rement.

Le 11 mars, le parlement vérifia en ces termes les
lettres patentes qui accordaient décharge à L'Hospital de l'exercice de ses fonctions :

« Vues par la cour, toutes les chambres d'icelle
assemblées, les lettres-patentes du Roy données à Paris le 6 février dernier passé, par lesquelles pour les
causes y contenues, le dict seigneur octroie, permet
et accorde à Messire Michel de L'Hospital, chevalier,
chancelier de France, en décharge de l'exercice de
son estat, tant au sceau que en son conseil privé et
autres charges appartenant au dit estat, qu'il prenne
et soit payé de tous et chacun les gages, pensions,
droits et profits au dit estat et office de chancelier
appartenant, ensemble de la pension qui a accoutumé
de prendre par les mains de son trésorier de l'épargne, qu'il veut lui estre continuées comme par le
passé ; comme plus au long se contiennent les dites
lettres. La requeste par le dit Messire Michel de L'Hospital présentée pour la vérification d'icelles, signée
Coutant, la procuration et le pouvoir donnés par
icelle au dit Coutant, de requérir la vérification d'icelles lettres en son nom, datées à Bellesbat, le 10ᵉ jour
de ce mois, signées DE L'HOSPITAL et cachetées de ses
armes ; les conclusions sur ce du Procureur général
du Roy et tout considéré :

« La dite cour a ordonné et ordonne que les dictes
lettres-patentes seront registrées ès registres d'icelles ;
ouï sur ce et consentant le Procureur général du
Roy [1]. »

---

[1] *Regist. mss. du Parlem.*

Tant d'émotions devaient faire pressentir à L'Hospital qu'il approchait du terme de sa vie. Il était entouré de sa femme, de sa fille, de son gendre, de ses petits-enfants, qui lui prodiguaient les marques de leur respect et de leur amour. La famille était réunie au château de Belesbat, et voyait avec une profonde inquiétude le moment approcher où il faudrait se séparer pour toujours de celui qui en était le chef et l'orgueil. Lui-même ne se faisait aucune illusion. « Maintenant, écrit-il dans son testament, me voyant travaillé d'une maladie incurable de vieillesse, et outre d'une infinité d'autres maladies depuis six mois, j'ai pensé de mettre ordre à mes affaires. »

Il rédigea son testament le jour même de sa mort, et chargea son petit-fils Michel de le transcrire. Il y ajouta de sa main plusieurs corrections, s'en fit donner une nouvelle lecture, puis le souscrivit et le signa en présence de sa femme, de sa fille, de son gendre et de quelques personnes attachées à son service. Il mourut deux heures après, le 13 mars 1573.

Ce testament, écrit en latin, est déposé à la Bibliothèque impériale [1]. Quoiqu'il ait été plusieurs fois imprimé, nous en donnons, dans notre Appendice [2], le texte revu avec soin sur l'original et la traduction française de Brantôme, car c'est un document qui peint bien l'âme du chancelier et qui contient d'utiles renseignements sur sa vie.

La dépouille mortelle de L'Hospital fut transportée du château de Belesbat dans l'église de Champ-

[1] Département des mss., fonds Dupuy, vol. CDXCI, f° 38.
[2] Pièce II°.

motteux, la propriété du Vignay étant située sur le territoire de cette paroisse. « Quant à mes funérailles et sépulture, que les chrestiens n'ont pas en grande estime, avait-il dit dans son testament, j'en laisse à ma femme et domestiques d'en faire ce qu'ils voudront. » Aussi, pour se conformer à sa volonté, fut-il enterré avec la plus grande simplicité, la nuit, aux flambeaux[1].

Un monument lui fut élevé dans une chapelle de l'église de Champmotteux. Sa statue en marbre le représentait à genoux devant un prie-Dieu. Ce monument fut détruit lors de la révolution. Les débris en furent recueillis par Alexandre Lenoir, transportés et restaurés par ses soins au *Musée des Petits-Augustins*. Voici la description qu'il en donne : « N. 541. Mausolée du chancelier de L'Hospital, qui lui fut élevé dans la paroisse de Vignay (Champmotteux). On voit la statue en marbre et à genoux, et dans le style antique, posée sur un piédestal, dans lequel est placé un bas-relief aussi de marbre, et dans le style antique, représentant le jugement de Salomon. Dans l'arrière-corps du monument, entièrement restauré sur mes dessins, on voit deux figures ailées, posées debout en forme de caryatides, sculptées en albâtre par Germain Pilon ; elles paraissent soutenir un cadre dans lequel est enfermé le buste en marbre de Michel Hurault de l'Hospital, son petit-fils[2]. »

---

[1] Scévole de Sainte-Marthe, lib. I, *Élog.*, p. 6. — Brodeau, *Vie de Dumoulin*, p. 192.

[2] *Musée des monuments français*, par Alexandre Lenoir, t. IV, p. 111. Un dessin au trait, fait par Percier, accompagne cette description.

Cette statue de L'Hospital et le buste de Michel Hurault se trouvent aujourd'hui dans les galeries de Versailles [1].

On lisait sur le monument l'inscription suivante :

MICHAEL DE L'HOSPITAL EXCESSIT E REBUS HUMANIS DIE XIII MARTII ANNO DOMINI M.D.LXXIII.

Louis XVIII, sur la proposition de M. Lainé, ministre de l'intérieur, aida M. le marquis de Bizemont, propriétaire de la terre du Vignay, à opérer une première restauration du tombeau de L'Hospital dans l'église de Champmotteux. Une restauration plus complète en fut faite en 1836, aux frais d'une souscription nationale, à laquelle les corps de magistrature prirent une part notable [2].

Miraulmont, dans son *Traité de la chancellerie*, publié en 1610, trente-sept ans, par conséquent, après la mort de L'Hospital, est le seul historien qui le fasse mourir à Belesbat ; mais il a tort de dire

[1] *Musée de Versailles*, par Eud. Soulié, t. II, p. 309.

[2] J'ai visité ce tombeau le 20 avril 1861, et j'ai regretté que la chapelle qui le renferme, dédiée à saint Michel, ne soit pas en meilleur état. Le tableau de l'autel a disparu, par suite de vétusté, m'a dit le curé, et n'est remplacé par rien. En face de l'autel est une statue en pierre de moyenne grandeur, représentant saint Michel terrassant le démon ; elle est due à l'habile ciseau de M. Marochetti et remplace celle qui a été détruite lors de la révolution. La statue de L'Hospital est en plâtre ; le chancelier est représenté couché sur le dos, enveloppé dans sa grande robe, les mains jointes. On en trouve une gravure assez ressemblante d'Ambroise Tardieu, dans les *OEuvres de L'Hospital*, publiées par Dufey de l'Yonne. Il eût été bien préférable de reproduire la statue à genoux qui est maintenant au Musée de Versailles. Le tout n'est pas digne d'un aussi grand homme. Les cendres du chancelier sont restées dans le tombeau, m'a dit encore M. le curé ; l'église de Champmotteux n'a qu'une nef sans bas côtés et n'offre rien de remarquable.

que c'était une *maison sienne*, tandis qu'il est certain qu'elle appartenait à Robert Hurault, son gendre, qui en portait le nom. Il ajoute qu'il a été enterré au Vignay ; il eût été plus exact de dire à Champmotteux. Foncemagne, dans un *Mémoire sur deux inscriptions latines concernant le chancelier de L'Hospital*, inséré dans les *Mémoires de l'Académie des inscriptions et belles-lettres* [1], combat cette assertion de Miraulmont ; mais c'est lui qui est tombé dans l'erreur. Il n'est pas permis de douter que L'Hospital ne soit mort à Belesbat, ainsi qu'on le voit par la dernière mention de son testament, écrite de sa main. Cette mention est datée de *Bellebati*, qui se lit facilement dans l'original et dans le *fac-simile* qu'en a donné Dufey de l'Yonne. Cet éditeur, dans sa traduction de cette mention, a passé le mot *Bellebati*.

C'est à tort aussi que Foncemagne croit qu'il s'est glissé une erreur de chiffre dans la date du testament, donnée par Le Laboureur dans le premier volume des *Mémoires de Castelnau*, où il est daté du 13 mars au lieu du 3 que porte le texte de Brantôme. Il est réellement du 13, car on lit, dans la souscription, de la main du chancelier, les mots : *Bellebati*, DECIMO TERTIO *die martii*, etc. Il ne peut donc y avoir aucun doute à cet égard.

Le tableau que nous avons essayé de tracer de la vie de L'Hospital serait incomplet si nous ne parlions pas de sa famille.

Madame de L'Hospital était digne de son mari. A la candeur des mœurs antiques, elle joignait la rigidité toute puritaine d'une vieille huguenote. Nous

[1] T. XVIII, p. 372 de l'édit. in-4°.

avons trouvé, dans les inépuisables collections de la Bibliothèque impériale, une lettre d'elle à ses petits-fils, qui la peindra mieux que tout ce que nous pourrions en dire : cette lettre ne porte pas de millésime, mais elle doit avoir été écrite quelques années après la mort du chancelier. Nous ne pensons pas qu'elle ait encore été publiée.

A Charlles et à ses frères.

« Charlles et vos trois frères, vous avés fort bonne grâce de ne m'avoir escrit comment vous profitez depuis tant de messagers qui en sont venus. Quant à vous, Charlles, encore que ne soiés si propre à l'estude que vos frères, si est ce qu'il ne faut lesser d'estudier pendant qu'estes jeune, sellon la capacité de vostre esprit, et le mieux que pourrez, et quant vous aurez bien estudié l'on avisera de quel metier l'on vous voudra faire. Vostre père et moi sont assés sufisant pour i donner ordre sans vous en mettre en peine.

« Quant à vous, Michel, vous n'avez faute de capacité, mais de bonne vollonté d'estudier, et voullez faire le déboché. Ne vous i joués pas et si vous êtes sage vous prendrez peine de vous rendre sçavant, car puisque Dieu vous a fait cette grâce de vous donner quelque esprit propre à l'estude, nous ne voullons pas qu'il soit mal emploié et voullons résolument que vous suiviés le train de monsieur vostre grant père. Ça esté son intention, c'est la nostre aussi et faut que soit la vostre de vous conformer à celle de vos parents et d'estre obéissant comme Dieu vous

le commande et ne plaignés pas ung peu de peine en
.vostre jeûnesse d'apprendre, pour en recevoir tant
d'onneur et fruict en vostre vieillesse, et n'y faillés
pas; autrement vous trouveriés mal appointé.

« Quant à Robin et François, qu'ils ne faillent pas
de bien estudier; ils sont assés propres à l'estude et
que je n'en voye plus de plaintes ni plus parller de
guerre. C'est ung trop mauvais metier; autrement
je les aprendrois bien d'avoir des vollontés et de
parller si haut et qu'ils ne s'y frotent pas.

« O reste, vous estes déjà assez grands pour vous
sçavoir guarder. Ne vous échauffés point à chose du
monde et vous couvrez incontinent d'une mante quant
aurez chaud et gardés-vous bien de boire. Vostre
frère Jan a cuidé mourir de la pleuresie; il a esté
segné deux fois pour avoir eu chaut et froit. Je
vous envoie de la poudre s'il en estoit besoin. Obéis-
sés bien à Monsieur Guardesi.

« De Paris, ce 5 mai.

« Je prie à ce bon Dieu qu'il vous tiene tous en
sa sinte guarde et protection.

« Vostre bonne mère,

« De Lospital[1]. »

L'Hospital a fait en faveur de sa femme la disposition suivante, dans son testament, qui témoigne de
son amitié et de sa confiance :

« Je veulx que Marie Morin, ma chère épouse et
femme d'une singulière piété, gouverne le tout en
commun; laquelle, je m'assure, ne diminuera rien

---

[1] Bibl. imp., départ. des mss. fonds Dupuy, vol. CDXCI, f° 20.

des biens, ains plustost les conservera duement et accroistra au proffit des enfans ; et, pour ce, je deffendz qu'on ne luy demande aulcun compte, ny raison de la tutelle et curatelle ; mais je veulx que toutes
ces choses se facent, se rendent et se passent ainsy
qu'il luy plaira. J'ordonne aussi que tout ce qu'elle
aura passé soit non seulement tenu des héritiers
pour faict, mais pour agréable. »

Robert Hurault de Belesbat, gendre du chancelier,
appartenait à une famille ayant donné des personnages distingués à l'Église, à la robe et à l'administration. Il était fils de Nicolas Hurault, seigneur de
Boistaille[1], et lui-même était un digne magistrat, at-
ché à ses devoirs, plein de respect pour son beau-
père, dévoué comme lui à la cause de la tolérance
et de la paix. Il avait été reçu conseiller au grand
conseil le 1er juin 1554, et devint maître des requêtes
de l'hôtel du roi le 2 août 1560[2].

Comme nous l'avons dit, il succéda à son beau-
père dans la charge de chancelier de Marguerite de
France, duchesse de Savoie.

Quant à madame de Belesbat, c'était une femme
de tête, entendant les affaires et en qui son père
avait pleine confiance, ainsi qu'on l'a vu par ses lettres.

---

[1] Voir la *Généalogie de la maison des Hurault* à la suite des *Mémoires
d'État* de Hurault de Chiverny, éd. de 1636, in-4°. Après la mort de son
beau-père, il prit les titres de seigneur de Belesbat, de Valgrand, de Bus
et du Vignay. Quant à la terre de Juvisy, dont il avait été seigneur après
la mort de son père qui la possédait (l'abbé Lebeuf, *Hist. du diocèse
de Paris*, t. XII, p. 107), il faut croire qu'il l'avait vendue, puisque ce
titre ne lui est pas donné dans la *Généalogie de la maison des Hurault*.

[2] Blanchard, *les Généalogies des maîtres des requêtes ordinaires de
l'hostel du roy*. Paris, 1670, 1 vol. in-f°, p. 286.

Les neuf enfants nés de leur mariage étaient :

1° Charles, celui que sa grand'mère considère comme moins propre à l'étude que ses frères. Dans son testament, L'Hospital l'engage à prendre les noms de Charles Hurault de L'Hospital « pour distinguer les familles des Hurault qui sont en grand nombre. » Il embrassa l'état militaire, devint capitaine d'une compagnie de gens d'armes et fut tué au siége de Chartres, au mois d'avril 1591, sans avoir été marié. Il avait le titre de seigneur de Belesbat.

2° Michel, qui fut connu sous le nom de Du Fay, fut reçu conseiller au parlement de Paris le 11 janvier 1581, et en cette qualité il fut envoyé à Bordeaux avec Antoine Seguier, Jacques-Auguste de Thou (l'historien), Claude Dupuy et dix autres conseillers au même parlement, pour rendre la justice en Guienne, au lieu de la chambre mi-partie de cette province. Il devint chancelier de Henri, roi de Navarre (depuis Henri IV), qui le fit ambassadeur en Hollande, et fut maître des requêtes de l'hôtel du roi en 1585; puis il embrassa la carrière militaire pour mieux servir la cause de Henri IV, qui lui donna, lors du siége de Rouen en 1592, le commandement de plusieurs vaisseaux, et lui confia le gouvernement de la place de Quillebeuf. Il y mourut dans cette même année 1592. Du Fay avait composé, en 1588, un écrit intitulé *le Franc et libre Discours*, et, en 1590, l'*Anti-Sixtus*, en réponse à une bulle fulminée par Sixte-Quint contre Henri III et Henri IV. Sa grand'-mère trouvait « qu'il n'avoit faute de capacité, mais de bonne volonté d'estudier. » Dans son testament, le chancelier, qui était son parrain, le désignait comme

« le plus idoine et affectionné aux bonnes lettres que ses aultres petits-fils. » Aussi lui laissa-t-il « sa librairie et bibliothèque. » Du Fay concourut à la publication des poésies de son aïeul. Il avait épousé Olimpe Du Faur, fille de Gui Du Faur de Pibrac, dont il eut trois enfants[1]. De Thou dit que « c'étoit

[1] Nous croyons devoir donner, en note, des détails sur les enfants et quelques-uns des petits-enfants de Michel Hurault de L'Hospital, nés de son mariage avec Olimpe Du Faur de Pibrac. Ils eurent deux fils et une fille :

1° Pierre Hurault de L'Hospital, seigneur Du Fay, maître des requêtes, mort en 1623 ; 2° Gui Hurault de L'Hospital, qui succéda à son oncle comme archevêque d'Aix en 1623, et mourut le 3 décembre 1625 ; 3° Madeleine, décédée jeune et sans avoir été mariée.

Pierre Hurault de L'Hospital, épousa Claire de Gessé ; il eut un fils aîné qui s'appela Henri, seigneur de Belesbat, et qui fut reçu conseiller au parlement en 1633. Il devint ensuite maître des requêtes et mourut en 1684. C'est de lui que parle Tallemant des Réaux (t. VII, p. 146 de l'éd. in-12). Il avait épousé, en 1637, Renée de Flexelles. Ils eurent pour fils Charles-Paul Hurault de l'Hospital, seigneur de Belesbat, qui rechercha en mariage la fille aînée du comte de Grignan (née d'un premier mariage), connue sous le nom de mademoiselle d'Alerac, laquelle avait refusé d'épouser M. de Polignac. Madame de Sévigné, dans une lettre à sa fille, datée du 15 août 1685, parle ainsi de ce projet de mariage : « Ils crurent comme moi que c'était pour rire que vous nommez pour Belesbat la *princesse* (surnom donné à mademoiselle d'Alerac dans la société de madame de Sévigné) ; il fallut repasser sur ces endroits et quand nous vîmes que M. Chupin le proposait sérieusement, et que les Montausier et madame de Béthune l'approuvaient, je ne puis vous représenter notre surprise ; elle ne cessa que pour faire place à l'étonnement que nous donna la tolérance de cette proposition par mademoiselle d'Alerac. Nous convenons de la douceur de la vie et du voisinage de Paris ; mais a-t-elle un nom et une éducation à se contenter de cette médiocrité ? Est-elle bien assurée que sa bonne maison suffise pour lui faire avoir tous les honneurs et tous les agréments qui ne seront pas contestés à madame de Polignac ? où a-t-elle pris une si grande modération ? C'est renoncer de bonne heure à toutes les grandeurs. Je ne dis rien contre le nom, il est bon, mais *il y a fagots et fagots ;* et je croyais la figure et le bon sens de Belesbat plus propre

un jeune homme d'un génie élevé et qui écrivoit fort
bien en latin et en françois. » Il ajoute qu'il avait de
la passion « pour la nouvelle fauconnerie. »

3° Robert, que la chancelière avait appelé « Robin. »
Il avait dans son enfance, d'après le témoignage de
son aïeule, l'humeur guerrière, comme son frère
François (le sixième). Il eut le titre de baron d'Au-
neux, et épousa Espérance Perrot [1].

4° Paul Hurault de L'Hospital, seigneur de Valgrand, qui fut archevêque d'Aix en 1598, et eut,
en 1623, pour successeur son neveu, Gui Hurault
de L'Hospital, en faveur de qui il avait donné sa démission [2].

'5° Jean, seigneur de Gomerville et Du Fay. Il fut
gentilhomme ordinaire de la chambre du roi, et
épousa Louise d'Allonville, dont il n'eut pas d'enfants.
C'est lui qui, dans son enfance, d'après la lettre de
sa grand'mère, « avoit cuydé mourir de pleuresie. »

à être choisi pour arbitre que pour mari, par préférence à ceux qu'elle
néglige. Il ne faudrait point se réveiller la nuit, comme dit Coulanges,
pour se réjouir comme sa belle-mère Flexelles d'être à côté d'un Hurault..... » Au surplus, ce mariage ne se fit pas et mademoiselle d'A-
lerac épousa le marquis de Vibraye,

   [1] Voyez, sur leur descendance, *la Généalogie de la maison des Hurault.*

   [2] L'Estoile affirme que ce prélat était *un vrai torrent d'éloquence.*
Prêchant, en 1604, le carême à la paroisse Saint-André-des-Arts à Paris, il dit qu'en allant à la paroisse d'Ablon (le temple protestant) on
chantait de vilaines et sales chansons, et audit Ablon aussi; et que ce
n'était que toute abomination du fait des réformés. « Ce qui fut, ajoute
l'Estoile, trouvé plus mauvais de lui que d'un autre, pour ce qu'on disoit
qu'il sçavoit bien les chansons qu'on y chantoit, et qu'en ayant été autrefois, il ne pouvoit ignorer ce qui s'y faisoit. Même le roy (Henry IV),
parlant un jour de luy, avoit dit que s'il y eût eu des évêchez du côté
de ceux de la religion, qu'il eut été évêque d'Ablon; mais qu'il n'y en
avoit point. » *Collect. Petitot,* 1re série, vol. XLVII, p. 432.

6° François, seigneur du Vignay. Il fut employé, quoique bien jeune, par Henri IV, dans le Levant, auprès du Grand-Seigneur, et en Italie. Il mourut à l'âge de vingt-deux ans, sans avoir été marié.

7° Philémon, sur lequel on n'a aucun détail, et qui mourut probablement fort jeune et sans avoir été marié [1].

8° Marguerite, qui épousa Jean de Gontaut-Biron, seigneur de Salignac, conseiller au conseil privé du roi. De ce mariage naquirent un fils et cinq filles.

9° Marie, qui épousa Louis de la Rivière, seigneur de Cheny. Ils n'eurent pas d'enfants.

La femme, le gendre, la fille du chancelier, professaient ouvertement la religion protestante, et c'est à cette circonstance que l'on a quelquefois attribué les efforts incessants qu'il fit pour assurer la tolérance de cette religion.

L'Estoile nous apprend que madame de L'Hospital redevint catholique, en décembre 1585. On douta beaucoup de la sincérité de cette conversion qui eut lieu à la suite d'un édit de juillet 1585, révoquant les édits antérieurs de pacification et enjoignant à tous les sujets du roi de professer la religion catholique sous peine de confiscation de corps et de biens [2]. Cet édit oppressif était un gage donné par

---

[1] Il n'est même pas mentionné dans la *Généalogie*.

[2] « En ce temps, beaucoup de la religion, pour sauver leurs biens et leurs vies, se font catéchiser, retournent à la messe, et ont bien de la peine à contrefaire les bons catholiques. La chancelière de L'Hospital entre autres, qui toute sa vie avoit fait profession de ladite religion, l'abjure et va à la messe. » L'Estoile, *Collect. Petitot,* Ire série, vol. XLV, p. 3o3.

Henri III à la Ligue et mit fin à la *guerre des trois Henris*.

Quant aux petits-enfants du chancelier, ils ont tous fait retour aussi à la religion catholique ; l'un d'eux, Paul, fut archevêque d'Aix, et un arrière-petit-fils de L'Hospital, Gui, lui succéda dans cette fonction. Du reste, tous les petits-fils de L'Hospital furent dévoués à la cause de Henri IV, et conservèrent précieusement les traditions de fidélité et de courage qu'ils avaient reçues de leur aïeul et de leur père.

La famille de L'Hospital se composait encore de son frère puîné, Pierre de L'Hospital, seigneur de la Roche, qui fut, comme nous l'avons dit, maître d'hôtel de Charles IX. Sa postérité paraît s'être fixée en Auvergne et a possédé, pendant très-longtemps, la terre de la Roche, auprès d'Aigueperse.

Le chancelier avait aussi une sœur qui était religieuse. Il la mentionne en ces termes dans son testament : « Je veulx qu'on donne vingt escus d'or de revenu en aulmone à ma sœur Françoise, religieuse, tant qu'elle vivra. » Il est vraisemblable qu'elle appartenait aux Cordelières d'Aigueperse, auxquelles le chancelier chargeait sa fille de donner dix livres tournois, dans sa lettre du 17 avril 1571.

En ce qui concerne la famille de L'Hospital-Choisy, à laquelle appartint le maréchal de L'Hôpital, elle n'avait rien de commun avec les L'Hospital d'Auvergne. On assure même qu'elle en tirait vanité[1].

---

[1] Cette famille a produit deux maréchaux de France et un savant illustre. Le plus connu de ces maréchaux se nommait le marquis du Hallier, et changea son nom contre celui de L'Hôpital lorsqu'il fut fait

Cependant madame de Sévigné voulait bien trouver que le nom de Belesbat était « bon. »

maréchal de France en 1643. Il mourut en 1660. Dans une généalogie de cette maison dressée en 1706 par Gabriel de L'Hôpital, on lit : « Je ne fais point ici de distinction de la famille du chancelier de L'Hospital d'avec la nostre, car il n'estoit aucunement de nostre famille. Tout ce qu'il y a de gens sçavent faire la différence. *Ce n'est pas pour cela que je m'en tinsse déshonoré.* »

XVII

Comme il est facile de le comprendre, L'Hospital, ainsi qu'on le voit d'ailleurs dans sa correspondance et qu'on le sait par le témoignage de ses contemporains, aimait la simplicité, la retraite, la vie intime de la famille. Mais il occupait une charge si élevée dans l'État, que, malgré lui sans doute, il était obligé, pendant l'exercice de ses fonctions de chancelier et lorsqu'il avait les sceaux, d'être environné d'un grand train de maison. Nous avons, en effet, trouvé, à la Bibliothèque impériale [1], un *État de la maison de monseigneur le chancelier* qui montre jusqu'à quel point ce luxe d'officiers, de serviteurs, de chevaux était porté.

Nous transcrivons ce document, qui nous paraît fort curieux pour l'histoire des mœurs du temps.

[1] Dép. des manuscrits, fonds Dupuy, vol. CDXCI, f° 123.

Estat de la maison de monseigneur le chancelier [1].

Premièrement :

Monseigneur,
Madame,
Monsieur de Belesbat,
Mademoiselle de Belesbat,
Le petit Charles,
Monsieur de Saint-Aubin,
Mademoiselle Tanneguy,
Angeville,
Susanne,
Monsieur Bonaud, l'avocat,
Monsieur Bonaud, secrét. [2],
Monsieur Lemaître,
L'escuyer,
Benigne,
Un page,
Maître Anthoine, varlet de chambre,
Maître Odo,
Vincent,
L'aumosnier,
Guillaume, sommelier,
Le garde-vaisselle,
L'aide de sommellerie,
L'argentier,
Le controsleur,
Courcelles,
Guillaume, cuizinier,
Claude, de la cuizine,
Le portier,
Sassier, garçon de cuisine,
Marc, le tourne-broche,
Le garde-linge,
Le fourrier,
Deux laquais,
Le boulanger,
Le pâtissier,
Pierre, de M. de Belesbat,
Un page à luy,
Un laquais à luy,
Un homme de M. de Saint-Aubin,
Un homme à M. Bonaud,
Un homme à son frère,
Un homme de M. Lemaître,

---

[1] En 1562, L'Hospital était logé au Doyenné de Saint-Germain-l'Auxerrois. (Voir le *Journal de ce qui s'est passé en France en 1562*, dans la *Revue rétrospective*, 1re série, t. V, p. 210). Les ministres alors n'occupaient pas d'hôtels appartenant à l'État. Sauval, qui, au tome II, p. 147 et suivantes de son *Histoire des antiquités de Paris*, donne la demeure des chanceliers et en particulier d'Olivier et de Birague, prédécesseur et successeur immédiats de L'Hospital, passe sous silence celle de ce dernier, ce qui prouve qu'il ne la connaissait pas.

[2] Le chancelier a eu un autre secrétaire, nommé Bouvaut, en qui il avait placé toute sa confiance, mais qui en abusa étrangement. Voir BAYLE, v° HOSPITAL, note M.

Celui de l'escuyer,
Celui du fourrier,
Le maréchal,
Le maître palfrenier,
Lamitte, aide,
Le lacquais de Madame,
Hector, aide,
Un aide sans gages,
Le muletier de coffre,
Un aide,
Le muletier de litière,
Le charretier.

Somme, soixante personnes [1].

Estat des chevaux de Monseigneur :

Le mulet fauve (Monsei-gneur),
Le mulet gris (le page),
L'Escossoise (mademoiselle Tanneguy),
La hacquenée baie (Anthoine),
Le courtaud de Vincent,
Le courtaud du sommelier,
Le garde-vaisselle,
La Guildine (Courcelles),
Le mallier (maître palfrenier),
Le sommier de l'office (l'aide d'office),
Le sommier de cuisine (Claude),
La grande mule (Guillaume et Susanne),
Trois mulets de litière,
Trois mulets de bâts,
Trois chevaux de harnois.

Somme, vingt-un cheval.

Autres chevaux qui ne sont à Monseigneur et néanmoins défrayés en son écurie :

Deux chevaux de M. Lemaître,
Les deux de MM. Bonaud,
Un cheval,
Un cheval de Benigne,
Un cheval de maître Odo,
Un cheval de l'argentier,
Un cheval de l'aumosnier,
Un cheval de l'escuyer,
Un cheval du fourrier.

Somme totale, trente-un cheval.

« Faut encore avoir un cheval pour la viande, pource que celui qui est ne pourra suffire. »

[1] Il y a cinq personnes rayées dans cet état, ce qui fait que nous n'en trouvons que cinquante-cinq.

Ce grand train de maison devait être extrèmement coûteux et, comme nous l'avons dit, peu en rapport avec les goûts du chancelier, que Brantôme nous a montré dînant « fort bien avec du bouilli seulement, » mais il était exigé par les convenances de sa charge.

Cette charge, du reste, n'était pas rétribuée d'une façon exorbitante. François Duchesne, dans son *Histoire des chanceliers,* et Abraham Tessereau, dans son *Histoire de la grande chancellerie de France*, nous apprennent que L'Hospital avait les mêmes gages que le chancelier Pierre de Morvilliers, sous Louis XI, c'est-à-dire cent ans auparavant. Les gages ordinaires s'élevaient à 2,000 livres, autant de pension ; don de bois 80 livres ; pour ses droits de robes, à Pâques ou autre temps 160 livres, et pour ses menus droits de Toussaint 36 livres ; ce qui faisait un total de 4,276 livres. A quoi il fallait ajouter, depuis le chancelier Duprat, sous François Ier, 1,200 écus d'or par an, donnés par le Roi et 2,555 livres aussi par an, à prendre sur les émoluments du sceau [1].

Nous avons dit que L'Hospital aimait les arts. Lors de son séjour en Italie, et plus tard dans sa

---

[1] *Hist. des chanceliers,* p. 500, 569 et 640. — *Hist. de la grande chanc.*, t. I, p. 51. — J'aurais voulu pouvoir faire connaître, en monnaie de notre temps, le traitement du chancelier de L'Hospital, et, à cet effet, je me suis adressé à M. Natalis de Wailly, membre de l'Institut, le savant continuateur des *Historiens de France.* Il a bien voulu me répondre la lettre suivante :

Passy, le 4 octobre 1860.

« Monsieur, je m'empresse de répondre à la lettre que vous m'avez fait l'honneur de m'adresser, mais en me bornant à vous parler de la *valeur intrinsèque* de la monnaie tournois.

jeunesse, il les avait cultivés; il s'était plu à réunir au Vignay des collections de médailles antiques.

« Du 30 août 1561 au 11 août 1568, cette valeur n'a pas varié, et je crois que, pour la question qui vous occupe, il est inutile de tenir compte de la différence qui a existé avant le 30 août 1561 et après le 11 août 1568, puisque ces deux dates extrêmes embrassent presque toute la durée des fonctions de Michel de L'Hospital comme chancelier.

« Les écus d'or qui étaient la monnaie courante, pour les espèces d'or pendant ces huit années, étaient les écus au soleil.

« Chacun de ces écus valait intrinsèquement 11 fr. 02 c. et une fraction; il avait cours pour 2 livres 10 sols tournois.

« 1,200 écus d'or au soleil valaient intrinsèquement 13,226 f. 97 c., c'est-à-dire que 1,200 de ces écus auraient renfermé autant d'or fin que 13,226 fr. 97 c. de notre monnaie d'or actuelle.

« A raison du cours de 2 livres 10 sols par écu, les 1,200 écus avaient cours pour 3,000 livres tournois; on en déduit pour la livre tournois payable en espèces d'or une valeur intrinsèque de 4 fr. 41 c. moins une fraction.

« Pendant la même période la monnaie courante d'argent était les testons.

« Chaque teston valait intrinsèquement 1 fr. 90 c. et une fraction; il avait cours pour 12 sols tournois. Donc la livre tournois payable en espèces d'argent avait une valeur intrinsèque de 3 fr. 17 c. et une fraction; c'est-à-dire que cette livre tournois aurait renfermé autant d'argent fin que 3 fr. 17 c. de notre monnaie d'argent actuelle.

« Indépendamment du don de 1,200 écus d'or, le chancelier recevait, d'après votre note, 6,831 livres tournois.

« Si ses gages étaient payés en espèces d'argent, chacune de ces livres valait intrinsèquement 3 fr. 17 c. de notre monnaie; si on le payait en espèces d'or, chaque livre valait intrinsèquement 4 fr. 41 c. moins une fraction; si on suppose qu'il était payé moitié en or, moitié en argent, la valeur intrinsèque de la livre sera 3 fr. 79 c. moins une fraction, c'est-à-dire la moyenne entre 3 fr. 17 c. et 4 fr. 41 c.

« Suivant que l'on prend l'une de ces trois hypothèses, on a, pour la valeur intrinsèque des 6,831 livres tournois :

1° 21,654 fr.; 2° 30,124; 3° 25,889.

« En ajoutant à chacun de ces nombres 13,227 fr. en nombre rond pour la valeur des 1,200 écus d'or, vous aurez pour la valeur intrinsèque du total des gages 34,881 fr. ou 43,351 fr., ou enfin 39,116 fr.

« Quant aux monnoyes d'antiquailles d'or et d'argent, de cuivre et médailles et le surplus, qui est à mon logis, dit-il dans son testament, je veulx quelles soient à celuy que ma femme et ma fille nommeront et que je laisse à leur discrétion, comme je fais toute autre chose. »

Et plus loin, il ajoute : « Je veulx que toutes mes médailles de cuivre et de marbre, et aussy toutes les monnoyes d'antiquailles d'or et d'argent, et aultres matières, soient gardées en ma maison, par indivis, à la discrétion de ma femme, et quatre beaux vases, ouvrages d'Allemagne, et cette médaille de Taureau, que Madame ma maîtresse (Marguerite duchesse de Savoie) me donna. »

Une seule pensée le préoccupait, c'est que ces collections ne fussent pas dispersées après sa mort. Nous ignorons ce qu'elles sont devenues.

On n'a jamais bien su quelle avait été la croyance religieuse de L'Hospital. Théodore de Bèze, Hubert Languet, Brantôme, pensent qu'on était en droit de suspecter son orthodoxie. « J'ai ouy de ce temps, dit le dernier de ces écrivains, faire comparaison de luy et de Thomas Morus, chancelier d'Angleterre, le plus grand aussi qui fut jamais en ces pays, fors que l'un estoit fort catholique et *l'autre le tenoit-on*

« Quant à la valeur relative de ces sommes, je n'ai fait aucune recherche sérieuse qui me permette de l'estimer même approximativement. Si vous vous en rapportez à M. Leber, il suppose que la valeur relative était quadruple en 1530 et seulement triple en 1571.

« Sur ce point, je m'abstiens. Quant aux trois résultats pour la valeur intrinsèque, je crois qu'il faut préférer la valeur moyenne de 3 fr. 79 c. pour la livre tournois.

« Veuillez agréer, etc.   « N. DE WAILLY. »

huguenot, encore qu'il allast à la messe : mais on disoit à la court : « Dieu nous gard de la messe de M. de L'Hospital ! » Enfin, quoi qu'il creust, c'estoit un très grand personnage en tout et un très homme de bien et d'honneur [1]. » Théodore de Bèze l'avait fait représenter avec un flambeau derrière le dos [2], pour montrer qu'il avait connu la lumière, mais qu'il n'en avait pas voulu profiter. « Ainsi que plusieurs hommes supérieurs de cette époque, dit M. Villemain, L'Hospital se séparait des abus de la cour de Rome sans adopter le protestantisme. Il était, par conscience et par supériorité, ce qu'Érasme avait été par circonspection et par finesse d'esprit. Il puisait dans sa religion même cette tolérance qu'Érasme avait trouvée dans sa moqueuse indifférence pour toutes les sectes [3]. » Nous croyons que telle est la vérité sur les opinions religieuses du chancelier. Cependant les fougueux catholiques n'hésitaient pas à le considérer comme huguenot. « Pour le regard du chancelier, qui étoit L'Hospital, dit Claude Haton dans ses *Mémoires* nouvellement publiés, il étoit hérétique calvinien et huguenot, combien qu'il demeurast avec le Roy. » Il est vrai que le bon curé place aussi Catherine de Médicis et le maréchal de Montmorency parmi les hérétiques [4].

---

[1] Brantôme : *Discours sur le connestable Anne de Montmorency. Digression sur le chancelier de L'Hospital*, édition Foucault, t. II, p. 381.

[2] *Icones, id est veræ imagines virorum doctrina simul et pietate illustrium : accedunt emblemata. Genevæ*, 1580, petit in-4°.

[3] *Vie de L'Hospital*.

[4] *Mém. de Claude Haton*, publiés par M. Bourquelot, t. II, p. 525-526.

Ce qui a porté à croire que L'Hospital avait, au fond du cœur, embrassé les principes du calvinisme, indépendamment de la tolérance qu'il montra toujours pour cette croyance, c'est que dans son testament il ne parle ni de religion, ni de prières pour le repos de son âme, et qu'il veut être enterré sans aucune pompe, ce qui est conforme à la doctrine des protestants. On peut ajouter qu'il est auteur d'une satire des plus violentes contre les vices du clergé, et qu'en cela du moins, il était d'accord avec les partisans de la réforme[1].

Quant au jésuite Maimbourg, il n'hésite pas à prétendre que L'Hopistal n'avait pas de religion. « Je souscris volontiers, dit-il, à toutes les grandes louanges que lui ont données pour toutes ces perfections (qu'il vient d'énumérer), le sieur de Brantôme, le président de Thou et Scévole de Sainte-Marthe, dans les beaux éloges qu'ils en ont faits. Mais, après tout, ni l'on ne peut, ni l'on ne doit dissimuler ce qui a bien terni l'éclat de tant de belles qualités, c'est qu'il favorisoit tout ouvertement le calvinisme en toutes rencontres, et qu'il étoit en cela de très-bonne intelligence avec l'amiral, son grand confident. Aussi l'on disoit tout communément qu'il étoit huguenot dans l'âme, quoiqu'il fît semblant d'être catholique à cause de sa dignité..... Cela même fit croire à quelques-uns, qu'avec sa mine austère, son visage de saint Jérôme, comme on l'appeloit à la cour, et sa morale extrêmement sévère, comme cela paroît dans ses écrits, il n'étoit, à proprement parler, ni huguenot ni catholique, et n'avoit nulle religion. »

[1] Éd. d'Amsterdam, p. 314.

L'Hospital était tolérant, donc il était athée. Telle est la logique des partis. « Notre grand chancelier de L'Hospital se déclare-t-il contre les persécutions, on l'accuse aussitôt d'athéisme : *homo doctus, sed vere atheus* [1]. »

Dans l'État, L'Hospital appartenait au parti des « politiques ». C'était ce parti intermédiaire qui se rencontre ordinairement dans les temps de troubles et dans lequel se rangent de préférence les esprits modérés qui se placent entre les factions opposées pour chercher à adoucir ce qu'elles ont de trop rude. « Il fallut, dit Bayle en parlant du chancelier, qu'il nageât entre deux eaux, et par ce ménagement, il détourna quelques-unes des tempêtes qui menaçoient le royaume et les véritables intérêts du roi son maître. »

Cette conduite modérée a été appréciée par un homme éminent qui, de nos jours, s'était placé également entre deux partis extrêmes. M. Royer-Collard parle ainsi de L'Hospital : « Ce grand homme d'État qui eut le plus rare de tous les courages, celui de la modération entre des partis furieux [2]. »

Ce n'est pas à dire que ceux qui suivent cette ligne de conduite soient dépourvus de convictions. Ils en ont de profondes, mais ils ne laissent pas égarer leur jugement par la passion ; ils bravent les injures de leurs adversaires des deux camps, et se contentent du témoignage de leur conscience et de l'estime des gens de bien.

[1] *Commentarium rerum gallicarum*, lib. XXVIII.—Voltaire, *Dictionnaire philosophique*, v° ATHÉISME.

[2] *La Vie politique de M. Royer-Collard*, par M. de Barante, t. I, p. 95.

L'approbation presque unanime de l'histoire, à l'égard de L'Hospital, a rencontré un contradicteur dans M. Michelet. Voici ce qu'il dit du chancelier : « Où donc est l'idée politique? Dans le chancelier de L'Hospital? Dans son effort pour réformer les lois? Le dirai-je? Je ne trouve rien de plus triste que de voir cet homme de bien traîner sa barbe blanche derrière Catherine de Médicis. On ne s'explique pas comment il restait là, ni quelle figure il pouvait faire au milieu de cette cour équivoque, parmi les femmes et les intrigues. Ne comprenait-il pas que sa présence seule, en tel lieu, était un mensonge? que sa réforme du droit, réforme écrite et de papier, faisait prendre le change sur la réalité politique? Quelques bonnes choses en sont restées, comme les tribunaux de commerce. Mais, hélas! si l'on veut savoir combien les lois sont le contraire des mœurs, il faut lire les lois de ce temps. Elles proclament la suppression des confréries au moment où celles-ci s'organisent militairement et de la manière la plus meurtrière, au moment où elles se liaient, se groupaient, créaient les ligues provinciales, qui finirent par former la Ligue [1]. »

Il y a, suivant nous, dans ce jugement, bien des erreurs et bien des injustices. D'abord, *il ne restait pas là*, car deux fois il s'est exilé volontairement de la cour. Ensuite sa réforme du droit n'était pas seulement *écrite et de papier :* les grandes ordonnances d'Orléans, de Roussillon et de Moulins contiennent des principes de droit public qui sont en-

---

[1] Michelet, *Hist. de France*, t. IX, p. 325.

coré en vigueur de nos jours. L'historien veut bien reconnaître aussi que *quelques bonnes choses en sont restées,* notamment les tribunaux de commerce ; il aurait pu y ajouter la réforme du calendrier, l'inaliénabilité des biens du domaine, l'administration de la justice civile enlevée aux corps municipaux, pour être remise aux tribunaux ordinaires, l'édit de tolérance de janvier 1562, qui a servi de base à l'édit de Nantes, les tentatives du chancelier pour donner par la voie du concours les chaires des universités, ses efforts, dont nous parlerons tout à l'heure, pour l'unité de la législation, etc.

Ne peut-on pas croire que, si la politique de L'Hospital l'eût emporté, la tolérance religieuse serait entrée deux cent trente ans plus tôt dans nos mœurs, que les deux grands cultes chrétiens auraient vécu, sinon en sympathie, du moins en concorde, pendant les xviie et xviiie siècles, que le massacre de la Saint-Barthélemy n'aurait pas ensanglanté les pages de notre histoire, et la révocation de l'édit de Nantes, enrichi l'étranger aux dépens du commerce et de l'industrie de la France ?

Nous préférons au jugement de M. Michelet celui qu'un historien anglais vient de porter du chancelier.

« Durant le xvie siècle, dit M. Buckle, des traités intervinrent bien entre les deux partis (catholique et protestant), mais ils n'étaient conclus que pour être aussitôt brisés. A l'exception du seul L'Hospital, l'idée de la tolérance ne semble être entrée dans la tête d'aucun homme d'État du temps. Il la prêcha en vain. Ni ses talents éminents, ni son intrépidité sans tache, ne purent tenir contre les préjugés dominants, et il finit par se retirer dans la vie privée, sans avoir pu réaliser aucun de ses nobles projets [1]. »

Si L'Hospital voulait la tolérance pour les protestants, il n'entendait pas certainement les laisser se constituer en parti politique. Il ne pouvait vouloir d'un État dans l'État, d'une république au sein du royaume. L'ambition des princes n'était rien pour lui. Il était sincèrement attaché au roi Charles IX, comme il l'avait été à ses prédécesseurs, et n'aurait rien fait pour ébranler leur couronne. Il dut lui en coûter beaucoup de se voir obligé de combattre la politique des Guise et en particulier du cardinal de Lorraine qui avait tant servi à son élévation. Mais il voulait avant tout la paix et la justice, et s'opposait de toutes ses forces aux mesures qui devaient amener la guerre civile et engendrer les persécutions. D'un autre côté, il reprochait souvent aux protestants de chercher à *planter leur religion avec espées et pistolets*.

L'Hospital avait pris pour devise un Atlas soutenant le monde sur ses épaules, avec ces deux vers d'Horace sur le juste, pour devise :

> Si fractus illabatur orbis,
> Impavidum ferient ruinæ.

Il a été aussi grand législateur que grand homme d'État. Écoutons le témoignage de Pasquier : « Nous avons veu de nostre temps un jeune roy Charles IX en ceste France, auquel et l'infirmité de son bas aage

---

[1] *History of civilization of England*, vol. I, p. 468.

du commencement, et, par succession de temps, la violence extraordinaire de son naturel, ne donnoit aucun loisir de faire des loix ; toutesfois jamais roy qui le devança ne fit tant de beaux edicts que luy ; tesmoin celuy de l'an 1560 aux estats tenus dedans la ville d'Orléans ; l'autre qu'il fit à Roussillon l'an 1563 et le dernier à Moulins l'an 1566. Contenants ces trois edicts une infinité d'articles en matière de police, et beaux reglements qui passent d'un long entrejet nos anciennes ordonnances. A qui sommes-nous redevables de ce bien ? Non à autre qu'à messire Michel de L'Hospital, son grand et sage chancelier, qui, sous l'authorité du jeune roy son maistre, fut le principal entremeteur du premier ; instigateur, promoteur et autheur des deux autres. Et à la mienne volonté, qu'ils eussent esté en tout observez d'une même dévotion qu'ils furent introduits[1]. »

Il faut ajouter à ces grandes lois celles que nous avons encore citées dans le cours de cet ouvrage : « Ces ordonnances, où la force et la sagesse réunies font oublier la faiblesse du règne sous lequel elles ont été rendues : ouvrages immortels d'un magistrat au-dessus de tout éloge, qui sentait l'étendue des devoirs et la force de la suprême dignité qu'il occupait ; qui sut en faire le sacrifice dès qu'il s'aperçut que l'on voulait en gêner les fonctions, et d'après lequel on a jugé tous ceux qui ont osé s'asseoir sur ce même tribunal, sans avoir son courage et ses lumières[2]. »

[1] Pasquier, *Lettres*, liv. XIX, t. II, p. 520, 521 de l'édit. de 1619, Paris, in-8º.

[2] Le président Hénault, année 1568.

Augustin Thierry en a fait un non moins bel éloge lorsqu'il en a dit : « Ce fils d'un bourgeois, ayant le génie d'un législateur, l'âme d'un philosophe et le cœur d'un citoyen, porta dans le gouvernement les principes traditionnels du tiers état et l'attachement au maintien de l'unité française et aux libertés de l'Église gallicane[1]. »

Un homme aussi éclairé que L'Hospital devait comprendre combien il eût été utile de fondre en une seule les innombrables coutumes locales qui régissaient alors la France, et de réaliser ainsi la pensée qui semblait avoir préoccupé Charles VII lorsqu'il avait prescrit la rédaction officielle des coutumes, par son ordonnance rendue à Montils-lès-Tours, en avril 1453[2], et celle que Commynes prête à Louis XI, qui « désiroit fort que en ce royaulme l'on usast d'une coustume, et d'un poiz et d'une mesure, et que toutes ces coustumes fussent mises en françois en ung beau livre, pour éviter la cautelle et pillerie des advocatz, qui est si grande en ce royaulme que en nul autre elle n'est semblable[3]. »

Aussi ce fut de *l'advis de Monsieur de L'Hospital, chancelier de France,* que François Hotman composa, en 1567, son ouvrage intitulé : *l'Anti-Tribonian, ou Discours sur l'estude des loix*[4].

L'objet de ce livre était de combattre les difficultés que l'esprit de routine des praticiens et les pré-

---

[1] *Essai sur la formation et les progrès du tiers état.*

[2] *Ordonnances du Louvre,* t. XIV, page 284. — *Anciennes lois françaises,* t. IX, p. 202.

[3] Philippe de Commynes, édit. de mademoiselle Dupont, t. II, p. 209, Paris, 1843, in-8°.

[4] Paris, 1567, in-8°.

jugés des diverses provinces ne devaient pas manquer de susciter contre une aussi grande entreprise. « Il seroit fort aisé, dit Hotman, et principalement en ce temps qu'il a pleu à Dieu nous prester un Solon en nostre France, qui est ce grand Michel de L'Hospital, d'assembler un nombre de jurisconsultes, ensemble quelques hommes d'Estat et autant des plus notables advocats et praticiens de ce royaume, et à iceux donner charge de rapporter ensemblement ce qu'ils auroient advisé et extrait tant des livres de Justinian (dont ils pourroient choisir le plus beau et le meilleur, qui seroit à vray dire un thrésor inestimable) que des livres de la philosophie ; et finalement de l'expérience qu'ils auroient acquise au maniement des affaires, etc. »

On devait arriver ainsi à dresser « un ou deux beaux volumes en langage vulgaire et intelligible » ; ce qui couperait court à la chicane et épargnerait bien du temps à la jeunesse des universités.

« Pour faire comprendre l'utilité d'une pareille réforme, ajoute M. Rodolphe Dareste, à qui nous empruntons ce passage, Hotman entreprend la critique du droit romain, qui alors était, avec le droit canonique, seul enseigné publiquement en France, à l'exclusion du droit français. Rien n'est plus vif, plus spirituel et, malgré certaines exagérations, plus sensé que cette attaque dirigée par un professeur de droit romain, contre la science qu'il enseigne..... Il montre que sur une foule de points, les dispositions de ce droit ont cessé d'être en vigueur et n'ont plus d'intérêt pratique[1]. »

[1] *Essai sur François Hotman.* Paris, 1850, in-8°, p. 22.

Il fallait plus de deux siècles encore avant que les vœux de L'Hospital et de Hotman, sur l'unité de la législation pussent être réalisés, et ce n'est que par la promulgation du Code civil qu'un si grand bienfait a été donné à la France.

L'Hospital eut pour amis les hommes les plus distingués de son temps. Parmi eux figuraient Paul de Foix, descendant de l'illustre maison des comtes de Foix et archevêque de Toulouse ; Arnould Du Ferrier, ambassadeur de France auprès du concile de Trente ; le chancelier Olivier ; Pierre Duchâtel, évêque de Tulle ; le cardinal du Bellay ; Jacques Du Faur ; Baptiste du Mesnil ; le premier président Christophe de Thou ; Du Fay ; Scévole de Sainte-Marthe ; Claude d'Espence ; Joachim du Bellay ; Adrien Turnèbe ; Salmon Macrin ; Pierre de Montdoré, conseiller au grand conseil, habile mathématicien et garde de la Bibliothèque du roi ; André Tiraqueau, etc. Il adressa à plusieurs d'entre eux des épîtres en vers latins, qui respirent les plus nobles sentiments et rappellent les souvenirs les plus affectueux.

Nous ne pouvons non plus omettre les relations littéraires qui existèrent entre L'Hospital et Ronsard. Ce poëte s'était placé à la tête d'un grand mouvement littéraire qui lui valut les attaques de l'école dominant avant lui, et particulièrement de Mellin de Saint-Gelais. Ronsard et Joachim du Bellay répondirent. « Le docte L'Hospital, qui était alors chancelier de madame Marguerite, sœur de Henri II, prit en main la cause des novateurs, dit M. Sainte-Beuve, et alla même jusqu'à composer, sous le nom de Ronsard, une satire latine..... dans laquelle, il s'attaque évidemment à Saint-Gelais sans le nommer... Après avoir excité les nouveaux poëtes à secouer cette tyrannie insolente de quelques vieillards jaloux, Ronsard, par la bouche de L'Hospital, se justifie victorieusement des innovations auxquelles l'oblige l'indigence de la langue maternelle [1]... » De plus, dans une épître adressée au cardinal de Lorraine, en lui envoyant un des ouvrages de Ronsard, L'Hospital avait fait un éloge délicat et bien senti de ce poëte.

Aussi Ronsard lui consacra-t-il une ode, dans laquelle il dit :

> De L'Hospital mignon des dieux,
> Qui çà bas ramena des cieux
> Les filles qu'enfante Mémoire... etc. [2]

Il ne faudrait pas croire toutefois que L'Hospital ne recueillît que des louanges, témoins ces vers satiriques qui se trouvent dans les collections manuscrites de la Bibliothèque impériale :

> Il vit encore ce vieillard,
> Ce meschant asne montagnard;
> Et veoit avec impunité
> De son païs l'embrasement,
> Dont malheureus il a esté
> La cause et le commencement... [3]

Les amis du chancelier voulurent, après sa mort, élever un monument littéraire à sa mémoire,

---

[1] *Tableau de la poésie française au XVIe siècle*, Paris, 1843, in-12, p. 296.

[2] Ode x, str. 1. Paris, Nic. Buon, 1609, in-f°, p. 350.

[3] Bibl. imp., dép. des mss., fonds Béthune, n° 8,785, ancien fonds français, f° 118, verso. — Mss. Saint-Victor, n° 359, f° 24, recto.

en réunissant et en publiant ses poésies, dont quelques-unes seulement avaient paru de son vivant[1].

Pibrac, de Thou (Jacques-Auguste) et Scévole de
Sainte-Marthe s'entendirent pour remplir ce pieux
devoir. Pibrac, possesseur du manuscrit, étant décédé le 27 mai 1584, de Thou eut recours à Pierre
Pithou et à Nicolas Le Fèvre pour le remplacer[2].
Michel Hurault de L'Hospital, petit-fils du chancelier, participa aussi à cette publication. Il adressa
la dédicace de la première édition au roi Henri III.
Cette première édition, très-bien imprimée, parut
à Paris, chez Mamert Patisson, en un volume in-f°,
1585. Elle est incomplète, ainsi que l'édition publiée en 1592 à Genève, et dont des exemplaires
portent l'indication de Lyon, sans doute parce que
les livres provenant de la première de ces villes
étaient alors suspects d'hérésie[3]. « Le public, dit
Jacques Gillot, l'un des auteurs de la satire Ménip-
pée, écrivant à Scaliger, le 9 janvier 1602, ne se
ressentira point des sermons ou épîtres de feu M. le
chancelier de L'Hospital, que feu son frère (Pierre
Pithou, frère de François) a recouvrées miraculeuse-
ment chez un passementier, écrites de la main du
deffunt, qui servoient à ce passementier à envelop-
per les passements qu'il vendoit, et si cela n'est pas
à lui (c'est-à-dire à François Pithou) nous ne le pouvons avoir[4]. »

[1] Voir ci-dessus, p. 30.

[2] *Mém. de J.-A. de Thou*, collect. Petitot, 1re série, vol. XXXVII, p. 361.

[3] *Coloniæ Allobrogum*, ou *Lugduni*, per Hugonem Gazeium, in-8°.
« Falso Lugdunensis titulum mentiente », dit Vlaming, en parlant de
cette édition.

[4] Colomiès, *Bibliothèque choisie*, éd. de 1731, p. 71. Dans le *Colo-*

Nous ne savons si c'est ce manuscrit qui, après avoir été acheté à Paris, ayant passé, on ignore par quelles circonstances, en Hollande, devint la propriété du grand pensionnaire Jean de Witt, dont un des petits-fils le communiqua à Pierre Vlaming, qui donna, en 1732, à Amsterdam, une édition in-8° de ces poésies[1], plus correcte et plus complète que les précédentes, mais sans que l'ordre chronologique y ait été plus scrupuleusement respecté, ce qui est d'autant plus à regretter qu'elles jettent une vive lumière sur les événements auxquels il y est fait allusion, ainsi que sur les principales circonstances de la vie de leur auteur[2].

Scévole de Sainte-Marthe a dit, en parlant de L'Hospital, comme poëte : « Qu'il avait imité Horace; qu'il l'avait égalé par l'harmonie des mots et la profondeur des sentences, mais qu'il l'avait surpassé certainement par la douceur des expressions[3]. » Il y a là une exagération évidente, et nous trouvons beaucoup plus de vérité dans le jugement suivant, de M. Villemain : « Ces vers expriment des pensées si nobles, qu'on ne peut les lire sans attendrisse-

mesiana il est dit que ce furent des lettres du chancelier que Pierre Pithou sauva des mains d'un passementier.

[1] *Michaeli Hospitalii Galliarum cancellarii carmina, editio à prioribus diversa et auctior.* Amstelædami, apud Balthasarem Lakeman. MDCCXXXII, in-8°.

[2] Plusieurs des pièces qui s'y trouvent portent une date, ce qui est un grand avantage sur les éditions précédentes. Il est difficile de comprendre comment Dufey de l'Yonne, dans le troisième volume de ses *OEuvres complètes de L'Hospital,* n'a pas fait réimprimer cette édition, au lieu de celles de 1585 et de 1592.

[3] « In his autem Hospitalius Horatium præcipue imitatus est. Ita tamen, ut verborum nitore et sententiarum gravitate illum æquarit, carminis certe lenitate superarit. »

ment. C'est une âme antique qui s'exprime dans l'ancienne langue des Romains. »

On a prétendu qu'Henri Estienne, bon juge en cette matière, avait cru cependant reconnaître, dans la satire *De lite*, la touche des anciens, et qu'il l'avait insérée, comme ancienne, dans un de ses recueils.

Ce qu'il y a de vrai, c'est que ce savant imprimeur comprit cette satire dans un ouvrage intitulé : *Epistolia, dialogi breves, oratiunculæ, poematia,* qu'il fit paraître, en 1577 (1 vol. in-8°). Cette pièce est la dernière du recueil, et elle est indiquée comme appartenant à un auteur inconnu (*Satyra incerti autoris*). Le titre de l'ouvrage nous prouve aussi qu'elle y était publiée pour la première fois. (*Inter poematia autem est satyra elegantissima, quæ inscribitur* LIS, *non prius edita.*) Mais peut-on induire de là qu'Henri Estienne ait cru que la satire contre les procès fût « l'œuvre d'un poëte du siècle d'Auguste? » Nous sommes bien loin d'admettre cette hypothèse. L'Hospital parle, dans son petit poëme, de la gloire des Français :

Non ita Francorum surrexit gloria cœlo.

Il y mentionne le libraire Galliot Du Pré, qui avait sa boutique au Palais (*Galeoti ponè tabernam*), toutes choses assurément fort inconnues des Romains du siècle d'Auguste, et Henri Estienne n'était pas homme à commettre une semblable méprise.

Boxhornius (Boxhorn), qui a inséré la satire *De lite*, dans un recueil intitulé : *Poetæ satyrici minores* (Leyde, 1635, petit in-8°), l'a corrigée et commentée « la croyant ancienne[1] », a-t-on dit. Mais il y a encore là une erreur. Boxhornius a placé la satire *De lite* parmi les ouvrages d'auteurs anonymes français (*anonymi auctores franci*), et dans son commentaire, rien n'indique qu'il ait pensé que l'auteur était « un ancien. » Il y dit, il est vrai, que ce qui le porte à croire que l'auteur était Français, c'est que de nombreux procès sont engendrés par les vignes et que le témoignage de Salvien apprend qu'il y a beaucoup de vignes dans la Gaule. Assurément le témoignage de Salvien n'avait pas besoin d'être invoqué à cet égard, et il faut y voir, simplement, non la preuve que la satire *De lite* était d'un poëte de l'antiquité, mais un nouvel exemple du pédantisme qu'affectaient, en toute occasion, les critiques du xvi° et du commencement du xvii° siècle[2].

Enfin, un troisième érudit, Gaspard Barthius (Barth), s'est occupé de la satire *De lite* et l'a insérée dans un ouvrage trop peu connu, intitulé *Adversaria*, qu'il a publié à Francfort, en 1648[3].

Barth, qui paraît ne connaître ni l'édition des poésies de L'Hospital de 1585, ni celle de 1592, ni le recueil de Boxhornius, laisse voir, dès le titre de la satire, son hésitation : *Satira vetusti cujuspiam scriptoris, modo non sit fuco sublita.* Il transcrit ensuite, sauf quelques différences, le texte d'Henri

---

[1] *Colomesiana,* t. I, p. 551. — Niceron, *Notice sur L'Hospital,* dans ses *Mémoires pour servir à l'histoire des hommes illustres,* t. XXXI, p. 233. — *Biographie universelle,* v° Boxhornius.

[2] Le passage de Boxhornius relatif à la satire *De lite,* a été reproduit à la fin de l'édition des poésies de L'Hospital, publiée à Amsterdam en 1632.

[3] 1 vol. in-folio, livre VII, ch. xvii et xviii, col. 344-349.

Estienne, de peur, dit-il, qu'un si bon ouvrage ne retombe dans l'oubli. Le texte de Barth, qui semble venir, non de l'édition de 1577, mais d'une copie manuscrite, s'écarte encore plus de celui des éditions de 1585 et de 1592; il est moins correct.

Dans les observations qui remplissent le chapitre XVIII, Barth montre plusieurs fois la même incertitude. Ce chapitre commence ainsi : *Quicumque auctor carminis hujus fuerit, Francus natione, barbaro nomine* Galeotum *nominat...* Une chose l'empêche de croire l'ouvrage ancien, c'est que l'auteur sait si peu le grec qu'il se trompe sur la quantité du nom de Platon :

> Librum, aut divini Platonis dogmata legi.

Cette faute, en effet, est dans le texte d'Henri Estienne, et l'on peut s'étonner qu'il ne l'ait pas corrigée. Il y a dans les éditions de 1585 et de 1592, *Libros, aut divina;* dans celle de 1732, *Libros, nec divina.* Le critique n'en fait pas moins remarquer de très-beaux vers, dignes d'un Romain, *ævi ultimi licet.* Il propose, dans le cours de ses notes, un assez grand nombre de corrections, dont quelques-unes sont justifiées par le texte même d'Estienne, et finit, malgré ses doutes, par un nouvel éloge du poëte inconnu : *Atque hæc obiter ad eruditum et non vulgaris ingenii carmen notare visum* [1].

---

[1] Nous devons ce passage, relatif à Barthius, à l'extrême complaisance de M. Victor Le Clerc, membre de l'Institut, le savant doyen de la faculté des Lettres. Ce n'est pas le seul service que son amitié ait rendu à cette publication, à laquelle il veut bien porter quelque intérêt.

La satire *De lite* est adressée à Jacques Du Faur. Dans l'édition d'Amsterdam, où elle est insérée, p. 84, elle porte la date de 1548. Si cette date est exacte, ce petit poëme a dû être composé pendant que L'Hospital était conseiller au Parlement et lorsqu'il se trouvait auprès du concile à Bologne, peut-être pour se distraire des ennuis qu'il y éprouvait, ou à son retour à Paris, après l'accomplissement de cette mission.

Quoi qu'il en soit, la satire *Litium exsecratio* a obtenu une telle célébrité que nous croyons devoir la publier à la fin de ce volume avec une traduction française. Elle donnera à ceux qui lisent encore des vers latins modernes, une idée de la manière de L'Hospital, et ils pourront juger par eux-mêmes s'il était possible de s'y tromper et de confondre l'œuvre d'un poëte latin du xvie siècle avec celle d'un contemporain d'Horace [1].

Un *Essai de traduction de quelques épîtres et autres poésies latines de Michel de L'Hospital*, par l'abbé Coupé, parut à Paris, en 1778, 2 vol. in-8°. Une traduction plus récente des mêmes poésies est due à M. Bandy de Nalèche [2].

Les *OEuvres complètes de Michel de L'Hospital* ont été réunies, pour la première fois, en 1824, par Dufey de l'Yonne, et forment 5 volumes in-8°. Elle renferment ses harangues, discours, mémoires d'État, poésies latines, et un *Traité de la réformation de la justice*, qui lui est attribué.

Les *Mémoires d'État* avaient été imprimés en un volume in-18, à Cologne, chez Pierre Ab. Egmont,

---

[1] Appendice. Pièce III.
[2] Paris, 1 vol. in-12, 1857.

1672. Ils sont, dit-on, extraits d'un livre écrit de la main du chancelier. Ils contiennent la substance de traités de paix, apanages, neutralités, reconnaissances, foi et hommages et autres droits de la souveraineté.

Comme nous l'avons dit, les chanceliers de France avaient alors dans leurs attributions une partie des fonctions qu'ont eues depuis les ministres des affaires étrangères. A ce titre, ils possédaient chez eux un très-grand nombre de documents diplomatiques. L'Hospital avait été chargé de retirer tous ceux de ces documents qui étaient restés entre les mains des héritiers du chancelier Poyet. Il s'en servit pour écrire l'ouvrage dont nous venons de parler, destiné sans doute à son usage personnel.

L'Hospital avait, au Vignay, ce précieux dépôt d'archives. Il en fut retiré après sa mort, par Chiverny, en vertu des ordres qu'il avait reçus, et la Bibliothèque impériale possède un manuscrit in-folio, contenant l'*Inventaire des titres, papiers,* etc., *trouvés chez L'Hospital* [1].

Quant au *Traité de la réformation de la justice,* il a été publié par Dufey de l'Yonne, d'après une copie manuscrite qui existe à la Bibliothèque impériale, et dont l'écriture et la reliure appartiennent au XVIIe siècle. L'étiquette placée sur le dos du volume porte les mots : *Réformation de la justice, par M. le chancelier de L'Hospital;* c'est la seule indication qui existe du nom de l'auteur. Le plat de la reliure contient les armes du chancelier Seguier, qui avait fait faire cette copie sur l'original ou, ce qui

[1] Voir aussi *OEuvres de L'Hospital,* par Dufey de l'Yonne, t. II, p. 532.

est plus probable, d'après une autre copie, car il y a eu évidemment des interpolations que Dufey attribue à de Refuge[1]. De la bibliothèque de Seguier ce volume a passé dans celle de Coislin, évêque de Metz, qui avait hérité de cette riche bibliothèque, qu'il légua, en 1737, à l'abbaye de Saint-Germain des Prés, d'où elle a été réunie à la Bibliothèque impériale.

Ce traité renferme d'excellents préceptes que L'Hospital n'aurait pas désavoués, s'ils n'émanent pas de lui. Une disposition de son testament était ainsi conçue : « Mon gendre prendra garde et aura soin que mes livres de droict civil, que j'ay rédigés par méthode, estant jeune, ne soient déchirés et brûlés ; mais qu'ils soient donnés à l'ung de mes petits-enfants des plus capables et qui les pourra, à l'imitation de son ayeul, par adventure, parachever. » Le *Traité de la réformation de la justice* était-il compris parmi ces « livres de droit civil? » Il est permis d'en douter. D'abord ce n'est pas un livre de droit civil proprement dit, et ensuite il n'est pas de la jeunesse du chancelier. L'authenticité de l'ouvrage ne nous paraît donc pas bien établie, quoique le chancelier Seguier, qui en a fait faire la copie, fût petit-fils du président du même nom, qui avait été ami de L'Hospital.

En outre, si cet ouvrage eût été réellement du chancelier, comment n'en aurait-il pas fait une mention particulière dans son testament? car il devait avoir plus d'importance, à ses yeux, que des

[1] Probablement Eustache de Refuge, conseiller d'État, mort en 1626.

livres de droit civil, rédigés par lui dans sa jeunesse.

Varillas nous apprend que le chancelier de L'Hospital, dans sa retraite, avait entrepris d'écrire en latin l'Histoire de son temps, « d'un stile plus approchant de celui de Salluste que de celui de Tite-Live, » mais que la crainte d'être enlevé à tout moment l'empêcha de la continuer. Il est inutile de dire combien il est regrettable que ce projet, s'il a, en effet, existé, n'ait pu être mis à exécution. Il eût été bien intéressant de rapprocher une histoire écrite par L'Hospital des principaux événements du xvie siècle, de la grande histoire de de Thou.

L'Hospital portait d'azur à la tour d'argent posée sur un rocher de même, au chef cousu de gueules chargé d'étoiles pointées d'or[1].

Comme ce qui marquait la dignité de chancelier était un mortier de toile d'or rebrassé d'hermine

---

[1] Robert Hurault de Belesbat, gendre du chancelier, adopta les mêmes armes qui furent celles aussi de ses descendants.

posé sur l'écu de ses armes, qui avait pour cimier une reine représentant la France, tenant le sceptre d'une main, les sceaux de l'autre, et dont le derrière était appuyé de deux grandes masses d'argent doré passées en sautoir, nous donnons ainsi les armes de L'Hospital, telles qu'elles sont représentées dans l'*Histoire des chanceliers,* de Duchesne, p. 635.

La belle tête de L'Hospital a été souvent reproduite. Son front chauve, sa figure un peu osseuse et amaigrie par le bas, sa physionomie méditative, lui donnaient, comme on disait dans le temps, un air de saint Jérôme. On trouvait qu'il rappelait aussi Aristote, et il fit à cette occasion les vers suivants :

> Dicor Aristoteli similis, tantique referre
> Os, studia et mores ingeniumque viri.
> Hunc oculis fucum nostri fecere poetæ,
> Queis licet arbitrio fingere quæque suo.
> At me qui novit penitus, nil illius in me
> Præter cana videt tempora, læve caput [1].

Il existe au musée du Louvre un portrait du chancelier de L'Hospital, appartenant à l'école des Clouet. Il est peint sur bois, et en buste demi-nature. Le chancelier est représenté avec une robe de velours noir, à revers de damas de même couleur [2]. Sa tête est chauve, vue des trois quarts, avec moustaches et longue barbe blanches. M. Villot, dans sa

---

[1] Éd. d'Amsterdam, p. 425.

[2] Le chancelier était ordinairement vêtu d'une robe de velours noir, avec un bonnet carré. Dans les cérémonies publiques, il portait une robe de velours cramoisi violet, doublé de cramoisi, avec un mortier comblé d'or, orné de perles et de pierres précieuses. Il ne prenait jamais le deuil, parce qu'en France le roi ne meurt pas.

Notice des tableaux du Louvre, École française,
pense que c'est une copie ancienne. Elle a été co-
piée à son tour par madame de Léoménil pour les
galeries de Versailles. Nous possédons un portrait du
même personnage; il est aussi peint sur bois, et
également de l'école des Clouet. Il provient du cabinet de Colbert, et est identique à celui du Louvre,
mais il ne contient que la tête et le col.

Il paraît que le peintre italien Federico Zucchero
avait fait un portrait de L'Hospital qui, plus tard,
était dans le cabinet du vice-chancelier Meaupou.
Nous ne savons ce que ce portrait est devenu. Il a
été faiblement gravé par J.-B. Tilliard[1].

Quant au portrait que nous avons vu au Vignay,
et que le graveur Ambroise Tardieu a reproduit
comme original dans l'édition des *OEuvres complètes,* par Dufey de l'Yonne, nous sommes loin de lui
attribuer une pareille autorité. Il n'appartient pas à
une époque aussi ancienne que celle des Clouet et
de Federico Zucchero. Il a été peint sur toile, probablement dans le commencement du xviiie siècle. En
général, on accorde trop d'importance aux traditions locales, et lorsqu'on les soumet à un examen
sérieux, il est bien rare qu'on les trouve fondées.

La gravure a aussi reproduit la noble figure de
L'Hospital.

Outre celle dont nous avons déjà parlé, que Théodore de Bèze a fait insérer dans ses *Icones virorum*

---

[1] Cette gravure est en tête de la *Vie de Michel de L'Hospital,* par Lévêque de Pouilly, et de l'*Essai de traduction des poésies de L'Hospital,*
par Coupé. Federico Zucchero était contemporain de L'Hospital.
Voir l'*Abecedario de Mariette,* v° Zucchero (Federico).

illustrium, etc., avec un flambeau derrière lui, portrait que l'on retrouve dans l'édition des poésies de L'Hospital, imprimée à Genève en 1592, il en existe trois qui sont dignes d'être signalées. D'abord celle de Wierix, qui est la plus belle et a été faite d'après un portrait aux trois crayons de l'école de Dumonstier; puis celles de Jean Rabel et de Léonard Gaultier. (Cette dernière est datée de 1586).

Nous ne parlons pas des innombrables reproductions et imitations de ces portraits gravés, faites depuis.

Quant à la sculpture, on lui doit la statue du chancelier qui était sur son tombeau dans l'église de Champmotteux, et qui se trouve maintenant au musée de Versailles; celle qui l'a remplacée sur ce tombeau; une troisième, qui a été faite par Gois, en 1778 et qui est aux Tuileries, et une quatrième, due à De Seine, qui se trouve au pied du grand escalier du Corps législatif, en face du pont Louis XVI, et dont le plâtre a été donné par le sculpteur à la Cour de cassation [1].

La vie de L'Hospital a souvent été écrite.

Il est fort à regretter que le projet qu'avait conçu Secousse de retracer cette vie n'ait pas été réalisé, car ce savant avait rassemblé à cette intention de nombreux matériaux qui se trouvent perdus [2].

Scévole de Sainte-Marthe lui a consacré à peine deux pages, dans son *Gallorum doctrina illustrium*

---

[1] Une statue en marbre de L'Hospital, par M. de Bay père, a été inaugurée le 3 novembre 1826, dans une des salles de l'hôtel de ville d'Aigueperse.

[2] Voir *Mémoires de l'Académie des Inscriptions,* t. XVIII, p. 373, édit. in-4°.

elogia (1598, in-8°), et Théodore de Bèze une seule page, dans ses *Icones virorum illustrium*, etc. Bayle a fait beaucoup mieux dans son *Dictionnaire historique*.

Lévêque de Pouilly a publié, en 1764, sous le voile de l'anonyme, une *Vie de Michel de L'Hospital;* mais il a fait un usage presque nul des précieux documents qui se trouvent à la Bibliothèque impériale, et qui feront certainement le pricipal mérite de l'ouvrage que nous avons entrepris.

En 1777, l'Académie française mit au concours l'*Éloge de L'Hospital*. Le prix fut décerné à l'abbé Rémi, dout le discours est complétement oublié. Garat, Guibert et quelques autres prirent part à ce concours. L'*Éloge historique* composé par Guibert nous a paru remarquable, sauf son style déclamatoire et des pensées trop empreintes de l'esprit du temps [1]. Il avait pour épigraphe cette sentence : « Ce n'est point aux esclaves à louer les grands hommes, » ce qui offusqua beaucoup l'Académie, qui craignait qu'on ne lui en fît l'application.

Enfin Condorcet, quoique déjà secrétaire de l'Académie des sciences, crut devoir concourir. Mais l'Éloge qu'il avait écrit, trop hardi pour les uns,

[1] 1778, in-12 (sans lieu d'impression), réimprimé dans les *OEuvres de Guibert*. M. Royer-Collard dans un article qu'il fit insérer, en 1806, dans le *Journal des Débats*, et qui a été reproduit dans la *Vie politique* de cet homme éminent, que vient de publier M. de Barante, se montre d'une extrême sévérité pour Guibert et en particulier pour son *Éloge de L'Hospital*. Nous croyons sa sévérité exagérée et on voit trop, dans l'auteur de cet article, l'homme effrayé des excès récents de la révolution et les attribuant à l'école philosophique à laquelle Guibert appartenait.

trop faible de style pour les autres, n'avait pu être soumis à la censure et n'obtint guère que les louanges de Voltaire dans une lettre à M. de Vaines, et celles d'Arago, dans la *Biographie de Condorcet*, qu'il a lue à la séance publique de l'Académie des sciences, du 28 décembre 1841.

Bernardi avait publié, en 1807, un *Essai sur la vie, les écrits et les lois de Michel de L'Hospital*, dont il a reproduit les principaux traits dans l'article qu'il a consacré à ce grand homme, dans la *Biographie universelle*.

Dufey de l'Yonne a placé, en tête de son édition, un *Essai sur la vie et les ouvrages de Michel de L'Hospital*, qui nous paraît laisser beaucoup à désirer.

M. le procureur général Dupin a eu, plusieurs fois, occasion de s'occuper du chancelier. Il en a prononcé l'éloge, à l'audience de rentrée de la cour de cassation, du 7 novembre 1836, après l'inauguration du nouveau tombeau de L'Hospital[1].

Nous regrettons sincèrement que ce savant magistrat n'en ait pas fait l'objet d'études plus complètes.

Enfin M. Villemain a écrit une *Vie de L'Hospital*, digne de l'auteur par la finesse des aperçus et

---

[1] *Réquisitoires, plaidoyers, discours de rentrée*, t. IV, p. 1 et suiv.; il en avait parlé aussi dans le discours de rentrée de la cour de cassation du 3 novembre 1835. (*Réq.*, t. I., p. 69.) M. Dupin, lorsque parurent les *OEuvres de l'Hospital*, par Dufey, en rendit compte dans la *Revue encyclopédique*, numéro de mars 1825. Il a reproduit son article dans un petit ouvrage intitulé *Dissertation sur la vie et les ouvrages de Pothier*, suivie de notices sur L'Hospital, Omer et Denis Talon et Lanjuinais (Paris, 1827, in-12).

l'élégance du style[1]. On ne peut lui reprocher que d'être trop courte.

Si nous avons nous-même essayé de publier de nouvelles recherches sur ce grand magistrat, c'est que nous avons trouvé des documents manuscrits qui avaient échappé jusqu'ici à nos prédécesseurs.

Puissions-nous avoir réussi à faire mieux connaître un des plus grands hommes dont s'honore notre histoire.

P. S. Nous avons dit ci-dessus, p. 239 et 247, que le roi et Catherine de Médicis, sa mère, demandèrent à L'Hospital sa démission de chancelier, pour donner ce titre à Birague.

C'est une erreur.

On voulut bien lui laisser le titre de chancelier, mais on lui demanda son consentement à ce que le roi pourvût à l'exercice de sa charge, soit par commission simple, ou par érection d'un office de garde des sceaux, l'assurant qu'on lui tiendrait la promesse qui lui avait été faite concernant ses réserves. Il y consentit le 1ᵉʳ février 1573, et le 6 du même mois il obtint des lettres de décharge de l'exercice de son état avec réserve des titre, honneurs et émoluments de chancelier, sa vie durant. Ce sont ces lettres qui furent vérifiées au Parlement le 11 mars suivant. (V. ci-dessus, p. 248.)

---

[1] Cette *Vie* a été insérée dans le volume des *OEuvres de M. Villemain*, intitulé *Études d'histoire moderne*. Paris, 1852, in-12, p. 337 et suiv.

Le 6 février avait été rendu un édit portant érection d'un état de garde des sceaux en titre d'office, avec la clause de pouvoir présider aux parlements, sans nommer celui pour qui cet état était créé, et sans qu'il y fût dit qu'il succéderait à la charge de chancelier, lorsqu'elle viendrait à vaquer par mort ; mais le roi donna immédiatement la charge de garde des sceaux à Birague, qui l'exerçait depuis deux ans sans en être pourvu en titre d'office, et le 19 février, intervinrent des lettres-patentes portant qu'il exercerait cette charge avec les honneurs, prérogatives, prééminences, franchises, libertés et autorité telles qu'un chancelier de France.

L'Hospital étant mort le 13 mars suivant, Birague fut investi, le 17 du même mois, du titre de chancelier, en même temps que des fonctions.

APPENDICES

I

DISCOVRS
SVR LA PA-
CIFICATION DES

Troubles de l'an M. D. LXVII.

Contenant les causes et raisons
necessaires du traitté de la
Paix, auec le moyen de
reconcilier les deux
Parties ensemble,
et les tenir en
perpetuelle
concorde.

*Composé par vn grand Personnage, vray
suget et fidele seruiteur de la Couronne
Françoise.*

M. D. LXVIII.

DISCOVRS D'VN GRAND PER-

sonnage, vray seruiteur de la Couroñe de France, sur la pacification des troubles esmeus, l'an M. D. LXVII. contre l'opinion de ceux qui embrassãs la guerre à bras ouuerts, ne vouloÿēt ouyr parler de la Paix.

Le but de la guerre est la paix, laquelle s'acquiert par composition, ou par pleine et certaine victoire. La voye de composition semble mal seure, par la deffiance reciproque des mutuelles haines et injures soustenues de deux Religions diverses, et de certaines maisons aheurtées en discords. D'ailleurs, elle semble peu honorable à cette victorieuse et triomphante couronne : joinct que les moyens sont si perplex qu'on n'y peut voir chef ne queuë, lumière ny adrece. La victoire (comme toutes choses qui sont hors de nostre pouvoir et en la seule main de Dieu) ne peut estre que douteuse. Le passé nous enseigne combien elle est difficile, et les exemples des autres Estats, combien elle est perilleuse et incertaine.

Le Roy a plus d'hommes. Vray : mais il se trouve dix fois plus de batailles gaignées par le meindre nombre que par le plus grand : dont tous Princes et peuples ont jugé et recogneu les victoires estre données du Ciel.

La cause du Roy est plus juste. Soit : mais Dieu se sert de tels instrumens et occasions qu'il veut pour punir nos iniquités. Il s'est jadis servy des Babyloniens pour matter son peuple, et n'agueres des Turcs et de leurs semblables. Or ne pouvons-nous nier, ne desguiser, que justement son ire ne soit enflammée contre nous. Il y a donc apparence que noz adversaires sont fleaux de sa vengeance : et de faict nous voyons que toutes choses leur ont jusques icy succedé fort à propos et outre esperance.

Ils ont peu de finance. Voire : mais, outre qu'ils la menagent bien, ils ont les moyens ouvers pour en recouvrer : et tous ceulx qui tiennent leur parti, engaigeroyent plus tost jusques à leur liberté, pour nourrir et entretenir l'esperance qu'ils ont de la conserver. D'ailleurs il y a des princes et peuples estrangers, qui estiment ceste cause leur appartenir, et ne leur ont cy devant failly : dont encor moins leur mancqueront-ils à present, qu'ils sont meslés et ligués, et qu'ils participent à leurs entreprinses. Ce ne sont point gens ramassés, emeus, ou eslevés par imprudence, sans ordre, sans chef, et sans discipline. Ce sont gens aguerris, resolus, et reduicts au desespoir. Leurs entreprinses et ligues sont pourpensées, pratiquées et basties de longue main, Ils sont hommes de discours et de menées, suyvis et obeys de ceux qui estiment la cause, et le peril, et l'issue de la faction, leur estre commune et en public, et en privé : et de ceux qui ont preferé la participation de ce peril et avanture à la perte de toutes les choses, que les hommes prisent et cherissent, et le dernier hasard à la seurté et repos de leurs vies, maisons, femmes, enfans, biens, honneurs, estats, et à l'accroissement d'iceux. La necessité, et le desespoir, les rend dociles et disciplinables à merveilles : avec la bonne opinion qu'ils ont conceue de leurs Chefs, desquels l'ambition est retenue, et l'union estroictement conservée par la mesme necessité que les Anciens ont appellée le Lien de concorde. Au contraire, le camp du Roy est divisé en querelles, envies et emulations. L'ambition y est desbordée. L'avarice y domine. Chacun y veut tenir rang. La discipline y est corrompue, la licence démesurée, les volontés mal unies, et les intentions fort differentes. La plus part desire la paix. Les autres ont leurs enfans, freres et parens, de contrebande. Autres y sont par aquit, plusieurs à regret, et plusieurs avec scrupule de conscience, craignans de nuire à l'avancement et progrès de leur Religion. Autres y sont pour butiner. Brief il est composé de pieces rapportées. Plusieurs s'en sont jà debandés : et tous en general sont lassés et ennuyés du trait de temps qu'ils ont esté inutilement en campagne : dont jusques au bas peuple chacun murmure, entrant en mecontentement, soupçons et imaginations estranges, selon les hummeurs d'un chacun ; et l'infelicité du temps en fornit la matière, joinct que l'inquietude et patience est naturelle à cette nation, si elle n'est tost reprimée.

Le Roy se servira d'estrangers : desquels, en les bien payant, il disposera à sa volonté sans contrainte ne murmure. Certainement ceux qui cognoissent le François et l'estranger ne gousteront jamais pour bon ce discours. Car la bource du Roy ne pourroit longuement fournir à la soulde seulement des estrangers, estans les finances jà épuisées, et les moyens d'en recouvrer si très fort retranchés, et racourcis, qu'en peu de jours il ne nous restera que le vuide. Mais que deviendront les naturels François : dont la plus-part a jà despendu feurre et lict, comme l'on dict ? Il ne leur restera d'oresenavant que la pauvreté, le mespris, l'envie, la jalousie, et le mécontantement, de se voir postposés pour tout loyer de leurs prompts et devotieux services, à je ne sçay quelz Bourguignons, Espaignols, Italiens, Suisses et Allemans. Il ne faut douter que la plus-part ne se retire et que l'estranger ne refuse de combatre, si le François ne luy fait le chemin, et ouvre la meslée : de sorte que le Roy ne peut estre que mal servy. La force de l'estranger est aujourd'huy une fresle asseurance. Le païs leur est incogneu, qui n'est pas petit desavantage. Le Suisse ne vaut rien qu'à se défendre, l'Italien qu'à faire la mine, et l'Allemant à bon droict nous est suspect, tant pour la diversité de sa religion à celle du Roy, ou conforme et affine avec celle des adversaires, que pour ce qu'ils sçavent qu'il y a à butiner sur nous dont ils sont friands. Or, si d'avanture ils avoyent intelligence avec eux, ou se laissoyent pratiquer, ce seroit fait de nous. D'ailleurs, le Suisse est malade et rompu : et coustumierement ne peut vivre six mois en campagne, pour la saleté et negligence abrutie de soy, qui luy est quasi naturelle, de façon que la peste desjà allumée entr'eux, infectera l'armée, et avec la disette de vivres, écartera les forces, aussitost que la chaleur aura commancé à poindre.

Mais par une bataille l'on en purgeroit le pays à jamais.

Cela seroit vray, s'ils y mouroient tous ; mais c'est plustost souhaiter que discourir. Nous ne sommes plus au temps que l'on assignoit jour et champ de bataille pour combatre obstinément, jusques à l'entiere desconfiture de l'une des parties. Ce siecle est aussi ingenieux de pourvoir à la retraicte devant la main, que les Anciens estoyent à vaillamment combatre : et à vray dire, on ne fait plus que marchander au combat.

La perte de 3. 4. 5. 6. mille hommes affoiblira les adversaires.

Mais ce n'est pas les effacer. La furie n'en sera que plus enflammée, la discipline plus exercée, et toutes choses mieux conduites de leur costé, et moins de la part du vainqueur, estant l'insolence coustumiere compagne de la victoire. Ils ont des villes pour eux retirer, rafreschir, rassembler et nous nuyre à couvert. Brief ce sera quasi tousjours à recommancer. Hannibal et infinis autres ont éprouvé que le gaing d'une, de deux, voire de plusieurs batailles, est un gage mal asseuré de la victoire totale. Les Princes, ou peuples, qui ont esté rasés en une seule journée, estoyent sans discipline, ou sans aucun moyen de ressource ou lasches de courage, et non-aguerris. Les Gaulois d'outre les monts et les Liguriens furent deffaits en 5o. batailles : et ne furent pourtant jamais exterminés. Les Flamans et Liegeois ont esté plus souvent que tous les ans domptez de nous : et neantmoins ils ont tousjours relevé les crestes.

Mais après une bataille on les rangera à telles conditions qu'on voudra : ou après plusieurs deffaites on en aura bon marché. Touchant les conditions, il est assés notoire qu'ils ont jusques icy preferé les perils et tourmens extremes, à la dureté des Loix qu'on leur a cy devant proposées, concernant la conscience : et leur seroit la mort plus gratieuse que la servitude, et les broquards, et opprobres de leurs concitoyens. La chose en est là venue. De les deffaire tous, cela ne peut estre sinon par une longueur extrême : qui remplira ce Royaume de feu, de sang, de cruauté, de ruyne, de deformité, de peste, de famine, de pauvreté, de solitude, de voleurs, de brigands, et d'estrangers, qui occuperont le nid vuide. La povre Champagne nous serve d'exemple, qui est dechirée si miserablement, qu'à veue d'œil, il faut que les habitans meurent de male faim, de rage. Certes cest embrasement est si ardent et universel par tout ce Royaume, que la longueur est l'entiere ruyne, subversion, et aneantissement d'iceluy : voyre (quand mesme on estancheroit de ce mal dès aujourd'huy), il se trouveroit merveilleusement apauvri par les desgats extremes, pernicieux ruinemens, démolitions, larrecins, pillages, et autres choses semblables, qui jà ont esté commises, et qui ne sont que coups d'essay au regard de ce qui est à craindre : c'est à sçavoir, que sans espoir de paix les cœurs s'embrasent d'avantage en fureur, car ce n'est que le premier acte de la Tragedie. D'avantage, les grans deniers, qu'on a transportés, l'ont jà du tout espuisé d'argent : pour ce que le cours de la marchandise, et la vente de nos fruicts (qui sont les tresors de ce Roïaume) ne nous ont rien apporté. Je pose qu'en fin on vienne à bout des adversaires : si est-ce que les enfans et successeurs, pour leur innocence, seront épargnés. Ils croistront avec une extrême felonnie et rage, sachans et sentans la cruauté exercée envers leurs peres, et voyans les biens de leurs maieurs usurpés et ravis iniquement, comme ils penseront.

Ce desir de vengeance et du recouvrement de leurs biens, les fera rallier, et reprendre nouvelles intelligences : de sorte qu'en lieu d'ensevelir le mal, et la dissension civile, ce sera la nourrir plus tost, et forger un hydre espouvantable. Cela, possible, ne seroit pas à craindre en une petite faction, mais on n'a jamais veu grande conjuration esteincte à force d'armes, que les cendres des morts, ou des bannis, n'ayent soudain allumé un plus grand feu. Et si ceux qui sont aujourd'huy en armes, après une bataille, se voient inferieurs à force ouverte, il ne faut douter qu'à l'extremité leur fureur ne soit extreme, et qu'ils ne tentent tous moyens, bons et sinistres, pour se garentir : et Dieu sçait s'il est mal-aisé (veu le bigarrement et le meslinge qui est entre nous, et les phantastiques persuasions dont les hommes se laissent enyvrer et transporter) d'exploiter un mauvais dessein.

Le mal et la fureur a ses degrés, comme la vertu. Ces commancemens ne sont qu'estincelles, et acheminement de plus pestilens effects, sy Dieu n'y met la main.

Possible que la prise d'un ou de plusieurs de leurs Chefs leur feroit perdre courage. On sçait qu'ils en ont grand nombre, et entendement pour élire de deux extremités la moins perilleuse et de tenter le dernier sort plustost que de se lascher et exposer à l'ire de leurs ennemys, qu'ils estiment pis que mortels. Donques la longueur de la guerre ne peut que remplir de ravage et de massacres ceste France, la rendre farouche et sauvage, sans pieté, sans reverence, ne respect aucun, et accroistre, irriter, et appesantir de plus en plus l'ire de Dieu sur icelle. Mais si au rebours ils gaignoient la bataille, il en iroit bien autrement. Car en la perdant, ils ne sont point en danger d'estre abandonnez de leurs associez, d'autant que la cause leur est commune, le fruit, l'issue, et le péril commun, et en un mot, ils sont tous embarqués. Qui est cause, qu'ils ne se laissent point praticquer, s'endurcissans tousjours plus fort : jaçoit qu'aux autres guerres civiles, ce seroit le plus exquis et ordinaire moyen de les distraire.

Leurs ennemys aussi ne sçauroient croistre ; mais au contraire, le Roy a plusieurs alliés et serviteurs, qui lui tourneroyent le dos, si mal bastoit : c'est assavoir, tous ceux qui ne suyvent son party, sinon comme du plus fort, et redoutans sa puissance. La mesme raison qui les meut à le suyvre, les inciteroit à l'abandonner, et tascher de s'accointer du plus fort : tesmoins les alliés du Duc Charles de Bourgongne, qui tous en un jour l'abandonnerent après la premiere journée, qu'il perdit contre les Suisses. Mille et mille hommes sans Religion, et infinis (qui par crainte du mal, ou esperance de gain suyvent l'armée) tourneroyent soudain leurs robbes, poussées de mêmes argumens qui les meuvent à present. Outre si on en veut faire épreuve, on trouvera que la quarte partie de l'armée du Roy fait profession de la Religion des adversaires. Ceux-cy facillement se reconcilieront avec les autres. Les estrangers prendront parti, et le reste s'esculeroit en un moment, comme il advient ordinairement en guerres civiles. Les batailles des Anglois en leurs dissensions nous en donnent amples tesmoignage. Dieu ne me face tant vivre, que je voye cette desolation. Mais s'il est licite de prevoir les inconveniens, je puis hardiment asseurer que la perte d'une bataille feroit (ce que j'abomine) la perte de l'Estat. Car (quelque doux langage que les autres tiennent maintenant) je ne sçay à quoy l'insolence d'une victoire pousseroit ceux qui mesmes en leurs miseres sont si élevés, et remplis de courage : et pour ne flatter point, c'est chose que mal volontiers et mal-aisément, on fait de se rassugetir à celuy qu'on a vaincu.

Nous ne livrerons jamais la bataille qu'à si bonnes enseignes, que le Roy tiendra la victoire au poing, ou par le colet. Certes les hommes discourent et batissent leurs progrès, mais Dieu besongne par dessus. Il seroit superflu d'amener des exemples en une chose si claire : c'est que la moindre faute, et la plus legere occasion peut faire perdre une bataille : de sorte que les Anciens, pour signifier la bataille, disoyent : Le hasard et la puissance de fortune, combien qu'ils feussent merveilleusement bien disciplinés. Voire mesme bien souvent de la multitude naist et s'engendre confusion, negligence, et mespris de discipline, se remettant chacun sur son compagnon et tous s'asseurans trop en leurs forces, avec contemnement de leurs ennemis : qui sont d'autant plus vigilans, retenus, et disciplinés, que le peril les y contraint : et sont enhardis, ou plustost forcenés par la necessité, qui ne leur permet rien esperer que desespoir mesmes, et qui par aventure est (comme disoit Tubero) le dernier (mais le plus puissant) fort, et le dongeon le plus invincible. Ce Royaume en a des exemples autant memorables et amples, comme piteuses et lamentables. La prise du Roy Jean devant Poictiers (où une grande et puissante armée fut desconfite par une petite troupe mise au desespoir) et freschement celle du Roy François devant Pavie. D'avantage jamais ils ne joindront qu'ils ne soyent egaux en force, ou à peu près : veu que tenans des villes fortes, des pontz et des rivieres, on ne les sçauroit forcer à combatre, qu'en leur advantage : de sorte, que sans douteux et perilleux evenement, on ne pourra eviter la longueur : qui produira infalliblement avec les maux susdicts une autre plus secrette et plus pernicieuse peste. C'est l'accoustumance des hommes, tant d'un costé que d'autre, à n'obeyr plus au Roy ny à sa justice, à tenir à peu son authorité, à faire toutes choses par une force, à mal penser et parler du gouvernement de l'Estat, à gouster la douceur d'une fausse liberté (ou plustost licence, et

abandon de toutes choses, cessant le cours de la Justice, et
de toute police et discipline) et bref à tout ce qui esloigne le
suget de son devoir : de sorte que (si la guerre continue) nos
enfans, ne ceux qui naistront d'eux ne sçauront voir les
cœurs remis, radoucis, ramolis, traitables et prompts à obeir,
à reprendre le joug d'obeissance , et à ceder au plus foible ,
tant est puissant l'effect de l'accoustumance (qui surmonte
la nature) et mesme si c'est au gouffre de vice et dissolu-
tion, auquel il est aisé de se precipiter, mais impossible de
s'en retirer. Qui plus est, les plus horribles et execrables
forfaicts peu à peu (comme disoit un Seigneur Romain) se
rendent familiers par usage et accoustumance : de façon
qu'on peut dire que cette guerre ne fait que planter et peu-
pler la France de barbarie et de monstres pestilens, et de-
testables. Outre ce, la reputation du Roy ne peut estre
que fort interessée à l'endroit des estrangers, et mesmes des
siens s'il ne peut ranger ses sugets que par une extreme
longueur de guerre, et par la ruyne et entier degast de son
Royaume. Il y a encore une autre secrette peste : c'est que
la corruption des meurs est si debordée, que certains Seigneurs et Capitaines (qui sont du party du Roy eu cette
guerre) tenans à peu leur devoir, foy, serment et obligation
(qui est d'exposer leurs personnes et biens pour leur Prince,
comme tenans leurs terres de luy à cette condition et
charge) disent et se vantent qu'ils meritent tant et plus de
Sa Majesté : et se faschent et despitent s'ils ne sont re-
congneus et caressés à leur fantaisie. Qui monstre qu'ils
servent plustost à leur ambition et avarice que non pas
au Roy : et est la frenesie des hommes si aveuglée, que
jusques aux plus chetifs qui portent les armes dedans un
poulailler, chascun se vante d'avoir maintenu la couronne
au Roy, et (ce que plus je trouve estrange) certaines
Cours et autres compagnies (où les hommes devroient estre
plus moderés et mieux advisés) ne rougissent non plus que
l'autrefois, d'usurper les plus magnifiques titres, qu'ils peu-

vent imaginer, ne pouvans celer la maladie de leur esprit. Quant aux Seigneurs, il leur est bien advis qu'on leur doit beaucoup de retour, et que sans eux tout se fût mal-porté. Ce qu'ils font sonner, et retentir si haut que ceux qui entendent combien cela poise, en ont le cœur navré, et plain de mauvais augure. Les Estats estrangers se vanteront tantost d'avoir esté protecteurs de cette Couronne, et en rempliront leurs escrits et triomphes : de sorte que si la guerre dure, le Roy sera desormais comme esclave des uns et des autres, et aura assés affaire à les remercier, et en se despouillant, leur departir largement de ses biens, et les honnorer de ses plus grans et exquis ornemens, lesquels ils prendront pour tribut et hommage de la couronne : ainsi que faisoyent jadis les Roys d'Angleterre, nos pensions. Que seroit-ce si par leur moyen le Roy avoit obtenu pleine victoire, puis-que n'ayant encores fait que manger et ruiner son peuple, ils entonnent si haut leur vaillantise? C'est un des plus grans maux qui puissent arriver à un Prince de se rendre si tres fort obligé à quelqu'un, ou plusieurs, qu'il semble tenir d'eux, en partie, son estat. Les exemples en sont assez frequens, dont le recit ne pourroit estre que tres amer et odieux. Certainement la longueur de la guerre servira à eslever et agrandir certains hommes, et à leur donner credit, faveur, et autorité envers le peuple, nom et bruit envers les estrangers, et autant de licence envers leur Prince. Chose qui est tres perilleuse en un Estat et vraye semence d'autres fureurs civiles, et mesmes attendu l'aage du Roy, et de messieurs ses freres. Quel ordre donc? à la verité, nous sommes bien malades, puis-que ny la guerre ny la paix ne nous est propre, et que nous ne pouvons porter ny le mal ny le remede.

Plusieurs penseront que, puisque le Roy est ordonné pour rendre justice, maintenir les bons, et punir les mauvais, et qu'à cette fin il est armé de l'autorité souveraine, il ne peut faillir suyvant sa vocation de poursuivre justement

par le glaive, ceux qui injustement se sont souslevés, trou-
blans l'Estat et violans les loix, et en ce faisant il obeira à
Dieu, qui est le seigneur des armées, et qui ne peut faillir
à la justice. Et tout ainsi que le Magistrat ne peut pardonner au voleur, ny à l'homicide, sans se charger des mesmes
crimes, ainsi est-il de ceux-ci, qui ne peuvent estre jugés
vrais sugets, mais rebelles et membres corrompus : qu'il
est necessaire de retrancher à quelque prix, hasard, ou
perte que ce soit. Cela sans doute est specieux et de beau
lustre : mais il est captieux et perilleux. Du peril, nous en
avons touché cy dessus. Ioint que la conduite de ce qui est
passé devant nos yeux (dont les plus clairs esprits sont
éblouis) et la corruption manifeste de tous estats, sexes, et
aages, nous garde d'ignorer, et douter que ce ne soyent les
fleaux de Dieu : lesquels nous aguisons, et faisons redou-
bler en perseverant à provoquer son ire, et nous aheur-
tant à notre dureté. Car, qu'est-ce autre chose de s'attacher
à ses verges, sans regarder à luy, que le depiter? Touchant
la caption elle est toute apparente, et l'advis dessus dit
totalement repugnant à la justice, à Dieu, auteur d'icelle et
à l'autorité et devoir du Roy. Car tout ainsi que la mede-
cine tend à la guerison, ainsi fait la justice à la gloire de
Dieu, et à l'amendement des hommes, et non pas à la
cruauté et au sang, à l'injure, ou à contraindre nature et
violer et pervertir l'humanité. Vray est qu'il faut retrancher le membre pourri, quand il n'y a plus d'esperance de
guerison : mais tandis qu'il y a, tant soit peu, de lumière
d'amendement, le Medecin seroit meurtrier, si laissant les
remèdes propres, il usoit des extrémes. Il faut donc pre-
mierement enquerir si le mal des sugets du Roy est incurable, pour user des remedes selon le besoing : autrement
ce seroit comme qui enterreroit vif son enfant malade, sans
essayer le moyen de le guerir. Entre tous ceux qui sont en
armes de l'autre costé, pas un ne tend à escourre le joug
de la domination du Roy. Car ce seroit manifestement con-

tre les principes de leur Religion. Tous le recongnoissent pour leur vray, naturel, souverain et seul Prince. Pas un ne dispute de la legitime vocation de Sa Majesté. Tous sont fichés là, qu'il luy faut porter et rendre honneur, service et obeyssance.

Mais ils n'obeyssent pas ainsi qu'il appartient : ains au contraire, leurs actions dementent leurs belles parolles. Pour en parler au vray, ils sont (ainsi que la plus-part des autres hommes) emprisonnés de passion, qui les meut et agit tout au rebours de leurs premieres pensées et intentions : et, comme le malade trouve goust aux choses pernicieuses et desdaigne les salutaires, desirant toutesfois sa guerison, ainsi la pluspart d'eux pense tres bien faire en mal-faisant : et c'est la cause qui a mis aux champs tels, qui pouvoyent heureusement vivre en leurs maisons, et qui a tourné à l'envers les cerveaux de tant d'hommes sages, et bien advisés. Il faut donc user de remede propre à guerir ce poison. Car puis-qu'ils sont malades de l'esprit, quelle felonnie et misanthropie seroit-ce, en lieu d'en avoir compassion, et de les secourir, de les violenter et persecuter à feu et à sang ? Ce seroit faire guerre à la nature et dechirer brutalement l'humanité. La justice punit ceux qui font mal sciemment, et de propos deliberé : et conserve ceux qui pechent innocemment, et qui par infirmité trebuchent. Il est plus que notoire, que la crainte les a poussés et precipités en cet encombre. Car puis-que l'on confesse, qu'ils ont entendement, ce seroit folie de penser qu'ils eussent osé entreprendre, ny mesme penser d'envahir l'Estat sans aucun droit, apparance ou couverture. Quel propos y a il, que gens de étofe, ayent hasardé et abandonné leurs vies, honneurs, biens, maisons, femmes et enfans, soubs une frivole promesse, ou espoir (ou pour mieux dire) resverie et songe, d'establir par armes un nouvel Estat, avec moyens et instrumens si frivoles pour exploiter une si haute entreprise ?

Possible sont-ils entrés en imagination de gouvernement.
Quoy que ce soit, ils ont douté de leurs seuretés, et y ont
voulu pourvoir : à quoy ils ont tourné toutes leurs pensées,
et ont jugé tous moyens estre licites pour parvenir à leurs
ententes et la nécessité estre la plus juste des loix.

Or puis-qu'ils sont hommes, et non pas Anges, il y a au
moins raisons plus vives et plus urgentes, pour les induire à
cette opinion et les éblouir et tromper, que ce que la nature approuve à un chascun ? C'est à sçavoir, que la tuition
de la vie et de la liberté contre l'oppression, est non seulement licite, ains aussi juste, équitable et saincte. Cette loy
n'est point donnée, ou enseignée aux hommes, mais est empreinte en leur cœur, et née avec eux. Elle n'est point es-
crite, mais divinement engravée en l'esprit de toutes créatu-
res humaines. C'est la cause de leurs menées : qui ont esté
depuis tournées contre leurs premiers desseins, en hostilité,
et qui meritent d'estre reprimées, les considérant à part :
mais les conferant avec le salut du Royaume, la conservation
de l'Estat, le repos du peuple et la fin de ce perilleux embrasement, qui est ce qui sera tant ennemy du Roy et de son
Royaume, qu'il luy dissuade quitter son offence pour la Republique ? Ainsi qu'un pere ayant deux enfans en discord ne
les fait pas combatre, ny ne veut perdre celuy qui luy est
moins agreable pour se servir en paix du vainqueur : mais
tasche de moderer et bien ranger l'autre, et les reconcilier
tellement qu'ils soient comme fermes pilliers de sa vieillesse :
aussi le cœur du Roy plein de charité et d'amour paternelle, ne doit souffrir une si sanglante et felonne obstina-
tion, que d'exterminer une grande partie de ses subjects,
s'il y a moyen de les ramener à leur devoir, et les reconcilier à l'autre partie : et puisqu'en cela gist le salut de la
Republique, il se faut resoudre, comme fist jadis le Senat
Romain, du temps de Valerius le Dictateur : c'est d'y parvenir par quelque voye ou sentier, et par quelques difficultez que ce soit, quittant et remettant de la rigueur du

droict (ainsi que disoit Lucius Papirius) comme estant le salut et repos du peuple la souveraine et la plus equitable de toutes les loix, et donnant au sang et au nom, qui nous est commun avec eux, au peril de la Republique, et à la necessité, par le conseil d'un autre Romain, tout ce que nous ne pouvons retenir sans ce sang, ce nom et Estat commun. Le moyen de faire cesser au plus-tost les injures, et violences reciproques, est de faire poser les armes à tous, et rappeler par une loy benigne, ceux qui sont detournés, donnant fin à cette sanglante et brutale guerre.

Quelle fin? Ne sera-elle point ignominieuse si Sa Majesté entre en capitulation avec ses subjects? Là s'arrestent et demeurent fichés la plus-part des hommes, ou par foiblesse d'esprit, ou par malignité. Mais, en effect, ce trait si luisant de si belle apparence, et si proprement doré, est une pure imposture et une pestilente invention de l'ennemy des hommes, de la paix et de la verité. Car donner la loy à ses sugets, leur prescrire une forme de vivre, leur imposer peine et supplice s'ils outrepassent sa volonté, les desarmer, lever tribut sur eux, et recevoir d'eux l'hommage, est-ce capituler avec eux? Capituler, est desmesler la dispute du droit d'un chascun par esgal respect, et prendre et donner la Loy tout ensemble, baillant gage à chascun de son costé, ou par ostage ou par autre asseurance. Mais quand un seul reçoit la loy, et un seul la donne, qu'est-ce autre chose que le fruict de la victoire?

Voire : mais le Roy leur accorde des conditions que sans les armes ils n'eussent point obtenues. Certainement si le Roy quittoit quelque chose de son droict ou authorité, je n'aurois que respondre : combien qu'il falle quitter de son droit, si le salut de la Republique le requiert. Car mesmes ce n'est plus droit, s'il empesche le bien public et nuit à l'Estat : ainsi que disoit Appius Claudius, de l'autorité des

Tribuns du peuple Romain. Mais Sa Majesté ne leur donne par ce traicté, ny estat, ny terres, ny ne les allege d'aucuns tributs ou subsides, ny ne leur quitte aucuns devoirs, ou charges, il laisse seulement leur conscience en liberté. Cela s'appelle-il capituler, de promettre pour toute convention, que le Roy demeurera leur Prince, et ils demeureront ses subjects ? Si le Roy leur ostoit la liberté, ils seroyent ses esclaves, et non pas ses subjects. Il seroit leur opresseur, et non pas leur Prince. Car la principauté est sur les hommes libres. Doncques en leur laissant la liberté, il se constitue leur Prince : c'est-à-dire, protecteur de leur salut et liberté, et ils se declarent ses subjets, obligez à maintenir et garder son Estat.

Qui est-ce qui sera si impudent que d'oser dire que c'est capituler ? Que si on veut venir à borner la liberté de si estroictes barres, que la Religion et l'âme n'y soit point comprise, c'est pervertir malignement, et le mot et la chose mesme. Car la liberté serve n'est point liberté. La liberté brutale du corps, et des actions humaines, est vile, et indigne de cette excellente marque, qui est proprement deue à l'esprit, et à la plus digne partie d'iceluy, et à la plus ex-cellente de toutes ses actions : cest à sçavoir, à la pieté. Quelqu'un dira soudain que ce n'est point liberté, ains une licence pernicieuse. Mais il y a jà longtemps que le Conseil du Roy a congneu, et jugé que c'estoit liberté, et qu'il es-toit necessaire de laisser en paix les esprits de ses subjects, après avoir longuement esprouvé qu'ils ne pourroyent estre ployés, ne par le fer, ne par la flamme, ains seulement par la vive persuasion, et par la raison qui domine sur les hom-mes. Ce qui n'a point esté fait sans exemple, mesmes du plus grand Empereur, qui ayt esté il y a trois cents ans. Or eut-il oncques tant d'occasion de permettre cette liberté, que le Roy en a maintenant ? L'oster, ou en retrancher, seroit-ce point captiver et asservir les hommes ? Donc c'est une fenestre bien fermée que d'appeller capitulation la loy du Prince, qui conserve la juste liberté à ses subjectz, les munit contre l'oppression, et ratifie ce que (long temps y a) Sa Majesté et son Conseil a arresté et ordonné, et qu'il faudroit de nouveau arrester, s'il estoit à faire, et qui luy conserve le nom et titre de bon prince. Mais c'est bien persecuter hostilement son prince, d'esloigner sa volonté, par malins artifices, d'une tant salutaire et saincte reconciliation, avecques menaces de l'abandonner, s'il y veut entendre. N'est-ce pas le tyranniser et opprimer? Ceux qui sont de cest advis, demeurans à couvert et loing des coups, desirent que le Roy poursuyve sa poincte par guerre, et hasarde son Estat, avecques la certaine et infallible ruyne de tous ses hommes. En quoy ils descouvrent assez qu'il n'y a rien en eux de civil, ne d'humain, ne de sainct : ou qu'ils ont l'esprit troublé et perverti de haine, de vengeance, et de fureur, dont par le passé, leurs opinions sanguinaires (vrais pourtraictz et images de leurs esprits) ont fait suffisante preuve. Et pourtant on ne doibt prendre leur advis, que pour un trait envenimé, rué aveuglément contre leur adversaire, et pour opinion d'ennemis jurés de la Republique. Auquel rang sont tous ceux, par la sentence de Halla Servilius, qui separent leur conseil du public, ayans plus de respect à leurs particulieres haines, qu'au salut du peuple. Neantmoins parce qu'ils meslent que c'est pour l'honneur du Roy, on les escoute favorablement comme bien zelés à la conservation de son autorité, de laquelle toutesfois ils abusent perversement, imposans à Sa Majesté, pour l'apparence du mot d'honneur et de capituler, empeschans un bien tant necessaire, et donnans occasion à infinis maulx, les plus execrables qu'on pourroit penser.

Rien n'est plus honorable et plus magnifique à un Roy, que de donner la Loy à ses subjects, sans diminution de ses droits. Rien n'est plus louable à un sage prince, cognoissant que les dissensions et fureurs civiles sont les maladies des grans Estats, que d'y appliquer par sa prudence, le

remede convenable, et si dextrement manier les esprits,
qu'il guerisse les playes maintenant ensemblement ses
subjects, et sa Seigneurie. Noz Roys predecesseurs de Sa
Majesté, ont conservé et agrandy cest Estat, autant ou plus
par prudence, que par armes. La vraye et naturelle prudence, est de ceder quelquefois au temps, et tousjours à la
necessité. En ceste facon, ont esté souvent pacifiées les dissensions civiles des Romains : et est souvent advenu que le
Senat, quitant liberalement quelque chose au populaire,
non seulement le rendoit satisfait, et comme vaincu : et par
ce bien-fait non esperé, estoit cause qu'il s'en ensuyvoit une
merveilleuse concorde et obeyssance tres prompte du bas
peuple. Au contraire, quand ce mesme Senat, laissant ceste
voye, et mesprisant l'artifice et prudence de ces maieurs,
s'est roidi, sans vouloir rien ceder de sa fole gravité à
l'endroict de Cesar, et depuis d'Antoine, il donne une
exemple, et enseignement perpetuel à tous Princes et peuples, et monstra à ce superbe theatre eminent sur toute la
terre, que ceulx qui manient un Estat doibvent (en soy despouillant de tout regard particulier, et mettant à part entr'eulx, toute haine et malveillance) tourner entierement
toute leur estude, soing et diligence au salut du peuple et
à la conservation de l'Estat sans s'opiniastrer, comme ils
firent, dont s'ensuyvit leur ruyne, et la perte de l'Empire,
et de la Majesté du peuple Romain. Ceux donc qui sous
pretexte de ne rien ceder, et de tenir tousjours leurs
sourcils refrongnés taschent de s'agrandir et venger leur
mauvais courage, tenans à peu le hasard de l'Estat, et la certaine ruyne des sugets du Roy peuvent à bon droict estre
appelés pestes et proditeurs de la Republicque, de leur
partie, et de Sa Majesté. Le bon pilote ne s'obstine jamais
contre la tempeste. Il baisse les voiles, et se tient coy. Puis
relevant ses anchres vogue seurement sur les ondes, na-
gueres enflées et élevées pour le submerger. Si on combat
contre l'orage et contre le ciel, sera-ce pas se precipiter

aveuglement, et chercher éperduement la mort? Le sage enfant ne s'endurcit point contre le courroux de son pere, mais s'humilie et l'appaise : et tantost après le pere le couronne de benediction, et de son heritage. Aussi Dieu nostre Pere, ayant d'une main visité notre Roy, de l'autre l'élevera plus haut que jamais, et le couronnera de graces nouvelles et de biens non esperés.

Si quelque boute-feu envenimé, veut estriver sur le mot de Capitulation et de paix, je maintien que c'est signe de victoire de demeurer Seigneur, et donner Loy à ceux, contre lesquels on a combatu. Cette victoire non sanglante sera de plus grand prix et proffit, et plus glorieuse à sa Majesté, que mille autres victoires : desquelles le Roy n'auroit ny honneur, ny grace, ains seulement les Capitaines et gens de guerre, qui s'amplifieroyent à son detriment, luy soustrayant la devotion de ses sugets, et l'honneur de la deffense de l'Estat. Et non seulement elle gardera Sa Majesté de tomber en grandes et infinies obligations (qui est un demy servage), mais au rebours, elle luy obligera de plus en plus ses sugets d'une part et d'autre, mesmes les gens de guerre, les ayant osté de peril eminent, de l'incertaine issue de cette meslée, et de l'infallible ruine des uns et des autres. Les illustres combats, hauts faicts d'armes, et grand nombre de victoires, n'ont point donné le nom de très grand à Quintus Fabius : mais le luy donna la reconciliation de certains estats, irrités en sa ville. Ainsi à bon droit sera donné le tiltre magnifique de tres grand à nostre Roy, s'il appaise doucement son peuple. Auquel tiltre le Roy Charles premier, dit le Grand, par sa beliqueuse gloire, n'a peu atteindre. Et à la verité, c'est chose plus qu'humaine de parfaire d'un trait de plume, ce que tant de millions d'hommes, avec la perte de leur sang, ne peuvent mettre à chef. Qui est-ce qui enviera à nostre France son repos, et au Roy le triomphe plus auguste et plus magnifique, que toutes les victoires et conquestes de ses predecesseurs Roys? Estant la gloire trop plus excellente (ainsi que Cesar disoit de Ciceron) d'avoir planté plus loin les bornes du nom et de la vertu que de l'Empire et domination Françoise? C'est à sçavoir, par la singuliere recommandation de prudence, de benignité, et de charité plus-que paternelle, que le Roy acquerra, se couronnant de ceste rare louange, d'avoir esteint un si grand brandon de sedition en son Royaume, dont coustumierement les autres grands Estats sont embrasés et aneantis. Finissant donc ceste tant triste guerre, reluira une tres joyeuse, tres honorable, et tres heureuse paix, qu'à bon droit j'appelleray une precieuse et sacrée conqueste, laquelle rendra Sa Majesté redoutable à toute l'Europe : qui a sceu la grandeur des deux puissances, que le Roy remettra unies soubs sa main. Et (comme le peuple Romain disoit sa ville heureuse, invincible et eternelle par la concorde des Estats) ainsi dirons-nous d'un accord que par ceste paix, le Roy et sa France seront heureux, invincibles et honnorez d'eternelles louanges.

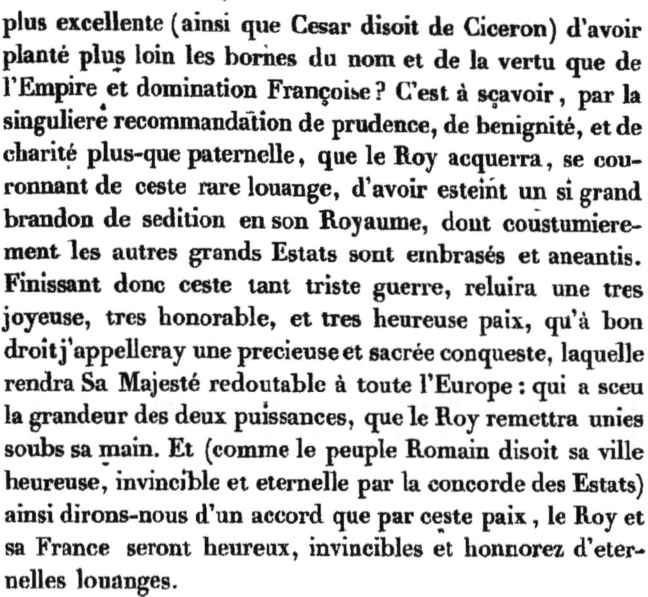

Voire : mesmes les mesmes Chefs et les mesmes membres demoureront debout, en sorte qu'il semble que ce sera nourrir un serpent en son sein et fortifier un ennemy dedans ses entrailles. Le torrent qui n'a point de source, est tantost asseché, en destournant de son canal le cours des eaues. Les Chefs que tant on redoute, n'ont point ou peu de source : et les ruisseaux, qui les enflent, sont aisés à divertir, pour ce que ce n'est pas leur droit et naturel cours : ains est, par un accident estrange, qu'ils ont incliné à ce party : c'est à sçavoir, pour se conserver de toute violence et oppression.

Cessant doncques ceste crainte, il n'y a doubte qu'ils n'ayment trop mieux (puis qu'on ne les figure pour ce insensés) dependre de leur Roy, estre en sa bonne grace, et le servir, que nul autre, tant pour l'obligation et devoir naturel, que pour y voir plus de seurté incomparablement, et

plus de moyen de se maintenir, et avancer. Et si depuis l'an 62 on les eust dextrement maniés, la France seroit heureuse : mais ceux qui les ont reboutés, torriqués, et harcelés par mille et mille injustices, violences, menaces, malignités, et calamités en cuidant affoiblir leurs ennemis, les ont fortifiés et fait entrer en extrême deffiance, pourparlers, traictés, pratiques, et ligues, et finalement en hautes et ardues entreprises ausquelles pour rien ils n'eussent osé penser. Ainsi comme les estançons mis contre la paróy ruineuse et panchante, en luy resistant, la soutiennent et fortifient, ainsi ont ils fait par leurs aveugles efforts et discours. Ils devoyent plustost leur soustraire, peu à peu, les estayes de leur puissance, et apprendre de la nature, qu'il est plus aisé de ployer que de rompre. Mais au lieu d'esteindre doucement le brasier, ils ont si asprement soufflé, que la flamme est preste à les consumer, et desjà en a devoré quelques uns. Ce sont donc les premiers et grans autheurs des troubles par leur imprudence, pour ne dire pis. Je parle des Cours et d'autres qui les ont durement traités, et qui par leur rigueur et aspreté plus qu'hostile, les ont tenus herissonnés et tousjours au guet, comme soupçonnans, et attendans à toutes heures l'injure et l'outrage, et sentans tousjours l'ennemy, la terreur et l'hostilité à leur costé. Y a-il esprit si benin et si reposé, qui n'en fust à la longue afarouché ? De quoy sert le nom de Paix publique si chascun en son particulier, sent l'aigreur de la guerre? comme disoit Virginius Romain. Que pourroit pis faire l'ennemy, que ceuxcy, qui se nomment protecteurs? Qu'est-ce d'autre costé que ceux qu'ils ont ainsi traités, pouvoyent craindre, de plus amer? Certainement il leur a semblé, que ce qu'ils pouvoyent plus craindre (c'est à sçavoir la mort ou le bannissement) estoit moins dur et plus tolerable, que ce qu'ils souffroyent, et ont esprouvé. Dont nous devrions pasmer de honte, en ce que la guerre leur ayt esté moins pernicieuse que la paix, nostre inimitié moins dommageable que nostre amytié, noz lances, que noz langues, ne que les coups rués, à l'impourvueu soubs couleur de justice, et d'autorité publique.

Je sçay bien que cecy sera trouvé aspre, et que je pouroye parler plus doucement, mais la necessité arrache, maugré moy, ces paroles de mon cœur, et me fait preferer la rude verité à la douce flaterie. Car c'est piper et trahir, de celer ou desguiser la verité, quand il est question de la Republique. L'experience maistresse des fols, nous avoit desjà donné un clair enseignement, de nous porter doucement envers eux : mais nous l'avons pris à contrepoil, aymans mieux le peril et la calamité pour maistres, que le discours et la raison. Le vray moyen donc de les raquoiser, et rompre leurs intelligences, est de leur oster la necessité, d'y entendre et y entrer plus avant, les traitant, non pas durement comme ennemis, mais benignement comme enfans, subjects justitiables, membres de la Republique, et comme partie du corps, dont le Roy est le chef. Car en examinant les choses de près, on trouvera qu'ils ont esté cy devant traités en rebelles. Ce qui leur a faict chercher tous moyens et remuer toutes pierres pour se conserver. Et je ne sçay s'il y a homme si parfait, qui, se voyant reduyt à la derniere anchre, et voyant quelque moyen de se preserver, ne l'embrassast vivement : estant la deffense et la conservation de soy une loy inviolable de nature, plus forte que toutes autres loix. C'est ce qui leur a mis les armes au poing, et qui a engendré ces tant horribles desgats et deformités. Car les menées, qu'on bastissoit contre eux de toutes pars, estoyent si peu secrettement conduites, la defaveur tant evidente, le desdaing si apparent, les menaces de la rompeure de l'Edict de Pacification, de la publication du Concile, et plusieurs autres choses semblables, tant ouvertes, et l'injustice tant manifeste, qu'ils eussent esté par trop lourds et stupides s'ils n'eussent esté à bon escient touchez et esmeuz : et eussent bien merité le traitement qu'on leur apprestoit, s'ils n'eussent de tout leur pouvoir et entendement evité le reste.

Les bestes bruttes sentent venir l'orage, et alors cherchent des cachettes. Ne trouvons doncques pas estrange, si les hommes les prevoyent, et se munissent à l'encontre. Noz menaces ont esté les messagers de noz complots, ainsi que l'esclair est du tonnerre : nous leur avons fait voir et toucher noz apprests. Cessons doncques de nous esbahir, s'ils ont eu le pied en l'air et l'œil en campagne. Je ne vueil pourtant les excuser du tout : mais il n'y a homme de bon sens, qui ne les juge plustost dignes de pitié que de peine. Quand ils ne verront plus rien qui les doibvent faire craindre, ne doubtons point que soudain ils ne s'allentissent, et qu'ils ne se tournent et appliquent du tout à leurs affaires domestiques : desquelles (attendu le naturel de ceste nation) il est force de confesser, qu'ils ont esté destournés, par une tres urgente, et tres violente necessité, et qu'ils se sont veus assiegez de perilz et de maux puis-que ce sentiment a vaincu le naturel. C'est le vray remede à ceste maladie qui s'égrit et enflamme par les communs remedes des autres et (ainsi que disoit Camille) elle doibt estre à bon droict comparée à un debord et ravine d'eaue. Il la fault doulcement laisser escouler, sans s'opposer à l'encontre. Il y en a en chacun pays certains esprits turbulens, qui sont les instrumens de seditions et nouvelles esmeutes. Lesquels peu à peu il faudroit escarter et esloigner des lieux où ils ont leur cognoissance et praticque.

Aux autres ne faut monstrer aucun signe, ny faire demonstration quelconque de deffiance. Car ce n'est autre chose qu'allumer et nourrir une contraire deffiance, en leurs cœurs, et les faire ennemys maugré qu'ils en ayent. Celuy est nostre ennemy, que nous tenons pour nostre ennemy. Cela est si naturel, que mesmes les serfs, et les esclaves se pervertissent, et conjurent contre leurs maistres, s'ils apperçoivent en eux quelque desfiance de leur fidelité. Surtout, il est necessaire de faire rigoureuse punition, sans distinction de personne, des transgresseurs des Edicts : et ne

les rendre plus contemptibles, à faulte d'exiger sévèrement
l'observation d'iceulx. Ainsi sera la paix heureusement en-
tretenue : la procuration et conservation de laquelle est le
propre office et devoir du Roy. A ce but tend l'establissement des Estats et des Seigneuries : c'est assavoir, à la tuition de la paix, dont la douceur et le desir a donné com-
mancement aux Roys et aux Loys, et a fait recognoistre le
plus fort du plus foible, et assujettir volontairement les
hommes les uns aux autres. Et partant le vray et naturel
office du Roy (comme gardeur et tuteur de paix) est la maintenir inviolable, quand Dieu la luy aura donnée, et punir
asprement les contempteurs de ses Loix. Le Roy Numa
Pompilius, maugré tant de siècles, est encor aujourd'hui
en honneur, pour avoir aussi soigneusement entretenu la
paix, que son estat et sa vie. Telle charge est digne du
nom et du sceptre François. Le Prince qui abhorre la
paix et qui tend à effusion de sang, et mesmes de celuy de
ses subjects et membres, quitte le nom et effect de Prince
pour un autre, tant abhominable que je ne le puis exprimer
moins aigrement et de nom plus léger, que d'ennemy du
genre humain et de la nature. L'affection du Prince a esté
de tout temps comparée à la paternelle. Le père cruel envers ses enfans est un monstre de nature exécrable, s'effor-
çant de dépiter le vray et commun Père des hommes et de
la nature. Arrière donc ces pestes, qui d'un cœur hostile
et sanguinaire taschent à corrompre (ce que Dieu détourne)
la nayve et naturelle bonté, clemence et bénignité de nostre
Prince, de la Royne, sa mère, et de messieurs ses Frères ;
qui les veulent faire dégénérer de l'ancienne, celeste, et
plus divine qu'humaine debonereté de leurs mayeurs Roys
de France, envers leurs subjects, qui a esté le nerf et le
lyen qui si longuement a maintenu ceste couronne, et par
qui elle a esté tousjours révérée et servie d'un cœur franc,
et d'une loyauté Françoise, et non par tyrannie, par effusion de sang et par cruauté.

Telles gens sont de mauvais augure à ceste Couronne, et semblent vouloir avancer le destin d'icelle, c'est à dire le jugement de Dieu, qui humilie souvent les choses eslevées, et anéantit souvent les plus grandes et plus fermes, lyant les esprits et abrutissant les entendemens et les discours des plus sages.

Que le Roy use de clemence, et il esprouvera celle de Dieu.

Que le Roy ne tienne point son cœur, et Dieu lui ouvrira le sien.

Que le Roy donne à la Republique son offense et son déplaisir, et tantost après elle recognoistra avec usure ce bien-faict, et luy fera hommage de son repos et félicité.

Que le Roy oublie et quitte tout mal-talent envers ses subjects, et ils se quitteront et oublieront eux-mesmes, pour l'honnorer et servir de tout leur pouvoir.

II

MICHAELIS HOSPITALIS

TESTAMENTUM.

M. Hospitalis, Franciæ cancellarius, annum agens sexa-
gesimum octavum aut nonum, fecit testamentum in hunc
modum qui sequitur. De ætate meâ semper dubitavi, prop-
tereà quòd amici propinquique mei variè se accepisse dice-
bant à patre meo, cùm ille me modò diceret natum ante
bellum cum Genuensibus gestum, modò post illud con-
fectum à Ludovico rege duodecimo ; cui bello pater meus
interfuit, præstans operas artis medicæ Carolo duci Borbo-
niorum, quo tunc Carolus utebatur, et posteà semper usus
est consiliario magis quam medico ; neque erat ulla res tam
gravis tamque magni ponderis, quam non communicaret
cum patre meo, deque ejus sententiâ cætera omnia transi-
geret. Nam et longo post tempore, cùm Carolus, per in-
vidiam ejectus e Galliâ bonisque omnibus suis, ad Carolum
Austrium imperatorem se contulisset, pater meus ei se co-
mitem præbuit, relictis liberis suis maribus et fœminis,
quos neque per ætatem neque per metum secum abducere
poterat. Ego, qui Tholosæ tum eram studiorum causâ,
octodecim annorum, per suspicionem abreptus et publicis
carceribus inclusus sum, donec ex commentario manu regis
subscripto, cùm nihil in me compertum esset, dimitterer.
   Sequuta sunt tristissima tempora et prœlium illud in-
signe ad Ticinum oppidum, ubi victus Franciscus rex et
paulo post in Hispaniam ductus est. Borbonius, cùm jàm
virtute majestateque suâ per se gravis hospes Hispanis esset,
et in suspicionem Carolo imperatori venisset propter cre-

TESTAMENT

MICHEL DE L'HOSPITAL

J'ai tousjours esté en doubte de mon aage, parce que mes amis disoient en avoir ouy tenir propoz à mon père en diverses sortes, lequel maintenant disoit que j'estois nay devant la guerre esmeue contre les Genevois, tantost maintenoit que j'avois pris naissance lorsqu'elle fut mise à fin par le feu roi Loys XII, à laquelle mon père se trouva, servant de médecin à Charles, duc de Bourbon, duquel alors ledict Charles se servoit, et s'est servy puis après plus de conseiller que de médecin, et n'avoit affaire de si grande importance qu'il ne la communiquast à mon père et ne la passast par son advis ; car long-temps après que Charles de Bourbon, estant chassé de France par envie et privé de tous ses biens, se fut retiré vers Charles d'Autriche, empereur, mon père le suivit, ayant laissé tous ses enfans, tant fils que filles, ne les pouvant mener avecque soy à cause de leur bas aage et pour la craincte qu'il en avoit. Moy, qui estois pour lors à Tholoze, aagé de dix-huict ans, fus enlevé par soupçon, et enfermé aux prisons publicques, jusques à ce qu'on m'eust relasché et faict sortir par mandement exprès du roy, pour ce qu'on ne m'avoit en rien trouvé coulpable.

Incontinent après survint ceste fascheuse et renommée bataille de Pavie, où ayant esté le roy François vaincu, et peu de temps après mené prisonnier en Espaigne, Bourbon, commençant à estre odieux aux Espagnols, à cause de sa vertu et majesté, vint en soupçon à Charles empereur ;

bros deditâ operâ factos congressus et occulta colloquia legatorum cum illo nostrorum, redire maluit in Italiam, præsertim cùm se videret frustratum spe conjugii Cæsaris sororis. Reditu in Italiam suo omnia mutata reperit. Franciscus rex, contractâ cum Italicis principibus belli societate, Mediolanum obsidebat, quo tempore ego illuc ad patrem veni, et cùm obsidio urbis trahi videretur, neque vellet pater meus me jacturam facere ætatis et temporis, commisit me fidei quorundam vehiculariam exercentium, quibuscum egressus Mediolano, habitu vestituque servi mulionarii, non sine maximo vitæ periculo transivi Abduam fluvium sub Cassano oppido, ubi præsidium erat militare. Superato Abduâ, Martinengum oppidum veni, quód est in ditione Venetorum. Inde securus veni Patavium antiquum legum studiorum domicilium. Ibi cum sex totos annos fuissem, Bononiam et Romam à patre sum evocatus, quò se Carolus imperator contulerat sumendi diadematis regii causâ; cujus in comitatu pater erat post ducis Borbonii mortem. Ex eo loco Romam, et non ità multò post Massiliam veni, quò Clemens pontifex et Franciscus rex convenerant. Ibi Catherina, Medicorum ex familiâ, Clementis ex fratre neptis, Henrico Francisci filio nupsit.

Mihi Romæ delatus et donatus honoris causâ fuerat unus in duodecim judicibus locus, quos auditores rotæ nominant. Sed exclusus eo paterno judicio propter majorum in patriâ honorum pollicitationem cardinalis Acromontensis[1], utraque spe uno tempore excidi; nam et auditoris magistratus alii datus est, et ego, morte cardinalis Acromontensis, qui me ad spem patriam et domesticam revocaverat, destitutus ad forum Parisiense me contuli. Ibi cùm annos tres fuissem,

---

[1] Gabriel de Gramont, évêque de Tarbes, puis archevêque de Bordeaux et de Toulouse, qui mourut le 26 mars 1534.

d'autant que nos ambassadeurs le fréquentoient et conféroient de propos délibéré avecque luy : qui feut cause qu'il ayma mieux retourner en Italie, se voyant frustré de l'espérance qu'il avoit du mariage de la sœur de l'empereur. À son retour en Italie, il trouva toutes les choses changées; car le roy François, y estant ligué avecque les princes, assiégeoit Milan; auquel temps je vins voir mon père, lequel, voyant que le siége sembloit prendre trop long traict, ne voulant que je perdisse mon temps, donna charge à quelques voituriers de m'emmener, avecque lesquelz, estant sorty de Milan eu habit de muletier, je passai, non sans danger de ma vie, la rivière d'Adda, au dessoubs de la ville de Assan[1], où il y avoit une garnison de gens de guerre. Ayant passé la rivière d'Adda, j'arrivay en la ville de Martinangue, qui est de la seigneurie des Vénitiens, et de là à Padoue, où de toute antiquité les études de droit fleurissoient; auquel lieu ayant demeuré six ans, mon père m'appela à Bouloigne et à Rome, où l'empereur Charles estoit allé pour se faire couronner roy des Romains, à la suite duquel mon père estoit après la mort du duc de Bourbon. De Bouloigne je vins à Rome, puis à Marseille, où le pape Clément et le roy François estoient assemblez; là se feirent les nopces de Catherine de Médicis, de la famille du pape Clément, de la part de son frère, avecque Henry, fils du roy François.

Alors estant à Rome, je fus tant honoré que d'avoir une place des juges, qu'on nomme les auditeurs de la rothe; de laquelle m'estant defaict par l'advis de mon père, à cause des promesses que luy faisoit le cardinal de Grammont, de m'advancer au pays à plus grands estats, je feus frustré en mesme temps de l'espérance que j'avois d'une part et d'aultre; car l'estat d'auditeur fut donné à un aultre; et estant demeuré en arrière par la mort du cardinal de Grammont, qui m'avoit faict revenir en mon pays soubs cette espérance, je me mis à suivre le palais, où, ayant demeuré trois ans, je pris à femme Marie Morin, fille du

[1] Au lieu de *Assan* il faut *Cassan*.

duxi Mariam, Morini præfecti criminum filiam; dos ejus fuit senatoria Parisiensis dignitas; in quâ cùm operam Reipublicæ tribuissem annos circiter nŏvem, Bononiam, quo concilium catholicum omnium episcoporum indictum erat religionis constituendæ causâ, legatus à rege Henrico missus sum. Ubi cùm sexdecim totos menses fuissem, pro speratis præmiis et honoribus renatas in patriâ innumerabiles offensiones incurri principum et procerum qui regem circumstabant; nam (ut dici solet) nascenti virtuti multa se impedimenta offerunt. Sola me fluctuantem et agitatum maximis tempestatibus excepit virgo sanctissima Errici regis soror Margarita. Nec satis habuit salutem mihi præstare, nisi etiam dignitatem et primum et præcipuum domi suæ locum tribueret, et in domo principis gratiâ favoreque suo summam authoritatem. Non ità multò post præfectus sum publicis totius regni rationibus, et morte Henrici regis in augustum regni consilium allectus, deindè comes datus Margaritæ, Henrici regis sorori, dominæ meæ, cùm illa deduceretur Philiberti viri sui domum. Ibi dùm fungor officio assideoque illustrissimæ dominæ gravissimè ægrotanti, nuntius venit à Rege Francisco citatissimus, qui me evocabat ad Cancellariatum (ea est prima et sola togæ dignitas), morte illustrissimi viri Francisci Oliviarii vacantem.

Veni in aulam plenam tumultuum et turbarum statim post Ambianensem [1] tumultum, qui non tam per se fuit periculosus et capitalis, quam propter motum partium qui posteà consecutus est. Res mihi fuit cum audacissimis potentissimisque hominibus, quibus omnia per vim gerere

[1] Il faudrait *Ambasiensem.*

lieutenant criminel Morin, qui eut pour douaire un estat de conseiller au Parlement, lequel ayant exercé environ neuf ans, je fus envoyé pour ambassadeur à Bouloigne par le roy Henry, auquel lieu le concile universel de tous les évesques avoit esté estably et publié pour réformer la religion; auquel lieu ayant faict séjour de seize mois entiers, je trouvay, au lieu d'estre récompensé de l'estat que j'espérois, de grandes picques et altercations entre les princes et grands seigneurs qui estoient près de la personne du roy, car comme on dict vulgairement, la vertu rencontre beaucoup d'embusches et empeschemens à sa naissance. Cependant Marguerite, sœur du roy Henry et princesse très vertueuse, me reçeut, n'estant pas seulement contente de m'avoir sauvé du danger, mais me donna un estat de souveraine authorité en sa maison, et de grands moyens envers le prince. Par sa bonté et faveur, bientost après, je feus ordonné chef et surintendant des finances du roy en sa chambre des comptes, et esleu du privé conseil après la mort du roy Henry; et depuis fus choisy pour conduire madame Marguerite, sœur du roy, ma maistresse, en la maison de son mary, nommé Philibert. Là je fis tout debvoir estant près de la personne de ma maistresse très illustre, qui estoit griefvement malade. En ces entrefaictes arriva un courrier en grande diligence de la part du roy François, qui m'appela pour estre chancelier, qui est le premier et seul estat des gens de robe, vacquant par la mort de très noble personnage François Olivier.

J'arrivay à la court fort troublée et esmeue d'un grand bruict de guerre, incontinent après le tumulte d'Amboise, qui ne fut pas tant de soy dangereux que pour le remeuement des partiaux qui bientost après s'ensuyvit. Alors j'eus affaire à des personnages non moins audacieux que puissans, voire qui aimoient mieulx ordonner les choses

magis quàm consilio et ratione placebat, cui rei testimonium Regina perhibere potest, non solùm in ordinem redacta, sed etiam ab omni propè regni administratione dejecta : quâ de re cùm sæpiùs apud me quereretur, egò nihil afferre poteram, quàm ut eam admonerem majestatis potentiæque suæ, quâ si magno animo moderateque uti vellet, facilè (quæ ipsius majestas erat) aliorum hominum ambitiosam libidinem debilitari opprimique posse.

Morte Francisci regis natu maximi regnum ad Carolum regem venit. Ità partes eorum qui Francisco rege plurimum poterant debilitatæ, et reginæ matris aucta est potentia; invidia tamen nihilominus imminuta est. Nam rex Navarrus, falsis persuasus opinionibus, omnem ad se potentiam et dominationem trahebat, tutoris usurpans nomen regis pueri ex Gallorum legibus. Regina contra se tuebatur iisdem legibus moribusque, exemplis præterea quæ in similibus causis locum et authoritatem habuerunt. Ea controversia quum ad tres regni ordines delata esset, illi vel æquitate ducti, quid enim æquius quam filii tutelam matri committi ? vel assiduo nostro ambitu, tutelam regii corporis et bonorum matri detulerunt, regem Navarrum adjutorem et consiliarium matri dederunt.

Videbamur hâc ratione principum animos conciliasse, et quietem et otium stabilisse toto regno. Sed quæ factio rebus præfuerat Francisco rege, ferre non poterat alienam dominationem. Itaque et Navarrum et alios aulæ proceres, qui suam potestatem imminutam querebantur unius matris authoritate, incitabant ad arma capienda prætextu pietatis et religionis.

par violence que par conseil et raison, dont pourroit donner bon tesmoignaige la royne mère du roy, laquelle fut lors réduite en tel estat, qu'elle fut presque déboutée de toute l'administration du royaulme ; à raison de quoy se complaignant souvant à moy, je ne luy pouvois aultre chose proposer devant les yeux que l'authorité de Sa Majesté, de laquelle si elle se vouloit dextrement servyr, elle pourroit aisément rabattre et affoiblir l'ambition et cupidité de ses adversaires.

Advint que le roy Charles succéda au royaulme par la mort du roy François son frère aisné. Le party de ceux qui pouvoient le plus du temps du roy. François fut affoibly, et la puissance de la reyne mère du tout augmentée : et néantmoins pour tout cela l'envie ne cessa point, car le roy de Navarre, induict par fauce opinion, tiroit à soy toute la puissance de commander, s'usurpant le nom de tuteur du jeune roy, selon les loix des Gaulois. Au contraire, la reyne mère se deffendoit par mesmes loix et coustumes, adjoustant à ce les exemples ausquelz on avoit donné lieu et authorité en semblables matières. Ce débat estant rapporté aux estats du royaulme, et iceulx induicts par équité (car qui est plus équitable que de donner la charge et tutelle du fils à la mère ?) estant donc iceux induicts ou par équité, ou nostre continuelle poursuytte, donnarent à la reyne mère la charge et tutelle du roy et de ses biens, luy associant pour ayde et conseil le roy de Navarre.

Il nous sembloit, par ce moyen, avoir réuny les cœurs des princes, et aulcunement restably en tout le royaulme ung vray repos et tranquillité. Mais la faction et ligue qui avoit manié les affaires du temps du règne du roy François, ne pouvoit endurer que d'autres maniassent les affaires. Partant, ils suscitoient le roy de Navarre et les autres seigneurs de la court (lesquelz se complaignoient que leur puissance et authorité estoit diminuée par l'authorité d'une seule mère) à prendre les armes soubs prétexte de religion.

Hæc quomodo texta, tractata, et quem habuerint exitum, non est hujus loci aut instituti. Tantum illud affirmare possum, cum quater arma capta sint, quater aut quinquies pugnatum, me semper pacificatoris personam suscepisse, existimantem nihil esse perniciosius patriæ quam civile bellum, nihil utilius quam pacem quantumvis iniquam. Ex eo me ridere fere omnes quibus erat novandarum rerum cupido, quique bellum hoc transigi posse nullo negotio prædicabant; proinde omnem nobilitatem, principes, urbium magistratus, et judices omnes in me concitare, de bello, de pace deliberare, privato, non publico consilio, quæque omnia petere debebant ab authore publici consilii Cancellario, vel ipsi sponte suâ exsequi, vel a Parlamentis, id est summis causarum judicibus, exspectare. Ita commutatis omnibus ad exitium patriæ, regnum et regem pene amisimus, nec satis habuerunt ipsi suas inter se vires committere, nisi barbaros ab extremâ Hispaniâ, Italiâ et Germaniâ intra viscera patriæ adducerent. Vidimus, vidimus (quod sine lachrimis et gemitu commemorare non possum) externos milites, nobis, nostris corporibus et bonis illudentes, cum, qui maxime hæc prohibere debuerant, ipsi authores et duces et approbatores essent omnium malorum et maleficiorum quæ in Galliâ committerentur. Ego, cum meam operam neque regi neque reginæ gratam viderem, et ita regem oppressum, ut neque suæ potestatis esset, neque quid ipse sentiret exprimere auderet, existimavi satius esse ultro cedere Reipublicæ tempori et novis gubernatoribus,

Or, ce n'est pas icy lieu ny nostre intention de dire comment ces choses ont esté tramées et conduictes, et quelles isseues elles ont eues. Je puis seulement assurer que, jaçoit que les armes ayent esté prises par quatre ou cinq fois, j'ay tousjours conseillé et persuadé la paix, estimant qu'il n'y avoit rien si dangereux en un pays qu'une guerre civile, ny plus profitable qu'une paix, à quelque condition que ce fust. De là tous se prindrent presque à se mocquer de moy, qui ne demandoient que nouveaux changemens d'affaires, et qui disoient haut et clair que ceste guerre se pouvoit mettre à fin sans difficulté. Pour cela ilz incitarent contre moy toute la noblesse, les princes, magistratz et juges, tenans conseil de la guerre et de la paix en particulier, non en public : ce qui ne se pouvoit faire sans en demander l'advis et conseil du chancelier, ou autrement le devoient eux exécuter d'euxmesmes, sans en demander conseil à autruy, ou bien en attendre l'advis des parlemens, qui sont souvent juges des affaires qui se présentent. Ainsy, nous avons presque perdu le roy et le royaume, toutes choses estant changées à la ruine de la patrie; et non contens de faire combattre les forces du pays les unes contre les aultres, firent approcher jusques au cœur du royaume des estrangers des diverses parties de l'Espaigne, Italie et Allemaigne. Hélas! nous avons veu ce que je ne puis dire presque sans larmes et sans gémissemens, que les soldats estrangers se jouoient de nous, de nos corps et de nos biens, quand ceux qui les devoient empescher les premiers en estoient eux-mesmes les autheurs et conducteurs, et qui trouvoient bons tous les maux et meschancetez qui se commettoient en la France. Quant à moy, voyant que mon labeur n'estoit agréable au roy et à la reyne, et que le roy estoit tellement pressé qu'il n'avoit plus de puissance, voire qu'il n'osoit dire ce qu'il pensoit, j'advisay qu'il me seroit par trop plus expédient de céder volontairement à la nécessité de la respu-

quam concertare et pugnare cum iis, quibuscum plus esse
non poteram. Armis, quæ ut tum maxime vigebant, cessi, et
me recepi in villam meam cum uxore, filiâ, parvisque ne-
potibus, hoc tantum in discessu meo regem reginamque
obtestans, ut quando in præsentia certum deliberatumque
habeant pacem rumpere belloque persequi eos quibuscum
paucis ante diebus pacem fecerant, meque propterea able-
garent quod adversari et minime æquum suis decretis intel-
ligerent, si nunc minus consiliis meis acquiescerent, saltem
post aliquot annos aut menses, cum animum suum sitimque
explessent suorum sanguine civium, quæcunque se prima
occasio pacis offerret, eam amplexarentur antequam res
ad extremam ruinam reciderent; quicunque enim exitus
hujus belli foret, exitiosum certe regi ac regno futurum.
Hæc cum eos nequidquam admonuissem, discessi cum
summo et inenarrabili meo dolore, quod ereptus esset mihi
adolescens rex, erepti illius fratres eâ ætate eoque tempore
quo maxime gubernatione operâque nostrâ egere videban-
tur ; quibus si neque opem neque consilium tandiu præstare potui quam volui, testor Deum, testor angelos omnes
atque homines, non per me stetisse, nihilque in animo
meo antiquius semper habuisse quam regis et civium omnium salutem beatamque vitam ; cum qui me ejecerant
pretextum (illi quidem impii et athei) religionis obtendebant,
sed nullâ magis causâ moverentur quam quod me stante
nequaquam putabant sibi licitum esse violare regis edicta,
ærarium publicum et privatas opes diripere posse: Annus
prope quintus est cum hic vivo Laertis vitam,

Oblitusque meorum, obliviscendus et illis.

(Hor. *Ep.* I, ii, 9.)

blique et aux nouveaux gouverneurs, que le desbattre avecque eulx, avecque lesquelz je ne pouvois plus demeurer. Je fis place aux armes, lesquelles estoient les plus fortes, et me retiray aux champs avec ma femme, ma fille et petits enfans, priant le roy et la reyne, à mon partement, de ceste seule chose, que, puisqu'ils avoient arresté de rompre la paix, et de poursuivre par guerre ceux avecque lesquelz peu auparavant ils avoient traicté la paix, et qu'ils me reculoient de la court pour ce qu'ils avoient entendu que j'estois contraire et mal content de leur entreprise; je les priay, dis-je, s'ilz n'acquiessoient à mon conseil, à tout le moins, quelque temps après qu'ilz auroient saoullé et rassasié leur cœur et leur soif du sang de leurs subjects, qu'ils embrassassent la première occasion de paix qui s'offriroit, devant que la chose fust réduicte à une extresme ruine ; car quelque chose que couvoit ceste guerre, elle ne pouvoit estre que très pernicieuse au roy et au royaume. Ayant faict ceste remonstrance avant que partir de la court en vain, je m'en allay avec une grandissime tristesse, de quoy le jeune roy m'avoit esté ravy et ses frères en tel aage et temps auquel ils avoient plus affaire de nostre gouvernement et ayde ; ausquels si je n'ay peu assister ny d'ayde ny de conseil si long-temps que j'eusse bien vouleu, j'en appelle Dieu à tesmoing et tous les anges et les hommes, que ce n'a pas esté ma faulte, et que je n'ay eu jamais rien si cher que le bien et le salut du roy et de ma patrie ; et en ce me sentant grandement offencé, que ceux qui m'avoient cassé prenoient une couverture de religion, et eux-mesmes estoient sans piété et religion ; mais je vous puis assurer qu'il n'y avoit rien qui les émeut davantage que ce qu'ilz pensoient que, tant que je serois en charge, il ne leur seroit permis de rompre les édicts du roy, ny de piller ses finances et celles de ses subjects. Au reste, il y a presque cinq ans que je mène icy la vie de Laërtes, sans me sou-

Nolo renovare memoriam eorum quæ in hâc fugâ et discessu privatim publiceque perpessus sum. Illud non debeo reticere, mali mihi nihil à rege reginâque accidisse, quidquid accidit, invitis iis accidisse.

Nunc cum me videam incurabili senectutis morbo et aliis præterea innumerabilibus morbis sextum jam mensem laborare, cogitavi humano more de rebus meis statuere pauca quædam, quæ rata, firma stabiliaque apud heredes meos esse cupio, quæque spero illos sponte suâ magis authoritateque meâ adductos quam ullo legum metu exsecuturos; neque enim abhorrent à naturæ legibus, et nihil habent quod eorum utilitatibus et commodis adversatur.

Primum itaque jubeo et volo bona mea hereditatemque omnem ad eos morte meâ venire ad quos venire debent patriæ municipiorumque nostrorum legibus, neque in eâ re prærogo aut prælego quidquam. Mariam Morinam, uxorem mihi carissimam, singularis sanctitatis fœminam, quoad vivet communia omnia regere volo; quam certum habeo nihil ex bonis diminuturam, imo vero hereditatem puerorum amplificaturam. Propter hanc rationem veto ab eâ exigi tutelæ vel curæ gestæ rationes, sed omnia arbitratu suo geri, reddi, transigi; quodcunque fecerit illa, non modo heredibus ratum, verum etiam gratum et jucundum esse jubeo.

Nepotes ex filiâ meâ, qui Huraudorum familiæ sunt, addititium vel ascititium nomen gerere volo; ita ut Carolus,

venir des miens, et sans qu'ilz se souviennent de moy, et ne veux poinct raffraischir la mémoire des choses que j'ay souffertes en ce despartement de la court, tant en public qu'en particulier ; mais aussi ne fault-il pas que je taise qu'il ne m'est rien advenu de mal de la part du roy et de la reyne ; que, s'il m'en est advenu quelque chose, ç'a esté contre leur gré.

Maintenant, me voyant travaillé d'une maladie incurable de vieillesse, et oultre, d'une infinité d'autres maladies despuis six mois, j'ay pensé de mettre ordre à mes affaires, comme ont accoustumé de faire les hommes, et ordonner choses que je veux que mes héritiers tiennent inviolablement, que j'espère qu'ils exécuteront de leur bon gré, estans plus induicts de mon amytié que d'aulcune contraincte de loix ; car ils ne sont en rien esloignez des droicts et règles de nature, lesquelles choses n'ont aussi rien de contraire à leur utilité et proffit.

Premièrement, je veux et ordonne que tous mes biens et héritages viennent à ceulx auxquelz ilz appartiennent par les loix et coustumes du pays ; et ne fais en cela loy ny prérogative à aulcun. Je veux oultre que Marie Morin, ma très chère espouse, et femme d'une singulière piété, gouverne le tout en commun ; laquelle, je m'assure, ne diminuera rien des biens, ains plustost les conservera duement, et les accroistra au profit des enfans ; et pour ce, je deffendz qu'on ne luy demande aulcun compte ny raison de la tutelle et curatelle ; mais je veux que toutes ces choses se facent, se rendent et se passent ainsy qu'il luy plaira. J'ordonne aussi que tout ce qu'elle aura passé soit non seulement tenu des héritiers pour faict, mais pour agréable.

J'entends semblablement que mes petits fils nays de ma fille, qui sont de la famille des Huraults, ayent un nom adjousté au leur, en sorte que l'aisné nommé Charles

qui natu maximus, ita suum nomen inscribat : *Carolus Huraudus Hospitalis;* quod agnomen valebit ad discernendas et distinguendas Hurodorum familias, quæ multæ variæque sunt; quod Romæ olim usitatum fuit, et in Gallia quoque nostra exstant ejusdem generis similia exempla. Simul cupio aliquam memoriam mei nominis in ea familia manere, in quam ego summos et maximos Reipublicæ honores, ipsam etiam Cancellariam dignitatem attuli; quæ res (ut spero) illis additura est animum ad avi materni gradus honorum et vestigia persequenda.

Magdalenam Hospitalem hæredem universorum omniumque bonorum meorum facio.

Michaeli Huraudo Hospitali, qui mihi videtur studia literarum ardentius capessere quam alii nepotes mei, bibliothecam omnem lego, quam tamen servari volo ab uxore filiaque mea, ut nulli liceat ex ea quicquam exportare; atque ut eam tradant Michaeli, cum in suam tutelam venerit, ea conditione ut sit ea bibliotheca familiaris et communis nostræ familiæ hospitibusque domum venientibus. Pro quo et legitimæ partis æquabilitate, ne quisquam nepotum alium sibi prælatum, se posthabitum queri possit, volo singulis eorum quingentas libras turonenses dari.

Nomismata aurea, argentea, ænea, signaque præterea quæcunque apud me sunt, ad eum pertinere volo quem uxor mea aut filia nominaverint, ut cætera omnia permitto earum judicio.

Non auderem reginæ matri molestus esse, eamque publicis oneratam imperiis et procurationibus ad privata mea negotia detrahere, nisi se ipsam ultro obtulisset, meîque

escrive ainsy son nom : *Charles Hurault de l'Hospital* ; lequel nom adjousté servira pour distinguer les familles des Huraults, qui sont en grand nombre ; ce qui a esté autresfois pratiqué à Rome , et se trouve aussi de semblables exemples en nostre France. Je veux aussi que quelque mémoire de mon nom demeure en ceste famille, en laquelle j'ay apporté tous les plus beaux estats de la respublique , mesme l'estat de chancelier , laquelle chose les encouragera , comme j'espère , à suyvre les traces et vestiges de leur grand-père , pour parvenir à pareils degrez d'honneur.

Je fais Madelaine de l'Hospital héritière de tous et chascung de mes biens.

Je laisse et lègue, par testament, toute ma librairie et bibliothèque à Michel Hurault de l'Hospital, qui me semble plus ydoine et affectionné aux bonnes lettres que les aultres petits. Je veulx toutesfois que ma femme et fille gardent ma librairie, afin que personne n'en puisse rien soustraire, et qu'elles la donnent audict Michel quand il sera en aage, soubs condition qu'elle sera ouverte pour la commodité de ceulx de la famille, ensemble les domestiques et autres qui fréquentent la maison. Au lieu de quoy, je veulx que l'on donne à chascun des petits-fils cinq cents livres, pour une égalité de légitime portion , afin qu'il n'y en aye pas un qui se puisse plaindre que un autre ait esté préféré à luy, et luy postposé.

Quant aux monnoyes d'antiquailles d'or et d'argent, de cuivre, et médailles, et le surplus qui est à mon logis, je veulx qu'elles soient à celuy que ma femme et ma fille nommeront, et que je laisse à leur discrétion, comme je fais toute aultre chose.

Je ne voudrois prendre cette hardiesse d'empescher la reyne mère de mes propres affaires, sçachant trop mieux qu'elle est d'ailleurs occupée à tant d'affaires publiques, si ce n'est qu'elle se feust offerte de son bon gré, et qu'elle mesme m'eust déclaré appertement qu'elle auroit soing

et meorum curam, vivo me ac mortuo, suscipere se præ-
dicasset; quod si ante moriendum ei esset, facturam se
contra omnem humanitatem si reticeret regi filio aliisque
liberis meam erga illos pueros fidem et diligentiam, indus-
triam et operam, qua usus fueram temporibus pessimis
contra omnes principes et privatos regis et regni adversa-
rios, quæ per ætatem nota liberis suis esse non poterant.
Sed ut majestas illius liberalis et benigna fuit erga me, sic
me par est uti ejus liberalitate et beneficio modice et
quatenus ratio volet, ut satis ipse meique habeant eam
nobis propitiam esse, suaque nos et regis gratia favoreque
prosequi, neque pati ulla nos præcipua injuria affici, verum cum omni jure æquitateque vivere; si quid eo ac-
cesserit, hoc in lucro commodoque deputemus. Ipsa non
turpiter aut inhoneste videri possit singulari aliquo præmio
singularem amicum et famulum affecisse.

Te vero Margaritam Sabaudiæ ducem, quæ bonorum et
honorum semper mihi author exstitisti, quæ nunquam
mihi neque meis ad salutem defuisti, obsecro et obtestor
ut, quam mihi viventi meisque perpetuam gratiam bene-
volentiamque tribuisti, eandem mortuo, uxori liberisque
meis præstes; ita tamen ut de potestate atque authoritate
tua, quam totam tuam esse volo, quantum et quatenus
voles tibi sumas, rem et negotium relinquas uxori domesticisque meis quibus voles.

Sigilla omnia ærea, marmorea, necnon nomismata ande moy et des miens, tant durant ma vie que après mon décez, m'asseurant haut et clair que si elle décédoit devant moy, elle feroit contre tout devoir d'humanité, si elle taisoit au roy son fils et autres ses enfans ma fidélité et diligence, et industrie et labeur envers eulx, estans en bas aage, lequel mesme j'ay employé au plus fascheux temps, contre les grands et moindres adversaires du roy et du royaume; ce que lesdicts enfans ne pouvoient cognoistre pour leur bas aage : mais tout ainsy que Sa Majesté m'a esté libéralle et favorable, aussi est-il raisonnable que je jouysse de sa libéralité et mien bénéfice, en tant que la raison le requiert. Qu'il nous suffise, à moy et aux miens, qu'elle nous soit propice, et qu'elle et le roy nous font grande grace de ce qu'ils ne souffrent pas qu'on nous fasse quelque tort et injustice, mais qu'ils nous permettent de vivre en toute droicture et équité : que si à ce bien ils en adjoustent d'abondant, nous réputerons le tout pour un singulier bien et profict. Certes, il ne lui peut tourner à deshonneur ou vitupère d'avoir salarié son humble serviteur de quelque honneste récompense.

C'est à vous, madame Marguerite, duchesse de Savoye, à qui je m'adresse et que je prie, qui avez tousjours esté cause de mes biens et estats, et qui ne m'avez jamais défailly, ny aux miens, pour mon advancement. Je vous supplie que l'affection et faveur que vous m'avez portées, et aux miens en mon vivant, la veuilliez continuer, après ma mort, envers ma femme et enfans ; en sorte, toutesfois, que vous y employez autant de vostre puissance et authorité, et tout ainsy que bon vous semblera, tellement que laissiez le maniement de mes biens à ma femme, et ceulx de mes domestiques tels qu'il vous plaira.

Je veux que toutes mes médailles de cuivre [1], marbre, et

---

[1] Le texte de l'original latin porte *sigilla*, ce qui veut dire *sceaux* et non *médailles*.

tiqua aurea, argentea, sive alterius materiæ, asservari volo
domi indivisa, et quatuor bella pocula operis Germanici,
nec non donum illud Taurinense quod mihi mea domina
dedit, arbitratu uxoris.

Sorori meæ Franciscæ, Deo dedicatæ, viginti aureos
annuos, quoad illa vivet, de reditu in eleemosinam desti-
nato, dari volo.

De libris a me adolescente inchoatis ordinati juris civilis
genero meo curæ erit ne conscindantur vel comburantur
in præsentia, sed dentur uni ex meis liberis maxime ido-
neo, quique imitatione avi fortasse perficiet.

Funus, sepulturam meam, et cætera ejusmodi quæ
christianis videntur inania, permitto uxori domesticisque
meis. Item præmia volo dari famulis meis et aliis, quæ
uxor mea decreverit : quam pro domina magistraque rerum mearum omnium haberi volo; item vos omnes jubeo
colere atque inter vos amare. Hæc scripsi manu mea cum
mihi viderer appropinquare morti in Domino, duodecima
mensis martii mil cinq cens soisante et treize.

Ego Michael Hospitalis, cancellarius Franciæ, subscripsi
manu mea, cum archetypum totum antea manu mea scrip-
sissem. Bellebati, decimo tertio die martii, millesimo quin-
gentesimo septimo tertio [1].

M. Hospitalis.

Au bas de l'original du testament est écrit, de la main
de M. de Belesbat, ce qui suit :

Robertus Huraudus Bellebatus gener omnibus notum esse
cupio testamentum hoc a me, die decima tertia martii
1573, illustrissimo Michaeli Hospitalio socero recitatum

---

[1] Ce dernier alinéa (confondu par le traducteur avec la phrase
précédente) est en entier de la main de L'Hospital; il a écrit *septimo*
au lieu de *septuagesimo*.

aussy toutes les monnoyes d'antiquailles d'or et d'argent, et autre matière, soient gardées en ma maison, par indivis, à la discrétion de ma femme, et quatre beaux vazes, ouvrage d'Allemagne, et cette médaille de Taureau [1], que madame ma maîtresse m'a donnée.

Je veux qu'on donne vingt escus de revenu en aumosne [2] à ma sœur Françoise, religieuse, tant qu'elle vivra.

Mon gendre prendra garde et aura soing que mes livres de droict civil, que j'ay rédigés en articles par méthode estant jeune, ne soient déchirez et bruslez ; mais qu'ilz soient donnez à l'un de mes petits-filz des plus capables, et qui les pourra, à l'imitation de son ayeul, par advanture, parachever.

Quant à mes funérailles et sépulture, que les chrestiens n'ont pas en grande estime, j'en laisse à ma femme et à mes domestiques d'en faire ce qu'ils voudront. Davantage, je veux qu'on fasse la récompense à mes serviteurs et autres telle que ma femme advisera, laquelle je veulx qu'on tienne pour dame et maistresse de tous mes biens. Au surplus, je vous recommande à tous de vous honorer l'un l'autre et entr'aimer. J'ay soubssigné ces choses de ma main, quand je me sentois approcher de la mort, à Belesbat, an du Seigneur, le treiziesme jour du mois de mars, 1573.

M. DE L'HOSPITAL.

Déclaration de Robert de Belesbat, gendre de Michel de l'Hospital.

Je, Hurault de Belesbat, désire qu'il soit connu à tous que ce testament a été lu et relu par moi au très-illustre Michel de l'Hospital, mon beau-père, le 13 mars 1573, deux

----

[1] Au lieu de *Taureau* il faut *Turin.*

[2] Ou plutôt *à prendre sur le revenu destiné à l'aumône.*

et perlectum fuisse spatio duarum ante horarum quam et vita excederet, quod pridie totum manu sua exaraverat et conscripserat, atque ejus mandato Michael filius meus festinanter nimis descripserat, ex qua tum describendi festinatione, tum difficillima notarum lectione, multæ mendæ inciderant. Is tamen summa mentis intelligentia, animo constanti atque integris sensibus, locos mendosos restituit, et ita cunctos a me describendos statuit, atque perlecto verba adscripsit quæ subscripta videntur, ac in conspectu uxoris, filiæ et complurium famulorum suorum, autographo subsignavit.

ROB. HURAUDUS BELLEBATUS.

heures avant qu'il eût cessé de vivre. Il l'avait tracé et décrit la veille, et par son ordre mon fils Michel l'avait transcrit; mais, à cause de la précipitation qu'il mit à ce travail et de la difficulté que présentait la lecture des abréviations, beaucoup de fautes s'étaient glissées dans la transcription. Cependant le testateur, conservant tout le calme, toute la force de sa raison et de son caractère, avait, de sa main, indiqué toutes les fautes, me les avait fait décrire, et, après une nouvelle lecture, il l'avait souscrit et signé, en présence de sa femme, de sa fille, et de plusieurs personnes attachées à son service.

ROBERT HURAULT DE BELESBAT.

III

AD JACOB. FABRUM

LITIUM EXSECRATIO.

O rabidæ lites, et jurgia sæva reorum!
O Furiis Ereboque satæ, mortalia semper
Continuo Diræ laniatu corda secantes!
Queis neque deterius potuit, neque tristius ullum
Juppiter iratus terris immittere monstrum.
Quæ lassis requiem membris somnumque negatis;
Omnia quæ pravo naturæ vincula more
Solvitis, et junctas æterno fœdere dextras
Cogitis adversis concurrere cominus hastis;
Quæ firmum nihil esse, ratum nihil esse jubetis;
Quæ regum comites, ultroque impellitis ipsos
Nescio qua turpi reges dulcedine captos
Currere in hoc stadio, nec honesta vincere pugna.
At meliora tamen succedunt ultima primis,
Et ferrum fulvo fortasse rependitis auro.
Quin avidi lacrymas eventaque plena malorum,
Tota rei manibus fundunt patrimonia plenis,
Ut jus sæpe suum teneant in cespite glebæ,
Arceat ut vicinus aquam, vel deprimat ædes
Altius elatas, quam fundi lege licebat.
Sed neque judicium fit de re semper et agro.
Probrum sæpe levisque injuria suscitat iras,
Damnosamque trahit longinqua in tempora litem,

A JACQUES DU FAUR [1]

O querelles implacables, cruels débats des plaideurs! ô rejetons des Furies et de l'Érèbe, vraies Euménides, dont la morsure incessante déchire les cœurs des mortels! Non, Jupiter en courroux n'a jamais pu déchaîner sur la terre un fléau plus sinistre, plus horrible que vous; vous qui refusez le repos et le sommeil aux membres harassés; vous qui, cédant à votre caractère pervers, brisez tous les liens de la nature et armez l'une contre l'autre des mains que devrait unir une alliance éternelle; vous pour qui rien n'est ferme, rien n'est garanti; vous qui poussez les courtisans des rois, et les rois eux-mêmes, séduits par je ne sais quel honteux entraînement, à courir dans cette carrière, à triompher dans un combat sans gloire!

Mais, dira-t-on, le début fait place à un dénouement plus favorable, et peut-être finit-on par échanger le fer contre l'or. Oh! non : avides de larmes et de désastres, les plaideurs dissipent à pleines mains leurs patrimoines tout entiers, pourquoi? Souvent ce n'est que pour conserver leur droit sur une motte de terre, pour qu'un voisin retienne son cours d'eau, ou abaisse un bâtiment plus élevé que ne le comportent les lois de la mitoyenneté. Mais il ne s'agit pas toujours d'un objet en litige ou d'un champ : maintes fois une insulte, une injure légère suscite des ressentiments et traîne en d'éternelles longueurs un procès

---

[1] Abbé de la Chaise-Dieu et prieur de Saint-Orens. Il fut d'abord conseiller au grand conseil, puis conseiller au Parlement de Paris. Il devint président aux Enquêtes le 7 avril 1545; ensuite, il fut maître des requêtes au conseil d'État, en 1563. Il était oncle de Gui Du Faur de Pibrac et un des amis les plus dévoués de L'Hospital, avec lequel il avait étudié à Padoue.

Quæ res cunque fuit. Victor seu victus abibis,
Nunquam adeo sperata feres ; millesima nunquam
Pars tibi salva redit, nunquam millesimus assis.
Atque hæc deterrere homines jactura bonorum
Debuit, et revocare foro pugnare volentes,
Præsertim cum nullam habeat victoria laudem.
Quid, quod multa ferunt servis indigna, suique
Obliti generis, nunc vilis ad ostia scribæ
Mane sedent, illumque forum comitantur euntem ,
Observant quam longa dies, et nocte reducunt.
Nunc ubi clauduntur manibus subsellia ferreis,
Lictores solio insignes, virgaque superbos
Suspiciunt humiles, aditumque precantur et orant ;
Aut mixti media certant irrumpere turba,
Exclusique nihil, præter maledicta levesque
Astantum risus et vulnera, sæpe reportant.
Tantus honos palmæ, tanti victoria vobis,
Libertas ne sit potior? Tu scilicet ista
Nobilitate ferox, istisque parentibus ortus,
Vilibus officiis summittere libera colla
Pulchrius esse putas, ut ne videare propinquo,
Aut alii cessisse tuis de juribus ullam
Particulam ? Nota est mandataque versibus olim
Fabula cornipedis, viridem qui solus ut herbam
Pasceret, impigro veritus concurrere cervo,
Fugit ad externas vires, hominemque poposcit
Auxilium supplex : sed enim jam cætera nosti.
Victor eques domito renuit descendere dorso,
Nec victoris equi manibus dimisit habenas.

ruineux, quel qu'en soit le motif. Vainqueur ou vaincu, vous vous retirez toujours de la lutte avec une déception; jamais vous ne rentrez dans la millième partie de vos avances. Cette perspective de ruine devrait à elle seule éloigner du champ-clos de la chicane ceux qui prétendent s'y engager, surtout s'ils songent que la victoire y est sans honneur. Bien plus, il leur faut souffrir des avanies que n'endureraient pas des esclaves. Oubliant leur naissance, tantôt ils vont dès le matin assiéger la porte d'un misérable greffier, ils lui font cortége quand il se rend au Palais, ils ne le quittent pas des yeux toute la journée, et le reconduisent le soir; tantôt, quand des mains de fer emprisonnent les bancs du prétoire, leurs humbles regards implorent les huissiers, bouffis d'orgueil sur leur trône et fièrement armés de leur baguette; ils les prient, les supplient de leur permettre d'entrer; ou, se mêlant à la foule, ils s'efforcent de faire irruption dans l'enceinte, et, repoussés, ne recueillent pour fruit de leur tentative que les malédictions, les rires de l'assistance, et souvent même des coups. La palme est-elle donc si honorable, la victoire si précieuse, que vous la préfériez à la liberté? Vous, si fier de votre noblesse, vous, gentilhomme d'un si haut lignage, vous croyez qu'il est plus beau de courber un front libre sous le joug de viles intrigues, que de paraître céder à autrui la moindre parcelle de vos droits! Elle est bien connue, et depuis longtemps on l'a mise en vers, la fable du cheval qui, voulant être seul à paître un vert herbage, et redoutant d'entrer en lutte avec le cerf agile, eut recours à une force étrangère, et, suppliant, réclama le secours de l'homme. Vous savez le reste. Le cavalier, vainqueur, ne voulut plus descendre de la monture qu'il avait domptée, et le cheval, vainqueur aussi, sentit toujours une main sur ses rênes [1].

---

[1] Fable d'Ésope, mise en vers latins par Horace et par Phèdre et en vers français par La Fontaine, sous le titre : *le Cheval s'étant voulu venger du Cerf,* liv. IV, fable XIII.

Quid tu? ne fiat res asse tibi minor uno,
Ne plus accipiat, sibi ne plus arroget alter,
Tot superinducis dominos invicte superbos
Erecto capiti; tot spurca, redemtaque nummis
Mancipia, unius quia mores ferre nequisti,
Visus quod potior tibi pace teruncius alma.
At tu ne facias tua, quæso, commoda tanti,
Neve putes adeo pulchrum civilibus armis
Vincere, ut excutias animo generosa tuorum
Facta, quibus magno vitæ discrimine partos
Hos quondam titulos, atque hæc insignia genti
Transmisere suæ. Tu degener arma relinques
Digna viro, potiusque styli mordacis acumen
Intendes sociis, et civibus atque propinquis,
Quam stringes gladium patriæ generosus in hostem?
   Non ita Francorum surrexit gloria cœlo :
Non inclusa foro, non his exercita pubes
Artibus, Europæ atque Asiæ circuntulit arma.
Castra forum; stylus ensis erat; secura domi pax :
Cum patriæ bellum communiter hoste gerebant.
Si res est jactanda, modo jactetur honesto:
Aude aliquid, melior quo sit respublica, et unde
Immortalis honos, venturaque manet in omnes
Gloria venturos post secula multa nepotes.
Nobilitas veræ se captam laudis amore
Prædicat; in promptu laus est, facilisque paratu,
Si falsa veram scires distinguere laudem.
Ut vincas modicam sub avaro judice litem,
Vendis agrum, vendisque paternas improbus ædes :
Ut patriam tuearis, equisque armisque parandis
Sordidus exiguum quadrantem insumere nolis?

Ainsi de vous : pour ne pas voir votre bien s'amoindrir d'une obole, pour qu'un autre ne reçoive ni ne s'arroge une part plus grande que la vôtre, jusqu'alors invaincu, vous courbez sous tant de maîtres superbes une tête qui naguère se dressait fièrement. Et quels maîtres ! de bas et mercenaires esclaves. Tout cela, pour n'avoir pu vous plier aux exigences d'un seul homme, et parce qu'un vil denier vous a paru préférable aux douceurs de la paix. Ah ! de grâce, ne prisez pas si haut vos intérêts ; ne croyez pas qu'il soit si beau de vaincre dans une guerre civile ; que cette pensée ne bannisse point de votre âme les généreuses actions de vos pères, qui, au péril de leurs jours, ont transmis à leur race les titres, les distinctions dont vous vous targuez. Quoi ! rejeton dégénéré, vous abandonnerez les armes dignes d'un homme, et vous dirigerez la pointe d'une plume mordante contre des compagnons, des concitoyens, des proches, plutôt que de dégaîner généreusement contre l'ennemi de la patrie !

Ah ! ce n'est pas ainsi que la gloire des Français a surgi jusqu'au ciel ; ce n'est pas une jeunesse enfermée dans le labyrinthe de la chicane, exercée à ces viles pratiques, qui a fait faire à nos armes le tour de l'Europe et de l'Asie. Le barreau, alors, c'était un camp ; la plume, une épée. Sécurité, paix au foyer domestique. Guerre en commun, guerre à l'ennemi du dehors, à l'étranger ! S'il faut gaspiller votre fortune, que ce soit au moins d'une manière honorable. Osez quelque chose qui profite à l'État, et d'où résulte un jour pour vos neveux un immortel honneur, une gloire à traverser les siècles ! La noblesse se prétend éprise de la véritable gloire : eh bien ! cette gloire, elle est à votre portée, facile à conquérir, si vous savez la distinguer de la fausse. Pour gagner un mince procès au tribunal d'un juge avare, vous vendez votre champ, vous vendez, indigne, le toit de vos pères ; et, quand la défense du pays réclame de vous armes et chevaux, âme sordide, vous ne voulez pas débourser un denier !

Verum hæc nec puer edidici, nec tradita matre
Accepi, nec Aristotelis de moribus unquam
Libros, nec divina Platonis dogmata legi.
Nec teneo ingenui quæ sint, quæ nobilis artes,
Quod cujusque viri in patriam quodve inter amicos
Officium, quibus aut quæratur gloria factis.
Me pater admonuit puerum, me semper adultum,
Rem facerem ; bona quæ delata parentibus hæres
Cepissem, quacunque via et ratione tuerer.
Quo me defendam potius quam judicis atque
Legum præsidio ? quibus illum justius armis
Extrudam laribus propriis fundoque paterno ?
Hunc circumveniam, captumque in vincula ducam,
Unde queat non ipse fugax evadere Proteus.

Nec vero nihil iste videtur dicere causæ,
Res et divitiæ cui sunt extrema bonorum.
Quanquam rem melius mature abjecerit, ut ne
Cum rebus pariter meliores perderet annos.
Istis quid facias, istis qui limina sacra
Musarum, tripodas sacros, et Apollinis aram
Attigerint, libris videas quos sæpe relictis
Amplecti lites, inimicaque jurgia Musis,
Jactari circum omne forum, circum omne tribunal ?
Non sic Democritus, bona qui dimittere avita
Non dubitavit, ut hoc quasi pondere membra levatus
Liberius studiis incumbere posset honestis.
Nec sacras ideo me quisquam tollere leges
Consultos legumve putet ; cui nulla videtur
Publica res sine lege diu consistere posse,
Quæ sceleri pœnas, virtuti præmia ponit ;
Quæ dono concessa deorum est. Sed quotus illam
Quisque solet manibus hodie contingere puris ?
Turpia degeneres vilis contagia lucri

« Mais, direz-vous, je n'ai pas appris cela dans mon enfance, je n'en ai pas reçu la tradition de ma mère ; je n'ai jamais lu les traités de morale d'Aristote ni les divins enseignements de Platon. J'ignore par quels actes se révèle une âme libre et noble; j'ignore les devoirs de chaque homme envers sa patrie, envers ses amis, et par quels faits s'acquiert la gloire. Enfant et adulte, j'ai toujours reçu le même conseil de mon père : faire mes affaires, défendre par tous les moyens l'héritage que m'ont légué mes parents. Or, comment mieux me défendre qu'avec l'appui du juge et des lois ? par quelles armes chasserai-je plus justement un intrus de mon foyer et du domaine paternel ? Je l'envelopperai, je le saisirai, je le traînerai dans des liens d'où Protée lui-même, malgré sa souplesse, ne saurait s'échapper. »

En cela, sans doute, il plaide assez bien sa cause, celui qui a fait son idéal de la fortune et de la richesse : il ferait mieux, cependant, d'y renoncer de bonne heure, pour ne pas perdre en même temps ses meilleures années. Mais que dire de ceux qui ont touché le seuil sacré des Muses, les saints trépieds, l'autel d'Apollon, et que l'on voit souvent, jetant là leurs livres, embrasser les procès, les querelles ennemies des Muses, et rôder dans tous les prétoires, dans tous les tribunaux ? Ils ne ressemblent guère à Démocrite, qui n'hésita pas à sacrifier ses biens héréditaires, afin que, soulagé de ce poids, il pût vaquer plus librement aux études honnêtes.

Qu'on ne s'imagine pas, pour cela, que je veuille supprimer les lois sacrées et leurs interprètes. Nul État, à mon avis, ne saurait subsister longtemps sans la sanction de la loi, qui attache une peine au crime, une récompense à la vertu. La loi est un présent des dieux : mais combien peu d'hommes, de nos jours, ont coutume d'y toucher avec des mains pures ! La honteuse contagion d'une basse cupidité cor-

Corrumpunt animos ; magni sub fornice tecti

Blanda sedet meretrix simulato virginis ore.

Illa sed humani generis pertæsa recessit

Jamdudum ad superos, nec post mortalibus ullis

Visa, sedet Jovis ante pedes celsumque tribunal.

Ludimur interea falsis, et imagine veri.

An quia de multis et magnis litibus ampli

Exsistunt reditus, veniunt uberrima lucra ,

Moliri causas igitur conamine toto

Expedit, atque animos incendere litis amore ?

Commonstranda forum via quæ rectissima ducit,

Implendi spe certa animi, litesque serendæ,

Post ut multiplices veniant cum fœnore nummi.

Si fuerit nostræ lex adversaria causæ,

Si judex custos rigidus legisque minister,

Quærenda est ratio, qua legem eludere possis,

Qua vafri quamvis et acuti judicis aurem

Decipias. Sic prima solent exordia lites

Sumere, sic quoque lis deinceps ex lite resurgit;

Et forti semel una manu jugulata, cadendo

Restituit plures alias, mirabile dictu.

Angulus ille, vides, qui sese projicit extra

Mœnia lata fori, Galeoti pone tabernam,

Vendit ubi fucos unguentaque mollia nuper

rompt nos âmes abâtardies. Sous la vaste voûte du Palais
siége une flatteuse courtisane, masquée du visage virginal
de la Justice. Quant à celle-ci, pleine de dégoût pour la
race humaine, il y a longtemps qu'elle s'est réfugiée là-
haut, auprès des dieux. Désormais invisible aux mortels,
elle demeure assise aux pieds de Jupiter, devant son haut
tribunal ; et nous, en son absence, nous sommes les jouets
de l'erreur et du mensonge.

Mais sans doute de nombreux, d'énormes procès amènent,
en fin de compte, d'amples revenus, un surcroît de profits ;
et il est bon alors d'employer toutes ses forces à en soutenir une masse, et de livrer son âme en proie à la fièvre
de la chicane. Cherchons le chemin le plus court qui mène
au prétoire, remplissons nos cœurs d'une espérance voisine
de la certitude, semons des procès pour que les écus pous-
sent au centuple dans les sillons de notre capital. La loi
se fait-elle l'adversaire de notre cause ; a-t-elle pour gar-
dien, pour ministre, un juge rigide : vite, un moyen de l'é-
luder ; trompons l'oreille du juge, si retors, si fin qu'il puisse
être. Tels sont d'ordinaire les premiers pas de la chicane ;
puis les procès naissent des procès : à peine un d'eux a-t-il
succombé sous une étreinte vigoureuse, que sa chute, ô
prodige ! en fait éclore une foule à sa place.

Voyez-vous ce réduit qui s'allonge hors des vastes
murs du Palais, derrière la boutique de Galliot[1] ? C'est là
qu'un vieillard, fraîchement débarqué du pays des Insu-

---

[1] Galliot Du Pré, célèbre libraire, qui commença à exercer son
commerce en 1512, et l'exerçait encore en 1552. Sa boutique était au
Palais, auprès du *Pilier des consultations* dont Boileau parle ainsi dans
le cinquième chant du *Lutrin* :

> Entre ces vieux appuis dont l'affreuse grand'salle
> Soutient l'énorme poids de sa voûte infernale,
> Est un pilier fameux, des plaideurs respecté,
> Et toujours de Normands à midi fréquenté. . .

C'est là que les avocats donnaient leurs consultations et qu'auprès
de piliers voisins les procureurs donnaient rendez-vous aux plaideurs.

Insubrum Ligurumve senex qui venit ab oris ;
Ad quem sæpe, velut scopulum, est illisa reorum
Et projecit opes immensas naufraga puppis :
Angulus ille dolis plenus te furta docebit
Omnia, judicibus tenebras offundere cæcis,
Extrahere in menses multos et ducere litem ;
Et quæ deterior modo contestata fuisset,
Quo possis pacto meliorem reddere causam.
Hinc spes et scelerata reis audacia crescit ;
Hinc animos sumunt, et ferrea, Juppiter, ora
Apellatorum, nullos metuentia casus.
Et nos sæpe dolis, nos fraudibus usque favemus,
Nos leges ut præsidio mortalibus essent
Inventas ad perniciem extremumque bonorum
Vertimus exitium, nos jus disjungimus æquo.
  Talia Romanis nostrisque in legibus esse
Monstra nego : commenta fori sunt ista parandis
Augendisque opibus. Leges aliena cavere
Furta, cavere aliis potius quam fallere monstrant ;
Dissidia et lites placida componere pace,
Et puras servare manus, et parcere sumptu ;
Nullam ex dissidiis alienis cogere prædam,
Commissos curare greges, et commoda plebis,
Quæ lites minuunt, concordia sæpius auget.
Nimirum scopus hic, legumque est ultima finis.

bres et des Liguriens [1], vend à ses pratiques le fard et les drogues qui les séduisent. Là, comme sur un écueil, s'est brisée maintes fois la nef des plaideurs, livrant au naufrage d'immenses richesses. Dans cet arsenal de ruses vous ferez ample provision de friponneries ; vous y apprendrez à répandre sur les yeux de vos juges des ténèbres qui les aveuglent, à traîner, à prolonger un procès durant des mois entiers ; vous y trouverez le moyen de faire paraître meilleure une cause naguère détestable. C'est là que les plaideurs puisent un surcroît d'espérance et de criminelle audace, là qu'ils s'arment de courage, là qu'ils se font un front d'airain capable, par Jupiter ! de braver, d'appel en appel, tous les hasards des procès. Et nous, à chaque instant, nous favorisons la ruse et la fraude ! Ces mêmes lois, inventées pour être l'appui des mortels, nous les faisons tourner à la perte, à la ruine suprême des gens de bien, et nous séparons la justice de l'équité !

Non, de telles indignités ne peuvent avoir place ni dans les lois romaines ni dans les nôtres : ce ne sont là que les cupides inventions de la chicane. Les lois enseignent à se défendre de la friponnerie étrangère ; à se tenir sur ses gardes, plutôt qu'à tromper soi-même ; à calmer les différends et les querelles ; à conserver ses mains pures, à ménager sa dépense, à ne jamais spéculer sur la discorde, à veiller aux intérêts qui vous sont confiés, à sauvegarder l'utilité commune, qui diminue avec la dispute, s'accroît avec la concorde. Tel est, à vrai dire, le but, la cause finale des lois.

[1] La Lombardie.

FIN.

ERRATA.

Page 48, *note* 2, au lieu de contenant, *lisez :* concernant.

Page 123, *ligne* 31, au lieu de six années, *lisez :* huit années.

Page 157, *ligne* 24, au lieu de cinq mille écus, *lisez :* cinq cent mille écus.

Page 177, *ligne* 18, au lieu de conclu, *lisez :* conçu.

Page 255, *ligne* 13, au lieu de Boistaille, *lisez :* Boistaillé.

TABLE DES CHAPITRES.

* Voir la rectification de cette erreur à la page 293.

FIN DE LA TABLE.